北京人民广播电台志

（1949—1993）

北京人民广播电台志编纂委员会　编

方志出版社
Publishing House of Local Records

图书在版编目（CIP）数据

北京人民广播电台志．1949—1993 / 北京人民广播电台志编纂委员会编．-- 北京：方志出版社，2019.7

ISBN 978-7-5144-3783-6

Ⅰ.①北… Ⅱ.①北… Ⅲ.①北京人民广播电台—新闻事业史—1949-1993 Ⅳ.① G229.271

中国版本图书馆 CIP 数据核字（2019）第 230188 号

北京人民广播电台志（1949—1993）

编　　者：北京人民广播电台志编纂委员会

责任编辑：齐　笑

出 版 者：方志出版社

地址　北京市朝阳区潘家园东里 9 号（国家方志馆 4 层）

邮编　100021

网址　http://www.fzph.org

发　　行：方志出版社发行中心

电话　（010）67110500

经　　销：各地新华书店

排　　版：北京中文天地文化艺术有限公司

印　　刷：北京中科印刷有限公司

开　　本：889×1194　　1/16

印　　张：14.5

字　　数：310 千字

版　　次：2019 年 7 月第 1 版　2019 年 7 月第 1 次印刷

ISBN 978-7-5144-3783-6　　　**定价**：180.00 元

北京人民广播电台志（1949—1993）
编纂委员会

凡　例

一、本志以马克思列宁主义、毛泽东思想、邓小平理论、“三个代表”重要思想、科学发展观、习近平新时代中国特色社会主义思想为指导，坚持辩证唯物主义和历史唯物主义的立场、观点和方法，全面、客观地记述1949—1993年北京人民广播电台与广播事业有关的宣传、技术、管理和交流合作等方面的发展变化过程。

二、本志坚持质量第一、观点正确、资料翔实、体例严谨、内容全面的原则，突出专业特点、首都特点和时代特点。

三、本志采用规范语体文，记述准确，行文朴实、简洁。

四、本志由述、记、志、传、图、表、录组成，以志为主体。

五、本志按照以类系事的要求，结合北京人民广播电台的具体情况，全书主体的志的部分，分为宣传、技术、管理、对外交往及其他4篇；篇下共设17章；章下共有45节。

六、为记述简便，本志将“北京人民广播电台”简称为“北京电台”。北京电台专业化系列台中所含的专业台分别简称为“经济台”“新闻台”“音乐台”“儿童台”“交通台”。北京人民广播电台定名前各历史时期的台名依史实记述。附录中的历史文献研究及相关称谓，依原文照录。

七、本志中的广播播出频率以中波××千赫、调频××兆赫的格式表示，播出时长以××小时××分的格式表示。

八、本志采用以事系人方式出现人名，必要时在人名后括号中注明其笔名或播音名。

目　录

第二篇　技术

第三篇　管理

第四篇　对外交往及其他

附录

概述

1949 年北平新华广播电台部分工作人员合影

1949年1月31日，北平和平解放。在中国人民解放军入城的队伍中，有一支由新华总社范长江率领的新闻工作者队伍，他们是负责接管北平国民党宣传机关的军事管制委员会的工作人员。当日16时到达驻地，20时，以徐迈进（新华总社语言广播部负责人之一）为首的军管小组进驻位于北平西长安街3号的国民党北平广播电台，根据解放军平津前线司令部的布告（“约法八章”）的精神，接管该台。2月2日，北平新华广播电台使用这家被接管的电台的波段和麻花胡同发射台开始播音，播送北平市军管会和北平市人民政府的布告、法令以及《以和平方式解决北平战事的经过》等报道和述评。从此，北平的广播便掀开新的一页。

1949年3月25日，陕北新华广播电台从河北迁入北平，改名为北平新华广播电台，负责向全国广播。原对北平市广播的北平新华广播电台遂更名为北平人民广播电台。同年9月1日，这两家广播电台合并，成为北平新华广播电台第一台与第二台。9月27日，北平新华广播电台改名为北京新华广播电台。12月5日，北京新华广播电台第一台改名为中央人民广播电台；北京新华广播电台第二台改名为北京市人民广播电台，编辑科负责人丁一岚被任命为台长。北京市台的实体只是一个编辑科，并无自己的技术、行政部门，这方面的工作，由中央人民政府政务院新闻总署广播事业局有关部门负责。1951年3月11日，北京市人民广播电台再次更名，称“北京人民广播电台”。由此，台名固定下来。

1949年，北京市人民广播电台共有编辑8人，播音员5人，加上台长共14人；1949年4月至年底，共办有《本市新闻》《职工时间》《青年生活》《妇女园地》《儿童乐园》《市政之声》《政治常识》《通俗科学讲话》《诗歌欣赏》等20个固定节目，加上转播北京新华广播电台节目，全天播音8小时50分。

北京市人民广播电台的第一套节目（中波850千赫），发射功率600瓦。1949年年底成立的经济台，次年改称第二台（中波920千赫），并建立第三台（中波750千赫）、第四台（中波1200千赫），均由原私营台改造、改建而成。除转播中央人民广播电台和北京市台的新闻外，二、三、四台主要播送广告和文艺节目。发射功率在200瓦至250瓦。

1953年以前的北京电台，除按固定节目表播音外，还开办过多次临时性的特别节目，采用广播大会及现场实况转播等方式，配合北京市的镇压反革命、抗美援朝等政治活动，大造声势，进行宣传鼓动。这些特别节目，通过有组织地收听，影响甚大，对实际工作起到很好的推动作用。

北京电台作为一家面向北京市的地方台，从它诞生之日起，就其组织形式、隶属关系来说，不同于其他独立的地方广播电台。广播事业局虽曾几度提出将北京电台划归北京市建制，交中共北京市委领导，但因种种原因，一直未能完全落实，只在短期实行过共同领导。

北京电台从开播到1961年的13年间，隶属关系反复更迭，一方面有其历史上的渊源，另一方面也是总的工作方针演变的结果。1954年，第二次全国广播工作会议确定“以中央台为基础，地方台为补充”“地方台少办、精办节目，多转播中央台节目”的方针。而学习苏联莫斯科市不单独建台而隶属苏联中央台的做法，为建立“对首都广播部”找到依据。1955年3月，北京电台并入中央人民广播电台，成为“对首都广播部”。在“北京人民广播电台”呼号下的首都部，任务比较单纯，30名编辑记者主要负责北京市地方新闻的采编。他们深入基层，和工人农民交朋友，采写过不少具有浓郁生活气息的好节目，受到群众欢迎。在农业合作化高潮和手工业、私营工商业社会主义改造中，宣传报道都做得有声有色。但作为地方台性质的首都部，也感到工作中存在不少困难。其一，对北京市广播，为北京市的中心工作服务，没有北京市党政的直接领导，对北京市的工作实际若明若暗；其二，首都部只负责地方新闻的编采，其他的节目全由中央人民广播电台各部分头提供，这使全天播音缺乏统一的筹划，难于体现北京的特点；其三，中央人民广播电台面对全国，北京市台的事业建设、节目建设总是个“非重点”，难于提上议事日程。为解决这些矛盾，经过反复磋商，北京电台于1961年1月正式划归北京市领导。

北京电台单独建台以后，机构逐步健全，人员得到补充，节目趋向充实，宣传的针对性得以加强。1962年5月至11月，全台上下回顾总结建台以来的广播宣传工作，特别是针对“大跃进”宣传中的问题，探讨新闻规律、广播规律。总结指出：广播不仅是没有距离的报纸，还是不用纸张的大课堂、空中的俱乐部。在此基础上拟订精办新闻、加强社会教育性节目、提高文艺广播质量的改进方案，并且强调新闻真实性原则，提倡实事求是、从实际出发的优良作风。总结之后，广播节目丰富起来，出现了一批深受欢迎的栏目和稿件。广播覆盖问题也引起有关方面重视。1963年年底，北京市计划委员会批准兴建酒仙桥发射台，总建筑面积达2600平方米，投资271万元。

1966年“文化大革命”开始，中共北京市委首先受到冲击，北京电台20世纪60年代初期出现的欣欣向荣势头也遭到打击。1966年5月14日开始，北京电台由广播事业局代管。1967年1月14日，北京电台的造反派夺权，“夺权宣言”迅速由外国通讯社播发全世界。北京电台的播音秩序被打乱了，充斥广播的是“造反派的声音”。1967年12月，进驻中央广播事业局的军管小组派出军代表进驻北京电台。直至1974年1月，中央广播事业局近8年的“代管”宣告结束，北京电台重归中共北京市委领导。

归属关系、领导关系的频繁更迭，以及“文化大革命”的干扰，北京电台前30年的发展道路并不平坦。

中共十一届三中全会后，为适应国家工作重点的转移，北京电台着重抓调整节目。1979

年，取消一批在“以阶级斗争为纲”指导下设置的节目，为适应四化建设的需要，突出办好《本市新闻》和新闻性专题，并设置一批教育性节目，丰富文艺节目。1980 年第十次全国广播工作会议和 1983 年第十一次全国广播工作会议召开，北京电台根据会议精神进一步强调了加强新闻舆论工作，把新闻放在第一位，以新闻改革为突破口，推动广播宣传的改革。经过多次节目调整，北京电台的主频率中波 828 千赫的黄金时间，逐步形成以新闻和新闻性专题为主体的“黄金一条龙”的节目布局，基本上适应了改革开放和现代化建设的新形势。

在调整节目的同时，北京电台的创收工作逐渐起步。

在计划经济体制下，北京电台一切费用依靠政府财政拨款，实行全额预算管理。1979 年 11 月，一批商业广告在北京电台的广播中出现。1953 年终止的广播广告，26 年之后，在改革开放中悄然重开业务。从此，广告收入成为电台资金的另一来源。电台自身的创收给广播的发展注入了新的活力。20 世纪 80 年代建国门外技术楼和办公大楼建设工程、各项新技术的装备以及办公设备都不同程度得到创收资金的支持。

随着经济体制改革的深入和人民群众对科学文化需求的日益增长，随着在改革大潮中大众传媒竞争日趋激烈，原来的综合台体制已经不能满足新时期社会发展的需求。1990 年 8 月 6 日，北京经济台根据首都的特点并借鉴珠江经济台的某些做法，开始播音。经济台从节目设置到播出形式都进行了新的尝试，力求贴近群众，贴近生活，贴近实际。这一新的广播模式在北京反响强烈。

1992 年年底，北京电台总结开办经济台的经验，决定以建立专业化系列台为龙头，同时进行财务、人事、创收等方面管理制度的全方位的配套改革。1993 年开办新闻台（中波 828 千赫）、音乐台（调频 94.5 兆赫，1993 年 8 月改用调频 97.4 兆赫）、儿童台（调频 97.4 兆赫副信道）、交通台（中波 927 千赫）。5 个播出频率，5 个专业台，各具专业特色。以新闻台为例：确立以新闻立台的指导思想，强化新闻，扩大新闻节目品种，增加新闻播出次数，做到每逢整点有新闻。信息量加大了，时效增强了，报道面拓宽和报道深度的开掘，适应了市场经济条件下社会对信息的需求，也发挥了新闻舆论对物质文明和精神文明建设的导向作用。各专业台本着“三贴近”的原则，大量采取主持人直播板块形式，开通热线电话，与听众直接互动，调动了群众参与的积极性。

专业化系列台的面世，在北京引起强烈反响。新华社记者在一篇专稿中，以“似乎一夜之间，北京平添了许多‘广播迷’”开篇，报道京城广播“火”起来。《新闻出版报》发表了《京城广播东山再起》的长篇报道，指出：“1993 年，京城广播迎来了一个明媚的春天。”一时间，北京经济台、新闻台、音乐台的节目变化成了首都新闻媒介的热门话题。一篇报道作了这样的描述：“一个个素未谋面的主持人，都成了这座城市的明星，一到这些节目的固定播出钟点，从许多家庭、餐馆、发廊、商店都传来同一个声音。种种迹象表明，京城的广播真正‘火’起来了。”广播的红火，理所当然地吸引了更多的广告客户。

广播的社会效益和经济效益互相作用。北京电台把社会效益放在首位，力争做到两个效益的统一。其指导思想是以节目创优推动经济创收，又以经济创收进一步推动节目创优。

北京电台依靠自身实力的增长，逐步缩小其技术设备与世界先进水平的差距，从落后 20 年到迎头赶上。到 1993 年年底，北京电台的绝大多数技术设备得到更新。中波 4 套节目的发射总功率从 20 世纪 70 年代的 30 千瓦，发展到 140 千瓦，调频发射功率也从 1983 年的 1 千瓦增至 5 千瓦。技术方面的改善，扩大了覆盖面，也提高了广播质量。1993 年年底，北京电台广播的人口覆盖率达到 98%。

自身实力的增长，为北京电台吸引人才与培养人才、改善职工生活福利创造了良好条件。

1992 年年底，北京电台又提出新的经济管理办法，把过去统一经营的机制，改为由各专业台经营的体制；把过去的一级核算办法，改为二级核算制，由各专业台、各职能部门自己理财，并把国家、集体、个人三者利益关系落实到责、权、利之中，使三方面利益同步发展。新的管理办法，带来收入的新的增长。

北京电台在改革开放中，在两种经济体制的转变中，解放思想，开拓进取，走上了依靠自我发展、实现良性循环的道路。但在如何进一步提高节目质量、满足听众日益增长的需要，如何进一步完善经济管理、提高管理水平等方面，仍然有许多工作要做，改革仍将进行下去。

1949 年 10 月北京新华广播电台部分播音员合影

1949 年 1 月 31 日 北平和平解放。当晚军管小组进驻并接管西长安街 3 号国民党北平广播电台。2 月 2 日 11 时 40 分，北平新华广播电台使用中波 850 千赫和中波 770 千赫播放聂耳作曲的《大路歌》。紧接着，播音员齐越用“北平新华广播电台”的呼号开始播音，从此人民广播的声音响彻古城北平上空。

1949 年 3 月 25 日 陕北新华广播电台迁入北平，改称北平新华广播电台（中央人民广播电台前身），对北平市广播的北平新华广播电台遂改称北平人民广播电台。

1949 年 4 月 20 日 北平人民广播电台在《本市新闻》《职工时间》等节目的基础上，增办《青年生活》《妇女园地》《儿童乐园》《政治常识》《通俗科学讲话》《青年修养》《市政之声》《听众服务》《文艺漫谈》《文艺评介》《诗歌欣赏》《新歌演唱》《新歌练习》《周末晚会》等节目。

1949 年 10 月 1 日 北京新华广播电台在天安门城楼上实况广播开国大典，播音员齐越、丁一岚现场解说，各地广播电台同时转播。

1949 年 12 月 5 日 北京新华广播电台第二台改称北京市人民广播电台，丁一岚为台长。

是日 北京市人民广播电台使用被查封的私营民生广播电台台址及设备成立经济台，主要播送广告和文艺节目。

是日 北京市人民广播电台和中苏友好协会北京市分会合办的《广播俄语讲座》开播。这是北京电台播出的第一个教学节目。

1949 年 12 月 21 日 北京市人民广播电台在大播音室举行庆祝斯大林 70 寿辰联欢会，当场播出实况。这是北京电台第一次采用现场实况广播形式。

1950 年 3 月 北京市人民广播电台建制移交给北京市人民政府新闻处，党的关系也随之转入新闻处。

1950 年 6—10 月 北京市人民广播电台建立第三台（中波 750 千赫）和第四台（中波 1200 千赫）。原经济台改为第二台（中波 920 千赫）。二、三、四台都以播送广告为主。

1950 年 11 月 16 日 北京市人民广播电台开始剧场实况转播，转播中插播广告，广告收入全部捐献给抗美援朝。

1951 年 3 月 11 日 北京市人民广播电台改称北京人民广播电台。

1951 年 12 月 1 日 北京电台第二、三、四台改革广告广播工作，取消私人（演员、剧社）“包时间”“包节目”为私营工商业做广告宣传的办法；取缔广告工作中一部分“把头式”和“拉纤式”的恶劣做法；保留正当广告社的合法利润，所有广告统一由电台管理。这一改革，不仅增加了国家收入，而且提高了广告台的文艺节目质量。

1952 年 3 月 北京电台建制和党的关系又划归中央广播事业局，并建立第一个党支部。

宣传业务受局编委会和中共北京市委宣传部共同领导。

1952 年 6 月 30 日　北京市人民政府根据私营“华声广播电台”的申请，作价收购北京市最后一家私营电台的全部设备和财产。随后，将华声电台机构与北京电台的二、三、四台合并，重新组成北京电台第二、第三台（频率分别为中波 1320 千赫和 750 千赫），向文艺台和服务台的方向发展。

1953 年 11 月 30 日　北京电台调整节目，取消对工人和妇女广播节目，新设《首都生活》节目。这个节目以各阶层听众为对象，围绕全市性的中心工作进行报道，宣传先进人物、先进思想，反映首都前进的足音。

1953 年 11 月　中央广播事业局和中共北京市委商定，北京电台归属北京市委、市政府直接领导。

1953 年 12 月 31 日　北京电台第二台、第三台划归中央人民广播电台。

1954 年 8 月 17—23 日　北京电台集中力量宣传北京市第一届人民代表大会第一次会议。这次宣传出现几篇好稿，例如，特写《选毛泽东，就是选胜利、选和平、选幸福》、记述全国农业劳动模范殷维臣的文稿《欢乐的五年》。前者被《北京日报》选用，后者由通俗读物出版社出版。

1955 年 3 月 8 日　北京电台并入中央人民广播电台，改为“对首都广播部”。呼号仍为“北京人民广播电台”。

1955 年 9 月 26 日　北京电台和北京市教育局等单位合办的“广播函授学校”开课，帮助没有考取高中的初中毕业生继续学习。

1955 年 11 月　北京电台播音员章虹受广播事业局委派，前往河内“越南之声”广播电台担任华语播音员。

1956 年 2 月　北京电台随广播事业局迁至复兴门外真武庙新址办公。

1956 年 3 月　北京电台由于广播丰台区 15000 人参加的春耕动员大会的实况录音，受到北京市委批评。市委指出：“春耕大忙开始，如此兴师动众地召开大会，是追求形式主义的工作作风，电台再予广播，更加助长了这种作风。”

1956 年 4 月 30 日　北京电台开始播送《北京地区天气预报》。

1957 年 2 月 26 日　北京电台记者使用手提式录音机进行采访，首次自己担任现场解说，报道北京市阜成门到北池子第一条无轨电车线路通车。

1957 年 7 月 14 日　匈牙利足球队和中国联二队在北京进行比赛，北京电台首次进行体育比赛实况转播。

1957 年 11 月 1 日—12 月 25 日　北京电台和《北京日报》联合举办群众评选“受观众喜

爱的足球运动员”活动。由新闻单位举办这样的活动是第一次。

1959 年 10 月 1 日　北京电台第一次采访并转播天安门广场联欢晚会实况。

1959 年 12 月　北京电台教育台建成并投入使用。频率中波 1500 千赫，发射功率为 20 千瓦。

1961 年 1 月 1 日　北京电台由广播事业局分出，重归中共北京市委领导，市委宣传部副部长罗清兼任台长。麻花发射台划归北京电台使用，频率为中波 820 千赫、中波 1210 千赫和中波 1350 千赫，共 3 套节目。北京电台教育台所用的中波 1500 千赫仍由广播事业局双桥发射台代播。

1961 年 4 月　北京电台转播第 26 届世界乒乓球锦标赛，这是北京电台第一次转播国际体育比赛。

1962 年 2 月　北京电台举办“春节猜谜文艺晚会”，深受群众欢迎，收到来信数千封。此后，每年春节举办一次，听众越来越多。1965 年春节，听众猜谜来信达 3.6 万件。“文化大革命”开始后停办。

1962 年 5—11 月　北京电台进行 13 年来广播宣传的基本总结，制定以提高新闻节目质量、加强教育性、知识性节目为主要内容的改进方案。

1963 年 1 月　北京电台改进节目方案付诸实施。停办《首都生活》节目，开办轮回节目：《在北京》（每周二次）、《祖国巡礼》（每周一次）、《发扬革命传统》（每周二次）、《世界知识》（每周一次）、《听众信箱》（每周一次）。随着节目变动，机构也相应调整。设新闻组，分采、编两个部分；设编辑组，负责采编轮回节目及《小常识》节目。

1963 年 8 月　北京电台开始参加全国文艺节目交换。

1966 年 3 月 28 日、4 月 12 日　周恩来总理先后视察北京电台和麻花发射台。

1966 年 5 月 14 日　北京电台开始由广播事业局代管。

1966 年 5 月　为确保播出安全，北京电台节目全部停掉直播，改为录音后播出。

1966 年 7 月 1 日　酒仙桥 804 发射台建台工程开始。

1967 年 1 月 14 日　北京电台少数人和北京广播学院个别学生以“红色革命造反战斗队”的名义，于清晨开始播音的时候播出《告首都人民书》（即“夺权宣言”），宣布北京电台被夺权。

1968 年 10 月 1 日　酒仙桥 804 发射台启用。至 1970 年 9 月 25 日，原在麻花发射台播出的节目，全部改由酒仙桥 804 发射台播出。麻花发射台机房留作备份。

1972 年 10 月 2 日　北京电台与北京市教育局联合举办的《业余外语广播讲座（英语初级班）》开播。

1974 年 1 月 1 日　北京电台恢复由中共北京市委领导，结束中央广播事业局的代管。

1975年5月 北京电台改变组织机构，建立编辑部、技术部、办公室、政治处。

1976年7—8月 唐山大地震抗震救灾期间，北京电台各部门员工坚守岗位，确保每天安全、正常播出。

1978年11月23日 根据中央广播事业局的统一规定，北京电台四套节目全部改用新频率播出：中波830千赫改为中波828千赫，中波930千赫改为中波927千赫，中波1030千赫改为中波1026千赫，中波1480千赫改为中波1476千赫。

1979年6月4日 北京电台大幅调整广播节目：加强新闻节目，恢复“文化大革命”前深受听众欢迎的新闻专题和文艺、音乐节目，增办不同内容的讲座等教育性节目。这次调整成为北京电台拨乱反正和以后贯彻“自己走路”[①]以及“以新闻改革为突破口”的宣传改革的转折点。

1979年10月1日 《北京广播电视报》出版，由北京电台编辑部负责编印发行。1983年6月，《北京广播电视报》划归北京市广播事业局总编室负责。

1979年11月1日 北京电台开办广告节目，全天播出30分钟。广告收入逐渐成为北京电台除政府财政拨款外的另一经济来源。北京电台的广告业务是1953年年底终止的。

1979年11月9日 北京市广播事业局党组代书记、代局长赵正晶兼任北京电台台长。

1979年年底 北京电台调整机构，设一室七部：总编室、新闻部、文艺部、科教部、农村部、广告部、播音部、播出部。

1980年10月28日 北京电台开办《请您录音》节目。此节目从1983年8月起改用调频立体声播出，直至1988年5月8日，节目共播出7年多。

1981年2月12日 建国门外北京电台技术楼工程开工。1983年工程竣工并通过验收。

1981年4月22日 北京电台酒仙桥804发射台扩建工程竣工。

1981年7月、8月间 北京电台对1981年上半年播出的节目、稿件进行评选，并向优秀节目、稿件的作者发放奖金。这是“文化大革命”结束后的第一次。

1981年9月11日 北京电台传音电缆在亮马桥直埋段被煤气公司施工队挖断，造成4套节目同时停播5分钟。

1982年5月23日 北京电台与北京广播电视大学联合开办《电大教学》节目。

1982年6月28日 《生活顾问》节目开播。这是北京电台第一个采用节目主持人形式，

---

① 1949年11月，中央广播事业管理处改组为广播事业局，直属中央人民政府政务院新闻总署领导。1950年年初，新闻总署署长胡乔木提出，广播“要学会自己走路”，根据广播特点自力更生办广播，不能完全依靠报纸、通讯社。1979年5月，中央人民广播电台台长左漠野在中央电台记者站负责人会议上重提“自己走路”的口号。这个宣传业务指导方针在1980年召开的第十次全国广播工作会议上得到确认。

编、采、播合一的节目。

1983年1月1日 北京电台在北京工人俱乐部举办北京迎新春职工京剧演唱会。这是“文化大革命”结束以来第一次开展这样的活动。

1983年1月13日 北京电台复兴门外传音电缆直埋段因铁道部宿舍施工造成停播，四套节目同时停播12分钟。

1983年2月12日 北京电台调频立体声节目开始每天1小时的试播，频率为调频94.5兆赫，归北京市广播事业局技术处直接领导。1984年9月17日，移交北京电台播出部。

1983年5月9日 北京市广播事业局党组成员、副局长于云先兼任北京电台台长。

1983年6月1日 北京电台作为北京市广播事业局二级财务单位，成立财务科，实行独立核算。

1984年3月16日 北京市广播电视局党组扩大会决定，酒仙桥804发射台由北京市广播电视局技术处领导改由北京电台直接领导。

1984年8月 北京电台记者任宝山作为“北京市青年友好之船”随团记者赴日本采访。这是北京电台首次派记者出国执行采访任务。

1984年9月1日 北京电台与北京市广播电视中等专业学校联合开办教学节目。

1984年10月24日 北京电台《听众之声》节目开播。

1984年11月 北京电台首次面向社会公开招聘，从500多名应试者中择优录用14名具有大专以上学历和一定社会工作经历的应聘者。

1985年4月5日 北京市成人教育局和东城区成人教育局批准北京电台外语组开办“北京电台外语学校”。6月10日，外语学校开课。教学点设在位于东城区的北京市第24中学和西城区的北京市月坛中学。

1985年4月15—23日 北京电台由复兴门外真武庙2条4号迁到建国门外大街14号新建技术楼办公。专题部、社教部仍留原址办公。

1985年5月1日 北京电台在首都体育馆举办“为修复房山云居寺大型义演”文艺晚会。

1985年7月1日 由北京电台、北京电视台和卢沟桥文物保护所共同发起修复历史古桥卢沟桥，并规划筹建中国人民抗日战争纪念设施，成立“卢沟桥历史文物修复委员会”。修复委员会城区办事处设在北京电台。

1985年7月8日 北京电台成立“对外宣传领导小组”。

1985年7月22日 北京电台主频率中波828千赫节目调整。早间节目形成以新闻和新闻性专题节目为主，集知识、服务、文艺节目于一体的高信息量编排，被听众称之为“黄金一条龙”。

1985 年 12 月 北京电台与河南人民广播电台、安徽人民广播电台共同举办为期两个月的京剧、豫剧、黄梅戏巡回演出。

1986 年 8 月 2 日 李克威被任命为北京电台台长。

1986 年 9 月 29 日 为修复卢沟桥募捐集资，北京电台与天津人民广播电台、北京电视台、北京市京昆振兴协会等单位共同举办京、津、港京剧票友演唱会。

1986 年 11 月 北京电台内部机构设四室、十部、一台。四室为总编室、台办公室、政工办公室、总工程师办公室；十部为新闻部、采通部、专题部、文艺部、农村部、社教部、播音部、广告部、播出部、录音制作部；一台为 804 发射台。

1986 年 为提高员工素质，北京电台制定《关于在职工作人员培训的暂行规定》，1991 年加以修订。

1986 年 北京电台通过向社会公开招聘，聘用 50 名业余监听员，主要任务是听节目、评节目、提意见、提建议。

1987 年 6 月 4 日 北京电台为修复云居寺捐资 1 万元。

1987 年 6 月 10 日 北京电台启用皂君庙调频立体声发射台。

1987 年 12 月 30 日 为加强北京电台与首都工商企业及新闻界的广泛联系，电台广告部在前门饭店举办"第一届首都工商企业新闻界联谊会"。

1988 年 3 月 21 日 北京电台第一套节目中波 828 千赫因发射台发生机器故障，从 6 时 50 分至 8 时 07 分停播，造成长达 77 分钟的严重停播事故。

1988 年 3 月 25 日 北京电台"立体声节目采编部"正式组建。同年 5 月 1 日起，调频立体声节目由原来的每天播出 6 小时增至 12 小时，发射功率也由 1 千瓦增至 5 千瓦。

1988 年 5 月 14 日 北京电台撤销政工办公室，设立党委办公室和人事保卫部。

1988 年 6 月 29 日 北京电台主办、英美烟草（香港）有限公司（健牌）协办的"北京首届广播歌曲'健牌'大奖赛"结束。至 1993 年，大奖赛连续举办五届。

1988 年 10 月 31 日—1989 年 7 月 9 日 北京电台开办新闻性专题节目《英语节目》（English Service）。

1988 年 北京电台全年经营创收达 327 万元，首次超过当年的财政拨款数额。

1989 年 4 月 14 日 北京电台成立计划财务部。

1989 年 6 月 4 日 北京电台自凌晨 2 时，在新闻节目里除继续重播北京市人民政府、戒严部队指挥部紧急通告外，全天还广播新华社消息、《解放军报》社论以及北京市市长的讲话等。

1989 年 9 月 8 日 北京电台实行在台长领导下的宣传工作总编辑负责制。从此，局部性的节目调整由编务会审批，重大调整报台长审批，全面调整节目还要报台务会审批。

1990 年 4 月 30 日 北京电台颁布《关于在全国获奖节目论文的奖励办法（试行）》。办法规定：凡在全国评奖中获得特等奖、一等奖和二等奖的节目、论文，电台都要给予 50 ~ 150 元的奖励。连续三年获得二等奖以上的给予特别奖 300 元，并记功一次。

1990 年 6 月 1 日 吕浩材被任命为北京电台台长。

1990 年 8 月 6 日 北京经济台开播，这是北京电台探索宣传改革建立的第一个专业台。

1990 年 12 月 北京电台建国门外办公大楼启用。

1990—1991 年 为确保广播改革沿着正确的方向稳步前进，北京电台从加强宣传管理入手，建立健全宣传报道规章制度，陆续出台《关于加强节目管理的规定》《关于开展社会宣传活动的管理办法》《关于申报节目主持人的规定》《关于节目不得超时的规定》《关于广告节目管理的规定》《关于编播部门安全播音的规定》等 10 项规章制度。这是“文化大革命”后北京电台第一次全面建立健全规章制度。

1991 年 1 月 15 日 北京电台总编室创办《宣传业务》（内部半月刊）。

1991 年 9 月 23 日 北京电台 804 发射台因塔灯电源线与中波 1026 千赫发射调配元件铁架距离过近而打火，致使高频对地呈短路，造成该频率从 18 时 04 分至 19 时 52 分停播 1 小时 48 分的严重事故。维修过程中中波 828 千赫受到影响，又造成该频率停播 7 分钟。

1992 年 6 月 3 日 为发挥电台在政府与群众之间的桥梁作用，北京经济台在《北京早晨》板块节目中开设《星期三热线办公》专栏。

1992 年 9 月 13 日 由于北京电台 804 发射台天线调配室的调配元件及馈线、铜管等器材全部被盗，造成中波 927 千赫和中波 1476 千赫两套节目停播。北京电台采取临时措施，请求广播电影电视部无线局 582 台代播。经抢修，中波 1476 千赫与中波 927 千赫分别于 15 日晨、16 日晨恢复正常播音。

1992 年 11 月 23—25 日 北京电台在三元宾馆召开中层以上干部会。会议议题是总结开办经济台两年多来的工作，对下一步全台宣传改革进行研讨。会议成果是：充分肯定了创办经济台的经验，原则通过了“以建立专业化系列台为龙头的全方位改革”的构想。这次会议对于北京电台确立改革方向和发展进程具有里程碑意义，后被称为“三元会议”。

1993 年 1 月 23 日（大年初一） 零时，北京电台立体声节目采编部调频立体声广播开始 24 小时直播，成为北京广播史上的首创。

1993 年 3 月 1 日 北京新闻台和北京音乐台在同一天开播。

1993 年 3 月 18 日 北京电台开办的北京广播发展总公司开业。

1993 年 5 月 8 日 北京电台社教部开办的北京播知音像书店开业。

1993 年 8 月 6 日 北京经济台开办《1026 新闻一小时》板块节目。这是北京电台第一个以板块形式由主持人直播的新闻节目。

1993年8月23日 北京音乐台改用调频97.4兆赫播出。

1993年8月 北京电台在全台范围实行干部聘任制、职工聘用制。这是在建立专业化系列台的改革过程中，北京电台干部、人事制度改革的一项重大措施。到1993年年底，聘任、聘用工作全部完成。全台免去17名处级干部的职务，占处级干部总数的30.4%；提拔11名处级干部；免去13名科级干部的职务，提拔44名科级干部。落聘职工实行编外待业。

1993年9月30日 北京儿童台开播。

1993年12月18日 北京交通台开播。

1993年 北京电台在交通台试点将新招聘人员的档案关系存在北京市人才交流服务中心，北京电台首次出现事业体制外的聘用人员。以后这种用工制度在全台推开。

第一篇 宣传

1950 年，北京电台部分工作人员在西长安街 3 号台址（1949—1956 年）合影

北京电台开播之始，就肩负着党、政府和人民喉舌的重任。开播之初的主要任务有二：一是播送军管会和人民政府的布告、法令；二是转播陕北新华广播电台（中央人民广播电台前身）的节目。

陕北台进入北平后，北平人民广播电台作为面向北平广播的地方台，把办台总方针定为“以社会教育为主”，提出“主要为工人、学生服务”。当时，曾一度大办工人、青年、妇女等对象性节目，分别对特定对象广播。在镇压反革命、“三反”、“五反”、抗美援朝等政治运动中，通过组织收听发挥过应有的作用。

随着中国共产党在过渡时期总路线的提出，国家大规模经济建设开始，为北京市建设工作服务的地方报道任务繁重，“以社会教育为主”的办台方针逐步淡化，对象性节目陆续停办，面向广大听众报道北京市中心工作的《本市新闻》和“反映首都人民前进的足音”的《首都生活》节目成为宣传的重点。工作方针的转变，带来工作方式的转变：从改编报刊为主，走向编采并重，从报纸的有声版走出来，开创广播自己的道路，着力探索广播规律，扩大社会影响。

1962 年，北京电台对建台 13 年来的宣传工作作出总结，检查了“大跃进”、人民公社化报道中出现的浮夸风、共产风和瞎指挥。“总结”强调指出：新闻报道必须从实际出发，坚持实事求是原则，超越社会主义阶段的实际、片面强调共产主义因素、急于“过渡”的思想是有害的。

“文化大革命”期间，宣传工作总结遭到批判，被指责为复辟资本主义的黑纲领。

中共十一届三中全会拨乱反正，重申党的实事求是思想路线。北京电台为适应国家工作重点的转移，大规模调整节目，并以新闻改革为突破口，带动宣传工作的全面改革。

进入 20 世纪 90 年代，北京电台加大改革力度，在专业化系列台建设中，强调按广播规律办广播，充分发挥广播优势；坚持“三贴近”原则，调动听众参与的积极性，使广播的喉舌作用、教育功能、娱乐功能和服务功能，都较前期有更好的发挥。

第一章
新闻类节目

新闻类节目是广播电台的骨干节目。在北京电台诸多的节目中，新闻类节目处于重要和首要的位置。因形势的发展、变化，北京电台新闻类节目经历了一个曲折上升的过程。在改革开放的新时期，特别是创办专业化系列台以来，北京电台新闻类节目发展迅速，社会影响也越来越大。

建台初期，主要播发新华社与报纸的新闻稿，电台以编为主，并着力于通俗性的时事政治宣传（1949—1953 年）。

在贯彻社会主义过渡时期总路线阶段，北京电台加强了地方报道，增办《首都生活》，配合重大宣传多次开办特别节目和广播大会（1954—1961 年）。

国民经济调整时期，按北京电台《十二年宣传工作总结》精神，精办新闻，致力于提高节目质量（1962—1965 年）。

“文化大革命”时期，地方新闻一度中断，只转播中央人民广播电台新闻，“文化大革命”结束前后，略有恢复（1966—1978 年）。

中共十一届三中全会后，拨乱反正，新闻类节目健康发展，位居首要；特别是进入 20 世纪 90 年代建立专业化系列台后，新闻类节目在内容和形式上有新的开拓，数量与质量更上一层楼（1979—1993 年）。现分新闻与言论、新闻专题节目及特别节目三节缕述如下。

第一节　新闻与言论

从 1949 年开播至 1993 年建立专业化系列台的 40 多年间，北京电台开办过的新闻节目主要有《本市新闻》《北京新闻》《新闻》《简明新闻》《国内外要闻》《报刊文摘》以及《国内外大事》《时事节目》《赵师傅和小刘谈时事》《对中学生时事广播》等。同时，长期转播中央人民广播电台的《新闻和报纸摘要》《各地人民广播电台联播》节目，20 世纪 50—60 年代还转播中央人民广播电台的《国际新闻》。上述北京电台新闻节目，一般为 15 分钟一次，短的 10 分钟，长的也不超出 20 分钟，《简明新闻》为 5 分钟。中央人民广播电台的“报摘”和“联播”为 30 分钟。

言论不设固定节目，散见于新闻节目中，较多地摘发有关报刊的重要言论。北京电台评论为数不多，编后话居多。20 世纪 80 年代中期，一度开办过《星期论坛》，带有杂文、随感色彩。20 世纪 90 年代，建立专业化系列台后，有些言论也出现在大板块节目中，包括某些政要专家对某些热点问题发表意见。

开播之初，北京电台奉行“以社会教育为主”的办台方针，《本市新闻》每天只有早晚两次，各 15 分钟。最初由来自解放区的统一编辑部供稿。统一编辑部是由新华通讯社总社、陕北新华广播电台、华北《人民日报》三单位人员组成的。这是在范长江领导下进入北平的第一支新闻队伍。1949 年 4 月，统一编辑部撤销后，广播稿源绝大部分依靠报纸，一小部分由机关、工厂、学校提供。1950 年，北京电台从事《本市新闻》编写的最初只有 1 人，年底有 3 人。

1951 年，北京电台编辑科内由 5 人组成的新闻组，除编写《本市新闻》外，还为《工人节目》编写国内外时事对话，为《学生节目》编写每周国内外大事，为第二、三、四台编发简明新闻。这个组还负责少量的外出采访。

《工人节目》中的时事对话，1953 年发展成《赵师傅和小刘谈时事》，成为北京市几乎家喻户晓的名牌节目。“赵师傅”设计为一个知识宽广、人情练达、颇具政策水平的老工人，“小刘”设计为一个关心天下大事、勤学好问的青年女工。两人就当天的重要新闻及其背景，一问一答，侃侃而谈。这个节目亲切自然、通俗易懂，深受听众喜爱。

1953 年，随着党在过渡时期总路线的提出，北京电台于 11 月底提出了改进工作方案，把新闻性节目正式摆到了广播节目的首位。方案要求：“今后各种节目应能充分地为贯彻实现党在过渡时期的总路线、总任务进行宣传鼓动……今后广播宣传以经济建设为重点，以全市广大人民为对象，加强联系实际，联系群众，以提高广播宣传质量。”《本市新闻》成为北京电台的重点节目。

北京电台机构也进行了调整，建立编采《首都生活》及《本市新闻》的十多人的记者队伍，并派出专人入驻北京日报社，加强与《北京日报》编辑部的密切联系，提前改编《北京日报》的新闻及评论，供有关节目采用。

随着节目和机构的调整，当年 12 月的小结指出：“本月本市新闻节目面貌一新，记者供应新闻稿件踊跃。”当月统计，记者供新闻稿 107 件，及时报道了市内各项中心工作。但由于记者力量不足，稿源仍感紧张。编辑部要求大力开展通讯员工作，先后在本市各大企业、机关、学校发展通讯员约 200 人。为指导通讯员的写作，编辑部曾先后编印《工人通讯员》《来稿综述》《通联工作简报》《来稿情况简报》《通讯工作》等内部刊物。

1954 年 11 月，在第二次全国广播工作会议上，广播事业局局长梅益指出：“广播工作者还没有很好地熟悉广播特点。”北京电台在回顾 1954 年的宣传工作时，也深切感到“没有注意钻研如何发挥广播特点，在很大程度上还是用办报纸的方法在办广播”。

1955 年、1956 年，北京电台编辑记者热衷于学习和钻研广播特点，学习研究苏联莫斯科广播电台的录音报道，自己努力采制录音报道，可谓蔚然成风。当时使用的录音机是苏式八型机，重 30 千克，为搞录音报道，记者要抬进抬出。采访丰沙线工程时，记者和录音员抬着录音机，扛着变压器，要走过 2.5 千米长正在施工的隧道。不久，一种手提式录音机开始用于外出采访，其机械部分是靠发条发动的，每隔几分钟就要上一次弦，记者如获至宝。1957 年 2 月，记者左辛利用手提式录音机，在采访北京第一条无轨电车线路通车时，边录音，边作现场解说，制作了第一个口头报道。

广播杂志《一周来的北京》，也是学习苏联经验，是旨在发挥广播优势的一种形式。从 1955 年 11 月 12 日开始，每逢周末，选择一周以来发生在北京的新闻事件加以追述，充分利用录音素材，配以恰当音乐，制成 30 分钟的节目，类似一本带音效的广播杂志。这个节目由编辑于周末连夜编写，次晨合成，下午广播，由于生动活泼，很受欢迎。“大跃进”期间，报道任务繁重，编辑人手紧张，节目于 1960 年 7 月停办。

“大跃进”期间，各区县、各行业的基层组织，争相报道各自地区和部门“大跃进”的成绩。这一时期的新闻报道出现了不少浮夸失实的报道。人们头脑发热，“破常规”“创奇迹”“放高产卫星”充斥于广播新闻。“人有多大胆，地有多大产”等错误口号风行一时，影响恶劣。

从 1961 年开始，国民经济进入调整时期。北京电台在 1962 年，花了 5 个月的时间，发动全编辑部回顾总结 13 年来宣传工作的经验教训，着重探讨了“大跃进”时期新闻报道的得失，提出“精办新闻”的方针。“总结”指出：新闻报道必须坚持实事求是的原则，不应醉心于追求轰轰烈烈，重在用事实说话；事实必须真实，不夸大，不耸人听闻；新闻重在从思想政治上给人影响，不应代替业务行政部门发号施令；新闻必须客观地反映现实，不是有闻必录，力戒“穿靴戴帽”；经济新闻必须把经济政策和人民群众的切身利益结合起来，赢得群众的关注；新闻报道要为党的中心工作服务，还必须有广泛的题材，要多关心群众的生活，更好地为群众服务。

“总结”以后，北京电台的新闻性节目作了调整：《本市新闻》《新闻》《简明新闻》都作压缩，从每天播出160分钟，压到65分钟，注重深入采访，讲究实事求是。

"文化大革命"到来，1967年1月14日北京电台的"造反派"夺权后，播音时间表被作废，节目被打乱，自办的新闻节目全部停办，将中央人民广播电台的新闻录下音来加上北京电台的台号播出。直至1969年夏季，才开始恢复自办的综合新闻。1973年以后，逐步恢复《本市新闻》和《简明新闻》节目。

北京电台真正的拨乱反正是在中共十一届三中全会以后。

1979年6月，调整了节目。《本市新闻》从原来每天播出4次改为6次，从每天发一套稿改为发两套稿，第一次播出时间从早晨8时提前到7时。

1979年12月，成立30人的新闻部，规模空前。

1980年10月，《本市新闻》更名为《北京新闻》，旨在扩大报道面，丰富新闻选题。1982年，进一步把《北京新闻》播出次数从每天6次增加到9次。

1983年第十一次全国广播电视工作会议强调"宣传工作的改革要以新闻改革为突破口"。1984年，《北京新闻》从每天播出9次增加到12次。

表1-1　《北京新闻》1980—1990年播出次数与时间一览表

年月	时间	次数	总时间
1980年10月	15分钟	7	105分钟
1982年6月		共9次	120分钟
	15分钟	6	
	10分钟	3	
1984年10月		共12次	160分钟
	15分钟	8	
	10分钟	4	
1990年1月		共10次	140分钟
	10分钟	6	
	20分钟	4	

经过几次调整与改革，《北京新闻》出现了诸多新气象：

"本台消息"与"本台记者报道"增多了，自编自采率由过去的30%增加到70%～80%。北京市的重大活动、重要消息基本上都采用北京电台记者的稿件。

时效性增强了，许多重要消息当日发布，明显快于报纸。

录音报道、口头报道、连续报道、广播讲话等具有广播特点的报道，在新闻节目中大大增加。

短新闻多了。一套15分钟的新闻节目过去发七八条消息，改革后都能发十二三条，加上简讯可达十四五条。

北京电台评论受到重视，不少评论在全国广播节目评比中获奖。

北京电台以新闻为突破口的改革方向，受到听众欢迎。特别是早新闻的收听率更占首位。许多市民家庭，每天早晨总是先开收音机，收听北京电台的天气预报、北京电台转播中央人民广播电台的《新闻和报纸摘要》，接下来收听《北京新闻》《小常识》《文艺点滴》。听众称之为早晨的"黄金一条龙"。较长一段时间，北京市领导听早新闻，还要看一看播出稿，经常提出指导性的意见。胡乔木等中央领导也曾几次对《北京新闻》的某些稿件给予肯定和表扬。

《北京新闻》加大对社会新闻报道。1983年11月28日7时，《北京新闻》播出通讯员底铭来信，报道85岁的赵松伶老人被儿女冷落、卧病于饥寒交迫之中的惨境。电台迅即派出记者任宝山和实习记者牛伟旗前往采访。当天，老人所在区的副区长听广播后就前往慰问。接着，陆续有干部、战士、学生、演员等带着慰问品、现金到老人家里看望。他们热情的话语和感人的场面都被记者采录下来，以录音报道的形式连续播出事件的发展。这件事一时成为街谈巷议的话题，人们对子女不能悉心照顾赡养老人多有谴责。最后，老人的儿女们作了自我批评，把老人接回家去细心照顾。这组报道和有关评论播出后，国内外十多家报刊、通讯社予以转载或摘要刊登。这组报道获得1983年度全国好新闻一等奖，同时获得全国优秀广播节目一等奖。

1990年8月6日，北京经济台开播，北京电台进入创办专业化系列台的新阶段。经济台使用中波1026千赫播音，坚持人民广播的喉舌性质，以经济宣传为主，为繁荣首都经济服务。经济台开播时逢整点有5分钟《经济新闻》，半点有5分钟经济信息，全天共达21次。

1992年元旦，经济台调整节目，每天仍保持整点《经济新闻》和半点经济信息各10次外，辟出60分钟时间开办《经济大世界》板块节目，其中的《经济透视》《市场见闻》等栏目，都有很大的新闻含量，传播着大量的经济信息。

1993年3月1日，新闻台问世。新闻台使用广大听众最熟悉的北京电台第一套节目中波828千赫播音，呼号仍为"北京人民广播电台"。从这天开始，北京电台中波828千赫推出全新的广播节目，全天节目以新闻和新闻性专题为主体。每天9套新闻稿，播出14次，每逢整点都有新闻。包括《北京新闻》《简明新闻》《最新信息》等。这些新闻节目与新开设的《时事追踪》《经济大观》以及《议政论坛》《法制天地》《京华人物访谈》等新闻专题节目互为补充，立即引起社会的关注。

新闻出版署的机关报《新闻出版报》736期（1993年4月21日）报道："北京新闻台自今年3月1日开播以来，信息量骤增。听众不但能听到北京新闻，也能听到国内和国际新闻，其中有的是听众关注的社会热点问题新闻。"与北京新闻台同一天问世的还有北京音乐台。同年9月30日，北京儿童台开播；12月18日，北京交通台开播。这三个专业台也设有相应的新闻性节目。

1993年8月6日，经济台开播三周年，开办《1026新闻一小时》板块节目，这个新闻板块放在每天黄金时间7:00—8:00播出，10:00—11:00重播，设置9个栏目:《要闻短波》《经济快讯》《快讯追踪》《快讯点评》《经济台专访》《1026传呼》《环球人物》《背景新闻》《天气与交通》。为扩大信息源，打破惯例，跳出地区局限，北京经济台与多家有代表性的外省市报刊及电台建立了快讯来往关系。

1993年12月底，北京电台各专业台全日新闻节目阵容如下：

北京电台中波828千赫（新闻台）

全天制作9套节目，播出14次，共2小时15分（包括重播，转播除外）。

6:00—6:05　简明新闻

6:30—7:00　转播中央人民广播电台《新闻和报纸摘要》

7:00—7:20　北京新闻（8:00—8:20重播）

9:00—9:10　综合新闻

10:00—10:10　国际新闻（11:00—11:10重播）

12:00—12:10　北京新闻（13:00—13:10重播）

16:00—16:05　各地简讯（17:00—17:05重播）

18:00—18:10　北京新闻（19:00—19:10重播）

20:00—20:30　转播中央人民广播电台《各地人民广播电台联播》节目

21:00—21:05　简明新闻

23:00—23:05　最新信息

北京经济台

全天制作新闻9套，信息4套，播出20次，共3小时30分（包括重播，转播除外）。

6:00—6:05　经济新闻

6:30—7:00　转播中央人民广播电台《新闻和报纸摘要》

7:00—8:00　1026新闻一小时（10:00—11:00重播）

9:00—9:05　经济新闻

12:00—12:05　经济新闻

13:00—13:05　经济新闻

18:00—18:05　经济新闻

19:00—19:05　经济新闻

20:00—20:05　经济新闻

21:00—21:05　经济新闻（22:00—22:05 重播）

8:30—8:35　百业信息（21:30—21:35 重播）

9:30—9:35　商贸信息（19:30—19:35 重播）

12:30—12:35　科技信息（18:30—18:35、22:30—22:35 重播）

13:30—13:35　金融信息（20:30—20:35 重播）

北京交通台

全天制作 5 套新闻节目，播出 11 次，共 1 小时 35 分（包括重播，转播除外）。

7:00—7:05　交通新闻（8:00—8:05 重播）

9:00—9:10　综合新闻（12:00—12:10 重播）

10:00—10:05　交通新闻（11:00—11:05 重播）

13:00—13:05　交通新闻（17:00—17:05、18:00—18:05 重播）

20:00—20:05　交通新闻（21:00—21:05 重播）

19:00—19:30　转播中央电视台《新闻联播》

北京音乐台

6:30—7:00　转播中央人民广播电台《新闻和报纸摘要》

7:00—7:20　转播《北京新闻》

7:20—7:30　文化信息

1993 年，北京电台还办有《英语新闻与专题》节目，每周发 1 套节目，播出 2 次，共 60 分钟。

1993 年年底，北京电台各专业台每天共播发 29 套新闻与 5 套信息节目，播出总时间为 8 小时 25 分。

第二节　新闻专题节目

北京电台 44 年间先后设置的新闻专题节目主要有《首都生活》《在北京》《话说北京》《北

京人物》《首都纵横》《时事追踪》《经济大观》《经济大世界》《京华人物访谈》《议政论坛》《体育爱好者》等。这些新闻专题节目，大体容纳消息以外的新闻体裁，包括通讯、特写、录音报道、录音专访、人物谈话、新闻述评、广播漫谈等，或取几个内容、几种体裁的大拼盘式，或取单一话题、单一体裁式。新闻专题节目通常是消息类新闻节目的深化和补充，共同围绕中心工作、中心话题展开，使报道趋向充分和深入。20 世纪 90 年代初期，随着广播的改革，大板块节目兴起，新闻专题节目有新的发展。更多采取主持人直播形式，把嘉宾请入直播间，把听众热线电话拨到直播间，围绕主持人的话题，展开交流和讨论。有了群众的参与，广播和群众的距离拉得更近了，从传统的单向传输走向双向的交流与沟通。新闻专题节目中的录音报道，也绝大部分由记者直接面对听众说话，记者口头报道，缩短了与听众的距离。

北京电台的新闻专题节目，也是在曲折中前进的。

开播之初，北京电台人力单薄，采取以编为主的工作方针，曾设有《各地通讯》节目，播送来自报纸的通讯。1953 年 11 月，为加强地方报道，加强北京市经济建设的宣传，首次设置以自采为主的新闻专题节目《首都生活》，和《本市新闻》一起，列为全台节目的重点。

《首都生活》节目每次 20 分钟，其任务为“配合本市中心工作有重点地进行宣传报道……介绍本市各项建设情况及建设中的先进经验、先进人物和生动事迹及首都各种有意义的动人事例。可采取讲话、通讯、录音报道等多种形式”。概括说来，要“反映首都前进的足音”。1954 年 2 月,《首都生活》节目中，播出了记者从苏联展览馆（1958 年更名为北京展览馆）工地采写的特写《倔强的人》。特写刻画了一个普通战士，从战争硝烟走向和平建设，忘我投入建筑施工的坚毅性格，反映了人民大众建设社会主义的迫切愿望，听众反响强烈。《北京日报》在头版转载，中央人民广播电台全文广播，新华社向全国发了专稿，进一步扩大了影响。文中的主人公虞永富收到大量群众来信，对他表示敬佩，要向他学习。

1954 年 8 月，北京市召开第一届人民代表大会第一次会议。毛泽东、刘少奇、周恩来当选为全国人大代表。编辑部副主任杨丹率记者采写了特写《选毛泽东，就是选胜利、选和平、选幸福》，立意深刻，构思精巧，写得生动，富于文采，播出效果甚好。《北京日报》撤销其本报记者的特写，改用北京电台的特写。

北京市人民代表大会期间，记者关同采访了劳动模范、人大代表殷维臣，用自述体写出《欢乐的五年》，生动地表述了中国农民的翻身喜悦和农村面貌的深刻变化，播出后深深感染了听众。通俗读物出版社约作者扩充篇幅，出版单行本。

这些节目，扩大了广播在群众中的影响。中共北京市委常委、宣传部副部长范瑾到台讲话，提倡电台记者多采写人物，通过人物报道宣传社会主义、共产主义思想，感染听众，教育听众。

1955 年 2 月，编辑部对一年多来的《首都生活》节目作了总结，指出:“建《首都生活》之后，改变了过去工人、妇女等对象性节目的支离破碎状况，更能集中地配合全市中心工作，做出了一定成绩。”

《首都生活》重视发挥广播特点，播出过大量“带响”的节目。1955 年年底至 1956 年年初，对首都农业、手工业和私营工商业的社会主义改造的宣传报道，做得有声有色。1955 年 12 月至 1956 年 1 月，前后两个月播出录音报道 40 件。1 月上半月的 10 件录音报道，经中央人民广播电台向全国广播的就有 7 件。如彭真市长在首都庆祝社会主义改造大会上的讲话和私营工商业者乐松生、张焕尧等人的访问录音，工商界家属座谈会的录音报道等，都是首都社会主义改造高潮中的真实历史记录，对全国广播后影响巨大。

1962 年，国民经济进入调整时期。根据北京电台《广播宣传基本总结》关于“精办新闻”的方针，1963 年年初，停办每天都有的《首都生活》节目，改办每周两次的《在北京》，讲求实事求是，重视提高节目质量，增强节目可听性。1963 年 3 月，国家领导人为雷锋同志题词发表，刚刚开办的《在北京》节目大力宣传雷锋事迹和雷锋精神。这期间出现了一批精品，如丁图编写的《哑巴媳妇回娘家》，报道了人民警察爱人民的真实故事，情节生动感人，语言朴实流畅。节目播出后，北京电台、中央人民广播电台都收到不少听众来信。在 1963 年“全国优秀广播节目欣赏会”上，这篇作品受到一致好评，被认为在探索广播语言方面有新的开拓。许多省、市电台把节目翻录回去广播。其他的如《石景山的烟云》《塑料世界》等工业报道，浴池女工张延芬的讲话，人物特写《一号司机》，以及记述孤儿不孤的广播特写《社会主义好》，都是内容与形式俱佳的作品。

1964 年 8 月下旬，北京电台停办《在北京》，改播报纸上的某些批判文章，如对电影《早春二月》、京剧《海瑞罢官》的批判文章。整个“文化大革命”期间，新闻专题处于萎缩状态。

1979 年 6 月，北京电台恢复停办了 17 年的《首都生活》节目，加强了地方报道，给深度报道开辟了天地。1984 年 10 月,《首都生活》改为《话说北京》《北京人物》两个专栏，再后合并为《首都纵横》。这期间，出现了一批有影响的优秀节目，在全国优秀广播节目评比中屡屡获奖，如记者于卓采写的纪念北京人民艺术剧院建院 30 周年的录音通讯《丰硕的果实》、张礼栓采写的录音报道《难建的剧场》以及录音通讯《白菊厂招标实录》《护城河畔的难题》等。

1992 年 1 月，经济台《经济大世界》板块中设置的《记者沙龙》打破了新闻专题的传统样式，既不是通讯特写式的专题报道，也不是传统的录音报道，而是请首都新闻界同行到直播间来，直接面对听众报告各自采访中的第一手材料，反映全市及全国的经济形势，并对热点问题展开讨论。这一做法，扩大了信息量。一年时间，有 100 多名首都记者到台参与直播。

从 1992 年 6 月 3 日开始，经济台每周三播出《星期三热线办公》节目，至 10 月 14 日，共举办 20 期。每次“热线办公”，把北京市某一区（局）、某一部门的负责人请到直播室，向听众报告本地区、本行业的历史和现状，征求听众的意见。听众把电话打到直播室，提出工作和生活中存在的亟待解决的问题，参加直播的区（局）负责人与听众直接沟通。有些长时间得不到解决的问题，在热线沟通中迎刃而解，各方面都很满意。这种播出方式，为后来各专业台的热线节目开辟先河。

1993 年 3 月，新闻台开播，新闻专题节目在突破传统模式的同时，重视向新闻报道的深度和广度进军。1993 年 3 月 1 日开播的《时事追踪》努力以新的事实、新的观点、新的角度、新的深度吸引听众，节目下设《环球瞭望》《国内传真》《一周言论集萃》《潮头掠影》《新闻背景》《热点与难点》《星期特写》《都市采风》《市民心态实录》等栏目。《时事追踪》的开篇，是记者张礼栓的录音报道《挖墙脚的人们》。记者以现场得来的第一手材料，揭露了一些人利用倒卖空白假发票侵占国家、集体利益，大发横财的丑恶现象。节目刚刚播完，就有听众打来电话称赞这篇报道真实，一针见血；北京市税务局局长听了广播，表示要全力以赴，查处倒卖假发票的问题……报道继续从不同的侧面和层次深入开掘，影响越来越大。国家税务部门专门给电台来函，对这一报道给予高度评价，表彰记者的特殊贡献。

《时事追踪》于 1993 年 3 月 18 日开播新栏目《听众热线 5159063》，替代《市民心态实录》，4 月定名为《新闻热线 5159063》。热线开通后，办公室里电话铃声不断，每天要接四五十个，有时七八十个听众打来的电话。专门守候在录音电话机旁的编辑，从中选择两到三条在节目中播出，不能播出的及时转达有关部门。这些由听众提供的有新闻价值的社会问题披露出去，往往激发起人们的议论。热线开通后的十个月中，打来电话的不下万人，既有政府官员、社会名流，也有普通市民。北京市有关领导多次在会议上要求干部们都听听“新闻热线”，市长亲自出面处理过“新闻热线”中听众反映的问题。许多热线电话给记者提供了报道线索，记者们采制出一些有影响的专题报道，如《吃首钢　奔小康》等。至同年 12 月 31 日，《时事追踪》共播出 10 个月。其间，曾被中央电视台等多家媒体报道过。

除《时事追踪》外，新闻台还设有《经济大观》板块。这是为适应社会主义市场经济体制的建立而设置的。它着重反映市场经济在运行中出现的新观念、新事物、新情况、新问题。

1993 年，新闻台推出的新闻专题还有《体育大世界》《京华人物访谈》《议政论坛》等。这些新闻专题节目从各个侧面丰富和深化了地方报道。如《议政论坛》，成为市人大代表、政协委员在两会闭幕期间参政议政的公开论坛。举凡重要政事、社会热点、民众呼声，由代表、委员在广播中通过热线电话与社会各界共同探讨，民主气氛浓厚，反映民意充分，受到各方面重视。

1993 年 12 月底，北京电台各专业台每天新闻专题节目阵容如下：

北京电台中波828千赫（新闻台）

新闻专题节目每天共播出4小时35分（包括重播）。

7:20—7:45　时事追踪（17:30—17:55重播），主要栏目有：

《新闻背景》《热点与难点》《都市采风》《潮头掠影》《新闻热线》《国内传真》《环球瞭望》《一周言论集萃》

7:45—8:00　体育大世界（13:10—13:25重播）

10:10—11:00　京华人物访谈（周一、三、四、六播出）（16:10—17:00重播）

议政论坛（周二、五播出）

11:30—11:50　京郊大地（次日6:05—6:20重播），主要栏目有：

《希望田野》《卫生保健》《城乡通道》《外地农村》《世界农业》《说长道短》《灿烂星光》《请到我们这里来》《走向市场》《三百六十行》《科技兴农》《信息天桥》《风光览胜》《听众话筒》

12:10—12:40　经济大观（20:30—21:00重播），主要栏目有：

《专家论坛》《经济沙龙》《世界经济掠影》

北京经济台

新闻专题节目每天共播出3小时25分。

8:00—10:00　北京早晨，主要栏目有：

《广播商场》《万户千家》《企业沙龙》《星期热点》《九州证券》《金水桥》《漫话119》

11:00—12:30　经济大世界，主要栏目有：

《热点透视》《记者沙龙》《市场见闻》《海外瞭望》《企业采风》《科技大观》《今日菜篮子》《保险事业在中国》《穿针引线》

北京交通台

新闻专题节目以板块形式出现，每天共播出2小时50分。

7:05—8:00　交通日日报，主要栏目有：

《来自地铁工地的报道》（周一、三、五播出）

《西客站采风》（周二、四、六播出）

8:05—9:00　交通热线，主要栏目有：

《焦点万象》《曝光台》

9:00—10:00　都市咏叹，主要栏目有：

《交警日记》《交通大家谈》

第三节　特别节目

建台 40 多年来，北京电台除固定的新闻节目和固定的新闻专题节目以外，尚有一批临时安排的新闻性节目，如广播大会、重大社会政治活动的实况转播、体育比赛转播和某些其他特别节目。

一、广播大会

广播大会利用广播时效性强、群众性强、鼓动性强的优势，宣传并推动某项中心工作，威力巨大。

1949 年 12 月 21 日，为庆祝斯大林 70 寿辰，北京电台创办群众性的广播联欢会的形式，请各行各业的群众代表到播音室来为斯大林祝寿。会场内有朗诵祝词的，有表演文艺节目的，热烈而生动。这种富有群众性的广播形式，别开生面，听众耳目为之一新。有人写信给电台说："我虽然是坐在家里收音机旁，却好像和你们在一起共同为斯大林同志的长寿而欢唱。"1950 年 1 月 31 日（北京解放一周年）、1950 年春节、"三八"节，北京电台都举行过各种形式的广播联欢会。这种广播形式以后又充实了政治内容，组织更广泛的群众收听。场外群众和中心会场遥相呼应，这便发展成为后来的广播大会。在抗美援朝、镇压反革命、打击反动会道门"一贯道"邪教和"三反""五反"等重大政治运动中，都成功地运用了广播大会的形式。

1950 年 11 月 27 日，举行"揭露一贯道罪恶广播控诉会"，因控诉对象和控诉人选得典型，收效甚大。广播会后，每天登记退道的比以前大为增加。城区一个派出所范围内 1000 多个退道者中，有一半表示是在收听广播后下决心的。

1951 年 9 月 18 日，举办"北京市工商界迎接国庆，加强抗美援朝运动广播大会"。全市 136 个行业有 20 多万人有组织地收听。开会后 3 小时内，工商界捐款 23 亿多元（旧币）。由于发挥广播优势，这些宣传活动都收到很好的社会效果。

1956 年年初，北京市的社会主义三大改造胜利完成以后，丰台区于 3 月召开 1.5 万人参加的春耕动员大会，电台播出了实况录音，这一广播，效果就不好。事后，中共北京市委指出："春耕大忙开始，如此兴师动众地召开大会，是追求形式主义的工作作风，电台再予广播，更加助长了这种作风。"

中共北京市委常委宣传部副部长范瑾在电台 4 月召开的通讯员会上讲话指出："要反对宣传

形式主义和宣传中的片面性，不要盲目追求数字、规模、热闹，而不顾实际效果。在宣传中要实事求是，要核对事实。有的计划本身没有可靠的基础，因此要有判断能力，善于分析事实，没有把握的事不要宣传。宣传中不要只顾今天，不顾明天，否则自己转不过弯来，人家也不相信我们的宣传了。宣传反对保守思想是应该的，但同时也反对不切实际，盲目打破一切常规。”

1958 年的“大跃进”，来势迅猛，声势浩大。广播大会被视为“大跃进”响亮的号角。北京电台于 1958 年和 1959 年两年，共举办广播大会 29 次。

1959 年 4 月 16 日午夜举办的防霜冻特别广播长达 4 个小时。特别广播以中共北京市委名义举办，到台指挥的是农林局一位科长和一位农艺师。各区县干部、社员深夜守候在田边，只等广播一声令下，到处点火熏烟。结果大部分地区并未出现霜冻，群众叫苦不迭。

每次广播大会都要组织几万人、几十万人收听，会上提任务、提指标，收听单位马上给电台打电话，表决心、报指标，电台当时广播出去。这些电话一个比一个调门高，无从核实无从检查。

1962 年 3 月，中共北京市委宣传部的一项文件指出：“1958 年以后的广播大会存在主要问题有三：一是压指标，压任务；二是群众对广播大会的反映，绝大部分有浮夸；三是劳民伤财。”

1962 年，北京电台总结“大跃进”宣传的经验教训时指出：广播威力巨大，如有失误，负面效应也很巨大，广播工作者既要在政治上满腔热情，又要善于科学分析，力争做一个冷静的促进派。

此后广播节目趋向规范，临时安排的新闻特别节目极为少见。

二、实况转播

实况转播亦称现场直播。主要有两大类：重大社会政治活动和体育赛事的现场直播。

重大社会政治活动的现场直播，掌握甚严，为数很少。北京是首都，北京电台与中央人民广播电台同地，带有首都性质的活动，由中央人民广播电台直播，北京电台联播。如 1949 年的开国大典及 20 世纪 50 年代、60 年代国庆、“五一”的大型群众游行庆祝活动，都是由中央人民广播电台转播，北京电台的记者参与部分采访和撰稿。国庆十周年和十五周年的天安门前的庆祝晚会，由北京电台出面转播，中央人民广播电台不向全国转播。纯属北京市地方性的重大活动，如 1956 年北京市宣布社会主义三大改造胜利完成的大会，由北京电台独家转播。

体育比赛的现场直播，听众关注度较高，北京的体育赛事大多由中央人民广播电台作现场转播。随着北京体育比赛逐年增多，中央人民广播电台独家转播已不胜负担，遂与北京电台适当分工。北京电台最初的体育现场直播始于 1957 年 7 月 14 日，转播的是中国联二队对匈牙利国家足球队在北京的比赛，由体育记者赵世良主持转播。此后，作为中央人民广播电台的补充，北京电台先后转播过足球、篮球、排球、乒乓球、水球等球类比赛和象棋比赛的实况。到 20 世纪 80 年代初，先后进行过 100 多场体育实况转播。随着电视的普及，广播体育比赛实况转播逐渐为电视转播所取代，北京电台基本停止了体育比赛实况转播的工作。

第二章
社教类节目

社会教育类节目是广播节目的重要组成部分。北京电台建台 40 多年来，先后办过社教类节目七八十种，归纳起来可分为对象性节目、专题性节目和教学性节目。这些节目在不同的历史时期，时有消长，在总播出时间中所占的比重：高时达 48%（1965 年），低时占 25%（1976 年）。纵观整个过程，它们在进行爱国主义、社会主义教育方面，在传播科学、文化知识方面，在空中教学方面，日积月累，春风化雨，做出了积极的贡献。

建台初期，根据新闻总署关于“市台应着重社会教育”的规定，北京电台的办台总方针即为“以社会教育为主”，并提出“主要为工人、学生服务”。当时，社会上收音机少，很大程度上依靠组织集体收听。因此，电台的社会教育任务主要靠大办对象性节目来完成。从 1949 年到 1953 年，北京电台开办的对象性节目达七八种。

随着党在过渡时期总路线的提出，国家经济建设的开始，地方新闻报道任务繁重，“以社会教育为主”的方针逐步淡化，加之各行各业的工作走上正轨，拥有收音机的群众也逐渐增多。在新的形势下，通过组织收听对象性节目的做法出现困难。大办对象性节目的做法被否定，组织收听工作也随之终止。1953 年 9 月到 12 月，北京电台陆续停办各对象性节目。

1962 年，北京电台针对“大跃进”宣传报道中出现的浮夸风、共产风和瞎指挥风，作出《广播宣传基本总结》，提出“精办新闻，加强社会教育”的方针，指出要“以总路线精神向城乡人民进行经常的社会主义、爱国主义教育”，并“根据群众的需要，传播科学文化知识”。据此，1963 年新办了一批专题社教节目，已有的《对郊区农村广播》也进一步明确以社会教育为主。一时间，广播节目丰富起来，节目从联系各行各业生产实际和工作实际，走向联系社会思想实际，力求走出行业圈子，避免“瞎指挥”，而侧重在更广阔的背景下，做经常的、细致的思想教育工作。这一调整，把办广播的路子拓宽了，出现了不少受欢迎的好节目。

1964 年 8 月底，上述社教类的专题性节目大多停办。“文化大革命”期间新办的对象性和专题性节目近十种，但“千人一面”，基本上是传达“最高指示”，大块大块地选播报纸上的批判文章和“活学活用”典型。

中共十一届三中全会后，各项工作拨乱反正，“文化大革命”前的专题性节目得到恢复和加强，逐步走向繁荣。

随着改革、开放的逐步深入，社教类专题性节目从内容到形式，发生了深刻的变化。主持人和板块节目的出现，使社教方面的内容渗透到多种节目中去。在新旧体制转换过程中，人们的是非观、价值观、道德观、法制观等方面的问题，大量进入广播的话题；由播音员单向灌输式向主持人与听众交谈和讨论的方式转变，听众从被动的“受教育者”向主动的节目参与者转变。这些变化，使社教类专题性节目进入了一个新的境界。1993 年年底，各专业台开办的具有社教性质的节目或穿插有社教内容的节目，如新闻台的《社会经纬》、经济台的《宝葫芦》等成为广播联系广大听众的一个重要方面。

社教类广播的另一大组成部分是教学性节目。北京电台的广播教学节目，40 多年来，可谓桃李芬芳，成果累累。1949 年 12 月与北京市中苏友好协会合办的俄语讲座，绵延十多年，“文化大革命”开始后停办，1985 年重新开播。1972 年 10 月，在周恩来总理的关怀下举办英语讲座，到 1993 年年底，办有英、日、法、俄四个语种的外语讲座。

北京电台从 1952 年 10 月与北京市识字运动委员会合办《速成识字法讲座》以来，先后与北京市教育局、北京电视大学等有关部门合办过广播函授学校、中学教师广播进修班以及电视大学部分专业课程的广播教学。

第一节　对象性节目

北京电台于 1949 年 4 月即开办以工人、青年、妇女、儿童为对象的节目。至 1953 年，对象性节目有《工人节目》《妇女节目》《少年儿童节目》《学生节目》，其间还一度办有《战士节目》《教师节目》《工商节目》。《工人节目》于 1953 年扩大为对厂矿和对基本建设工地的两套节目。这些节目对象明确，便于按系统组织收听，在镇压反革命、抗美援朝等政治运动中发挥了一定作用。但由于对象性节目“各自为政”，在发展过程中都求“小而全”，都要讲时事，都要讲政治，都要有点文艺，重复劳动很多。1953 年，随着国家形势的发展，社会上收音机逐渐增多，对象性节目按系统组织收听的工作越来越困难，遂于当年 9 月至 12 月陆续停办各对象性节目，只保留《少年儿童节目》，由中央人民广播电台少儿部制作，在北京电台重播。《学生节目》停办后曾保留了其中的《国内外大事》栏目，作为面向学生的专题节目继续播出，但也于 1957 年停播。

1957 年，随着京郊全面实现农业合作化及农村有线广播网的形成，北京电台开办《对农村广播》，1958 年改名为《对郊区农村广播》，是北京电台一枝独秀的自办对象性节目。由于客观上的需要和主观上的重视、努力，这个节目一直延续到 1993 年，是北京电台历史最长的对象性节目。

20 世纪 60 年代初国民经济严重困难时期，为加强艰苦奋斗的宣传，北京电台恢复了以工人、学生为对象的节目，但为时很短。1961 年开办的《对厂矿职工广播》《对青年学生广播》，只办了两年。“文化大革命”开始，中央人民广播电台少儿部制作、在北京电台重播的少年儿童节目停播;《对郊区农村广播》经过一年停播后于 1968 年恢复播出，1969 年改名为《郊区人民公社社员节目》；还相继开办了《人民子弟兵节目》《红卫兵节目》《红小兵节目》《首都工人节目》。这些节目对象虽不同，但内容大同小异，不少是为“文化大革命”“鼓”与“呼”的。“文化大革命”中、后期，上述各对象性节目陆续停播，至 1979 年，仅保留了 1977 年恢复原有名称的《对郊区农村广播》。

北京电台于 1983 年恢复《对中学生时事广播》，1984 年开办《老年之友》，1990 年开办《残疾人天地》，这两个新节目以向老年人和残疾人提供服务、表达全社会对他们的关怀为宗旨。

以下分别记述北京电台几个主要的对象性节目：

一、对工人广播

对工人广播，在不同历史时期曾三办三停。先后用过的节目名称有:《职工时间》《工人节目》《工厂工地联播节目》《对厂矿职工广播》《首都工人节目》《对首都工人广播》。每周播出多则 7 次，少则 3 次。每次广播时间，最长达 45 分钟，最短 15 分钟。北京电台建台初期，在“以社会教育为主”的总方针下提出“组织和协助职工、学生及在职干部进行政治、文化学习”的任务，于 1949 年 4 月开办《职工时间》，着重进行时政教育和政治运动的宣传鼓动。1950 年 1 月，随着工会组织在工厂的建立健全,《职工时间》改名为《工人节目》，节目内容增加了“工人讲座”“工会工作”，向工人传达解释北京市总工会工作指示并播送工会工作经验。由于当时收音机尚未普及到工人家庭,《工人节目》主要靠工会在工厂组织工人收听。许多工厂建立了工人广播小组。工人广播小组除组织工人听广播外，还有反映意见和撰写稿件的任务。当时多数工人广播小组反映工人不爱听《工人节目》，认为内容太干巴，距离自己的生产和生活较远，希望能增加一些生动活泼的反映工人生产和生活的文艺节目。根据工人们的反映，《工人节目》逐步扩充节目内容，丰富节目形式，增加了一些工人喜闻乐听的曲艺、诗朗诵、快板剧等文艺节目。这些节目贴近工人生活，多数是工人自己创作自己表演的，也有由工人创作，著名演员如侯宝林、关学曾、曹宝禄、谭凤元等演出的，有的还是电台编采人员参与创作或演出的，著名诗人贺敬之也为《工人节目》写诗并朗诵。为促进工人的文艺创作、文娱活动和活跃《工人节目》，1950年8月27日，北京电台还和北京市总工会、市文联共同组建北京工人广播文工团，有143名个人团员、33个团体团员，以广播电台为阵地，前后活动两年多。北京工人广播文工团从组建到1951年7月的一年时间里，在电台演出189次，创作151件作品，半数以上是宣传抗美援朝的。

围绕着办好《工人节目》，编采人员还组建工人广播小组，形成固定的听众群。而建立工人广播小组的基础是工厂广播站，工厂广播站办好了，工人广播小组的基础才牢固。为此，工人节目组设专人作工厂广播站的辅导工作，帮助工厂广播站办节目、培训人员、总结交流办站经验。如1952年3月举办的“北京基本建设工地广播站工作人员培训班”，有109人参加为期一周的脱产学习，进行广播站的任务、作用和编辑、播音、技术等基本知识教育，请中央人民广播电台著名播音员齐越现场指导，进行实地操作练习。为交流工人广播小组经验，还编印两期内部刊物《工人广播》，分发给有关人员。

由于不断调整和充实节目内容，加上辅助工作的开展，《工人节目》逐渐为工人所喜爱，据1952年1月编辑部的工作简报记载：“收听情况已较前好转，市内8个大工厂都按时转播。”进入1952年，《工人节目》已经形成了自己的特色，每次45分钟的《工人节目》大体有三节内容：开头用少量时间，介绍当前的国内外大事，设有《时事对话》《读报辅导》等栏目；中间用20分钟左右时间，围绕着中心工作和工厂企业的任务，播送党政机关领导、工厂企业负责人以及工人自己的讲话录音或有关的大会实况录音；最后用15 ~ 20分钟时间，播送以工人创作、工人演出为主的文艺节目。

1952年的《工人节目》不仅节目内容丰富、形式多样，而且紧密配合党的中心工作和生产实际进行宣传鼓动，取得很好的效果。年初全国正在开展“三反”“五反”运动，《工人节目》除播出有关的新闻报道及讲话、大会实况录音外，还在文艺节目中密切配合。1月播出的就有：快板《王大成打破情面检举张七》（门头沟黑山煤矿崔国印编）、快板剧《伍拾亿元》（清河制呢厂业余剧团创作）、单弦《秦国栋劝父坦白》（华北电业总局王彭寿创作）等大量短小精悍的文艺节目。在“五一”国际劳动节即将到来之际，《工人节目》推出《迎接“五一”生产捷报》专栏，还播出了全国工业劳动模范马六孩、李兆珍、郝建秀为迎接“五一”写的文章：《一年比一年强》《祖国变得越来越繁荣富强，我们也变得越来越年轻快活了》《“三反”斗争给增产节约运动开辟了一条平坦大道》等。这段时间播出的文艺节目有：快板《迎接“五一”看谁棒》(北京机器总厂曲艺组创作并演出)、西河大鼓《突击修线纪念“五一”》(华北电业总局王彭寿创作)等。

“五一”过后，工业战线职工展开轰轰烈烈的增产节约运动，《工人节目》又适时开辟专栏《增产节约快报》，以短讯的形式，及时宣传广大职工在增产节约运动中取得的生产成绩。《增产节约快报》和配合这一运动播出的工人创作、演出的文艺节目，一直延续了半年之久。

1953 年 4 月，为加强对北京工业建设的宣传，《工人节目》改名为《工厂联播节目》《工地联播节目》《煤矿工人节目》，并着手筹办“工人台”，但因人力、物力不足未办成。此时组织收听的方式已经落后于实际，人们手中的收音机多起来，工厂、工地的转播很难坚持，集体收听不受欢迎，工厂、工地的联播节目于 1953 年 11 月底停办。

1960 年，我国国民经济面临严重困难，人民生活水平大幅度降低。为丰富职工业余生活，加强艰苦奋斗、自力更生的教育，1961 年 1 月 30 日，北京电台开办《对厂矿职工广播》节目，11 月 6 日，《对厂矿职工广播》中有关发扬革命传统教育的内容合并到《发扬革命传统》节目中，对厂矿的报道充实到《首都生活》节目中，《对厂矿职工广播》撤销。

1968 年 8 月，毛泽东提出“工人阶级必须领导一切”，电台于 1969 年 5 月办起了以播送大批判文章为主要内容的《首都工人节目》。随着形势的发展，这个节目逐步转向以教育性为主，与新闻性、文艺性相结合的综合性节目，节目名称也改为《对首都工人广播》。节目内容主要有两个方面，一是首都企业职工努力学习毛主席著作，以及开展“工业学大庆”“财贸双学(学大庆、学大寨)”、推动生产和建设向前发展的典型单位；二是先进人物的优秀事迹。重点宣传的有“毛泽东号”机车包乘组、北京摩托车制造厂、南湖渠砖瓦厂等单位和百货大楼的张秉贵、北京礼花厂的王世芬等。

1976 年 10 月，粉碎江青反革命集团之后，《对首都工人广播》节目及时调整编辑方针，突出对大好形势的宣传，例如通过宣传北京铁路分局的北京—上海间的 21/22 次列车和北京—广州间的 47/48 次列车乘务人员的优质服务及旅客的良好反映，展示全国人民喜气洋洋、各行各业蒸蒸日上的大好局面。与此同时，开始注意宣传一些新的观念。例如在节目中专门报道北京砂轮厂一位资本家出身的副厂长，由于工作努力，获得工人的信任和尊重的情况。在这以前，资本家出身的企业领导是不能在广播里公开宣传的。

1979 年 6 月 4 日，为拨乱反正，全台进行节目大调整时，《对首都工人广播》同其他一些对象性节目一起停办。

二、对郊区农村广播

北京电台于 1957 年 2 月 5 日开办《对农村广播》节目。1958 年 11 月，更名为《对郊区农村广播》（“文化大革命”期间曾改名为《郊区人民公社社员节目》）。这个节目，除“文化大革命”初期停播一年之外，至1993年3月1日新闻台成立时改为专题节目《京郊大地》为止，共经历35个春秋，是北京电台历史最长的对象性节目。

节目初办，主要是报道京郊农村新闻，向农民传达、讲解有关农业的政策和指示。当时，京郊农村已全面实现农业合作化，为促进农业跃进，加强对农村工作的领导甚为必要。但由于受交通、文化等条件限制，农民看报纸的极少，信息闭塞，而广播传播迅速，易为农民所接受，且能走进千家万户，一竿子插到底，实是教育农民的理想工具，很受市有关领导部门的重视和支持。中共北京市委明文规定，《对郊区农村广播》为京郊各县（区）广播站必须转播的节目。1957年年初，京郊各县（区）均有县（区）级广播站，各社队的有线广播喇叭达6000多只。至1959年年初，县社两级广播站发展到100多个，实现了队队通广播，入户的小喇叭达到14.5万多只，《对郊区农村广播》很快响遍郊区农村。

节目开办之初，每周播出新节目2次，每次15分钟；3个月后，增加到每周3次，每次20分钟。随着农业“大跃进”形势的发展，从1958年3月1日起，改为每周7次（星期日为农村文艺节目）；从8月7日起，每次时间又增至30分钟。节目播出时间虽多次改变，但始终安排在北京电台的黄金时间，即晚上中央人民广播电台《各地人民广播电台联播》节目前后，次日6时、7时或12时重播。

1959年以前，节目内容和形式都比较简单，除报道新闻外，就是讲解政策、介绍生产管理经验和农业科技知识、播送各级干部的讲话录音。新闻稿件大部分依靠县（区）委宣传部通讯干事和县广播站提供。这一时期，编采人员仅四五人，却经常抽出一人至二人深入农村，身背睡袋，骑自行车或徒步跋涉在乡间，吃住在贫下中农家里，了解农村实际，进行重点采访。当时京郊农村的重大事件和先进单位、人物的宣传，都由记者亲自采写或录制报道。

在农业“大跃进”和人民公社化运动中，《对郊区农村广播》在迅速传达党的政策、动员农民群众方面，发挥了积极作用。但当全国大刮共产风、浮夸风时，节目中大量播出全国各地农村“放高产卫星”“公社吃饭不要钱”的报道，助长了浮夸风在京郊的蔓延，造成了不良后果。

“大跃进”时期大轰大嗡的宣传过后，《对郊区农村广播》认真总结经验和教训，讲求宣传实效，加强节目的可听性。1960年至1961年经历了一个摸索阶段，做了三件事：一是力求稿件的通俗口语，改变“新闻腔”；二是减少动态新闻，加强言论，打破新闻性节目的固定模式，尝试编写有说有议的“说新闻”和对话；三是发动群众办广播，开办京郊县（区）广播站轮回节目，1960年4月29日至8月26日共播出12个县（区）广播站录制的成套节目15次。在此期间，北京电台加强《对郊区农村广播》的编采力量，中国人民大学新闻系两届分配来的3名毕业生全部投入这个节目，为节目的改进增添了生力军。

1962年，经过北京电台对建台以来广播宣传工作进行基本总结，《对郊区农村广播》明确了“以教育为主”的方针。此后，节目面貌有了根本性的改变，即由过去以报道新闻、传达政策指令为主的新闻性节目，变为集新闻性、知识性、教育性、娱乐性为一体的综合性节目。当时，业务气氛浓厚，人人致力于精办节目，努力做到以农民喜闻乐听的形式、通俗生动的语言，宣传有关政策，宣传先进典型，讲解农民关心的事情，对农民听众进行深入细致的思想教育。

精办节目，首要的是精编。除播出的稿件要求通俗易懂、深入浅出外，还采用了各种生动活泼的播出形式，如对话、评书、快板、顺口溜等。其中最明显的变化是对话形式的普遍使用和编写水平的不断提高。从1962年开始，编辑人人动手编写对话，据1月不完全统计，播出的对话达16篇之多。此后，每周节目中必有对话。对话内容包罗万象，既有反映农村情况的，也有针对农村生产、生活中的各种问题展开评论的。为了使评论更切合农民思想实际，还出现了以虚拟的队干部和社员三人对话。对话的普遍使用，使对话这一形式成为《对郊区农村广播》的一大特色。其中较突出的如张钰编写，针对农村实际，宣传晚婚晚育的三人对话《谈谈婚姻问题》，语言通俗生动，说理深透，于1962年9月18日播出后，反响强烈。1963年，该对话节目被选送参加全国优秀广播节目欣赏会，受到好评，并被浙江人民广播电台等兄弟台翻录留作参考。此外，“说评书”也是《对郊区农村广播》中采用的特殊形式，它代替了新闻性节目中的通讯，并且加上评议，用来宣传先进典型。如1962年播出的《沙石峪的变迁》《马刨泉的故事》《穆家峪和穆桂英》，1963年播出的《说大寨》等，旧瓶装新酒，通俗口语，形象生动，夹叙夹议，不仅农民爱听，也引起其他听众的注意，《说大寨》播出后，农业出版社主动约请编者增写内容，编成《大寨》一书出版。

精编还表现在设置多种小栏目，以丰富节目内容。1961年开始设立《老农讲坛》《队干部谈体会》等栏目，不定期地请基层干部和社员上广播，谈新旧社会对比，谈生产、工作经验体会，取代了过去一些领导干部发号施令的讲话。1962年增设《社员拉家常》《社员信箱》栏目，让一般社员能参与广播，进行交流，同时还设立《农业科技》《科学常识》栏目，向农民推广科学种田，普及科学知识；下半年，又开设《时事节目》，每周向农民讲解一次国内外大事。

精办节目，除下大力气精编外，另一个重要的方面是把记者采访力量放在抓典型上。这一时期，节目中动态新闻减少，典型宣传增加，京郊的先进单位和人物的事迹不断出现在节目中。北京电台领导也重视对典型的宣传，1964年播出的反映南张岱大队党支部书记张体伦成长过程的稿件，初稿写成后，副台长汪小为亲自和记者、播音员到南张岱，听取农民对稿件的意见，从内容到文字，以至播讲的语气，反复推敲、修改。稿件以“说评书”的形式，连续5天在节目中播出。

精办节目，使《对郊区农村广播》从内容到形式和语言，形成了独有的风格，成为北京电台最具有特色的节目之一。

1967年1月14日，北京电台“造反派”夺权，《对郊区农村广播》停播，1968年恢复播出，次年改名为《郊区人民公社社员节目》。节目内容多为摘播报纸或传达“最高指示”以及郊区农村贯彻“最高指示”、贫下中农学毛主席著作的报道。1971年以后，在“抓革命，促生产”的口号下，节目增加农业生产经验和科学技术的内容，大多以对话形式播出，使过去的这一传统广播形式得以保留。1971年播出的三人对话《农村安全用电》被北京广播学院留作参考教材。1977年恢复原名《对郊区农村广播》，节目原有的通俗口语、深入浅出、形式多样的特色，也逐步恢复。

1978年年底中共十一届三中全会之后，改革率先在农村展开。为适应新形势下农民的需要，《对郊区农村广播》围绕中心，抓住重点，开办专题系列广播。从1980年到1982年，先后开办了《怎样使农村富裕起来》《怎样落实生产责任制》《服务首都，富裕农民》等10多个专题节目，采用对话、广播谈话等通俗口语的广播形式，从理论到实践，向农民讲解政策，阐述有关问题。如《怎样使农村富裕起来》专题，播出了编辑记者通过调查编写的有的放矢、深入浅出的10篇对话，以及各级领导、基层干部和农民群众的文章、来信200多篇。这个专题播出持续8个月之久，产生较大的影响。1981年，广播出版社将节目中的10篇对话编辑成书出版。

对京郊农村改革的先进典型，也采用专题系列广播的方式进行系统、集中的报道。1982年农村改革高潮到来之时，昌平县出现了三年创出新局面、总收入翻一番的沙河公社。节目即于当年10月12日起开办《学习沙河公社经验》专题，陆续播出记者采写的10篇报道，以“说评书”的形式，有声有色，有叙有议，将沙河公社的经验融入一个个故事之中。这个专题节目的播出在京郊农村产生了轰动效应，闻讯到沙河公社参观取经者络绎不绝。不少社队把收听后的体会、学习沙河公社经验收到的效果以及他们制定的加快改革步伐的措施、规划寄给北京电台。

为使专题系列广播内容更充实，更切合实际，《对郊区农村广播》继承开门办广播的传统，采取与有关部门合办节目的做法。如1984年8月27日开播的《建国35周年北京农村建设成就》专题系列广播，是与北京市16个农业归口单位联合开办的，历时56天，播出各类稿件144篇，总计25万多字，内容涉及农、林、牧、副、渔、工、商、建筑、运输、服务、文教、体卫、科技、广播电视等各个方面。由于宣传声势大，在京郊农村又一次产生轰动效应，播出期间共收到听众来信来稿550多篇。许多听众来信索取材料，一些学校的师生边听广播，边记录。北京市民族事务委员会，香港《大公报》驻京记者，中国农民报社、北京日报社、北京电视台、江苏人民广播电台等单位来信或来人索要广播稿件。北京市委常委、宣传部部长王大明批示“这次节目最重要的经验是与经济主管部门结合，这应当成为我们今后开拓新局面的一个重要方面”。

《对郊区农村广播》因势利导，在此后的节目中组织更多的来信来稿，围绕专题内容展开讨论。如1987年5月至10月播出的《深入农村改革，振兴郊区经济》专题，在五个半月的时间里，除播了13篇对话外，还播出了参加讨论的来信来稿172篇，形成一次群众性的大讨论。北京市顾问委员会主任王宪称赞“大讨论开展得好”，“促进了干部对中央文件的学习”，“为改革造了舆论”，“确实推动了改革的深化”。中顾委常委黄火青、西藏自治区负责人热地等都向电台索要这次专题节目的稿件。北京市委农村工作部和市政府农林办公室在《农村情况简报》中，把这次大讨论列为郊区农村思想政治工作的新特点之一。

为吸引更多的听众参与广播，《对郊区农村广播》又以征文的形式开办专题系列广播。1989年至1991年，举办3次大规模的广播征文活动，即《社会主义好》《中国特色社会主义大家谈》《在党抚育下成长》，收到征文稿数以千计。这些征文节目，通过群众自我教育，宣传了社会主义方向，在京郊“两个文明”建设中发挥积极作用。1990年，北京出版社出版选播的征文汇编《社会主义好》。

《对郊区农村广播》还根据形势需要，在日常节目中开办各种小栏目，如《计划生育大家谈》《农税知识百问百答》《普法之家》以及宣传环境保护的《让我们的家园更美好》等。历来星期日播出的农村文艺节目，从1991年6月9日起，定名《康乐宫》，融知识性、娱乐性、服务性于一体，设有《周日漫谈》《信息天桥》《三百六十行》《生活百事通》《说说唱唱》等栏目，首次采取主持人形式播出。为适应开放搞活和城乡市场经济发展的需要，《对郊区农村广播》于1992年8月20日开办《请到我们这里来》专栏，首次采取低费有偿服务的方式，为城乡合作、信息交流、开放开发搭起一座“空中桥梁”。

1993年3月1日，北京新闻台诞生，《对郊区农村广播》改名为《京郊大地》。从此，它由一个面向农民听众的对象性节目，变为立足京郊、面向全市、城乡共赏的新闻性、综合性的专题板块节目。

三、对青少年广播

北京电台建台以来，一直重视对青少年的广播。1949年4月20日就开办《青年生活》节目，不久改名为《青年时间》，每周2次，每次20分钟。1950年停办《青年时间》，开办以中学生为对象的《学生节目》，每周6次，每次30分钟，其中一次为专讲时事的《国内外大事》。《学生节目》在中学生中发展收听小组，并通过学校组织学生收听。节目除反映学校的学习和文体生活外，还结合当前的政治重心，向学生进行多方面的宣传教育，如介绍过苏联学校的共青团工作和世界青年联欢节的情况，揭露控诉日本帝国主义的侵华暴行等。节目中曾采用说唱形式，如快板《反对美国武装日本》，演唱《翻身农民对口唱》等。随着学校教育走上正轨，学生课业加重，为减轻学生负担，1953 年 9 月 1 日起撤销《学生节目》，仅保留其中每周一次的《国内外大事》，以补充中学时政教育的不足。北京市教育部门及各中学对《国内外大事》节目十分重视，不仅各校组织学生收听，市里还不定期地组织时事测验。节目持续播出至 1957 年底停办。20 世纪 60 年代初，国民经济严重困难时期，为加强对学生艰苦奋斗的教育，北京电台于 1961 年 1 月 30 日开办《对青年学生广播》，每周 2 次，每次 30 分钟。内容主要是请革命前辈和工农业劳模上广播，讲各自的斗争故事和成长历程。1961 年 11 月 6 日，《对青年学生广播》中有关革命传统教育的内容合并到《发扬革命传统》节目中，有关学校的报道内容充实到《首都生活》节目中，《对青年学生广播》撤销。中学生忙于课业，缺少读报听广播的时间，学校希望利用课余时间专门对中学生广播国内外要闻。因此，应北京市教育局要求，北京电台于 1962 年 11 月 21 日开办《对中学生时事广播》，每天播出 15 分钟，学校安排收听。这个节目拥有固定的中学生听众 20 多万人。1966 年 11 月 21 日，该节目停办。

1967 年 4 月 4 日，北京电台开办《对首都红卫兵广播》节目，鼓吹“文化大革命”，1968 年 5 月 18 日停办。1972 年恢复，改名为《对红卫兵广播》，每天播出 2 次，每次 25 分钟。节目报道学校生活，进行革命传统教育，举办过《学点社会发展史》讲座，也播出了大量大批判稿件和一些错误报道，如对以“交白卷”为荣的张铁生和反“师道尊严”的黄帅的报道。1977 年 2 月，该节目与《对红小兵广播》合并，改称《对首都少年儿童广播》。

20 世纪 80 年代，北京市教育局提出恢复《对中学生时事广播》的要求，并决定各中学组织收听。1983 年 8 月 31 日该节目开播时，中共北京市委常委、宣传部部长徐惟诚发表题为《时事是中学生的必修课》的广播讲话，要求中学生要养成关心天下大事的良好习惯，每天读报，听新闻广播，不断提高自己的政治觉悟，培养良好的道德情操，增强学习的动力，争做社会主义新人。节目每周播出 2 次，每次 15 分钟。内容一般分为三部分：报道国内外重大新闻；新闻性专题，即就重大新闻事件进行分析讲解，介绍有关知识；《时事信箱》等。为增强学生的参与性，节目中安排“点将台”和“时事测验”，由学生回答问题。同时，举办过“我的中学生活”“暑假见闻”“一件小事”等有奖征文活动。北京电台还和市教育局、《北京青年报》联合举办每年一次或两次的“北京中学生瞭望杯时事知识竞赛”，联合主办或协办时事类小报《时事广播专页》和《中学生时事报》。1987 年，北京市教育工作会议明文规定“各校要组织收听北京电台对中学生的时事广播”，许多学校成立时事学习小组、时事政策研究会。《对中学生时事广播》成为广大中学生的良师益友。1993 年，该节目停办。

北京电台对少年儿童广播也始于建台初期，1949 年节目名为《儿童乐园》《儿童时间》。1950 年改为《儿童节目》，每次 30 分钟。节目内容有讲故事、讲时事、讲科学小知识、教唱歌等。儿童教育家孙敬修讲过《保尔的故事》《詹天佑的故事》《抗日英雄的故事》等；科学知识方面讲过《棉花的用途》《蜜蜂》《昆虫怎样过冬》等；教唱歌等文艺性节目，还组织小学生到台演出，如育才小学的小朋友演播快板剧，第一区中心小学学生演唱歌曲等。1950 年 9 月，北京电台还组织了“迎国庆儿童广播竞赛”。

1951 年 5 月 1 日，中央人民广播电台开办对少年儿童广播节目，每天 16:30—17:00 在北京电台为首都小朋友们播出，从此，北京电台的少儿节目由中央人民广播电台少儿部提供。中央人民广播电台从 1955 年开始，把综合性的少儿广播改为专栏性节目，包括《星星火炬》及科学、体育、文学、音乐广播杂志等，1956 年 9 月增办对学龄前儿童广播《小喇叭》。《星星火炬》和《小喇叭》的开始曲极具特色，生动活泼，蓬勃向上，节目内容通俗易懂、丰富多彩，孩子爱听，大人也爱听。1966 年“文化大革命”开始后，北京电台的对少儿广播中止。

1972 年 1 月，北京电台自办《对红小兵广播》，每天 2 次，每次 20 分钟。综合性地报道儿童学习、活动情况，介绍科学知识，进行品德教育，多为讲故事、朗诵、短小广播剧等形式，以丰富少年儿童的课外生活。

1977 年 2 月,《对红小兵广播》与《对红卫兵广播》合并为《对首都少年儿童广播》。之后，播出大量适合少年儿童特点、颇受欢迎的节目。如配乐广播《攀登》——介绍西城区团委和区教育局联合组织的一次登山活动；录音报道《亲切的会见》——记科学家与首都少年儿童会见；录音访问《在高士其爷爷家里作客》；科学常识《谈谈星空》；科学小说《北京人的故事》；广播对话《谈谈“哥德巴赫猜想”》；配乐童话《红萝卜哪里去了》；诗歌《红旗一角的故事》；儿童小说连播《宝葫芦的秘密》；科学童话《孙悟空海底飞船》、小旅行家探险记《蛇岛的秘密》等。1979 年 6 月 4 日，北京电台调整节目，停办《对首都少年儿童广播》。

1990 年 8 月 6 日经济台开播，在经济台节目中，专门为儿童开办一个节目——《宝葫芦》。《宝葫芦》采用主持人主持的形式播出，设置的主要栏目有《朋友在这里》《神奇知识国》《爱的传递》《欢乐舞台》《葫芦迷宫》《趣味五分钟》等。由于节目内容丰富多彩，主持人主持得生动活泼，深受孩子们的欢迎。

1993 年，北京电台创办北京儿童台，使用调频 97.4 兆赫副信道于当年 9 月 30 日开播。听众对象为少年儿童及其家长，着眼于为少年儿童服务，注重寓教于乐和小朋友参与。节目设置有《今天我主持》《小记者报道》《青苹果热线》《天天不一样》《碰碰车》《冒险岛》《环环扣》《蓝风铃》《小黄帽》等。

四、对老年人广播

《老年之友》节目创办于1984年9月17日，每周播出3次，每次15分钟。

20世纪80年代以来，北京进入老龄社会，老龄问题受到政府和社会的关注。北京电台及时与中国老龄问题全国委员会及北京市老龄问题委员会联合开办《老年之友》节目。节目以60岁以上的老年群体为主要对象，围绕“老有所养、老有所学、老有所为、老有所医、老有所乐”这一中心思想，宣传政府有关老龄问题的方针、政策；传播中华民族素有的敬老、爱老、养老的传统美德；介绍老年人发挥余热、欢度晚年的事例；讲解老年保健、老年学习等方面的知识。

《老年之友》一开办，就受到老年听众的欢迎，他们把节目主持人和编辑看作知心人，有什么心里话，碰到什么困难，都愿写信给《老年之友》。一位听众来信说:《老年之友》给老年人增添了活力，对心灵有过创伤和烦恼的人特别有所安慰和开导。在某些人由于生活中的坎坷而对人生感到绝望、忧烦时，是你们又点燃了希望，使他们对生活有了信心。节目开办仅一年多时间，就收到听众来信来稿1300多件。这个节目也受到社会各界的关注和支持。中央歌舞团词曲作者任志萍、王晓君听到老年听众希望文艺工作者多为老年人创作歌曲后，立即送来他们谱写的《老年人之歌》。著名歌唱家刘秉义不仅为老年人演唱这首歌，还亲自在广播中教唱。著名单弦演员曹宝禄也主动要求为老年朋友演唱单弦岔曲《老年之歌》。1986年1月，中国国际广播电台《社会与生活》节目以《访北京人民广播电台〈老年之友〉编辑部》为题，向国外听众介绍《老年之友》节目热心为老年听众服务的情况。

《老年之友》节目与全国老龄委、北京市老龄委长期密切合作，每年都推出一批深受老年听众欢迎的节目。如1990年上半年播出的《银色忧喜录——北京市区县老龄工作巡礼专题节目展播》，历时四个多月。1991年举办的《老龄问题有奖问答》历时一年，收到答卷3000多份。关于“平谷县开展签订赡养协议书”经验的报道，引起市有关部门的重视，在全市推广。

1993年3月,《老年之友》节目停办，相关内容并入新闻台的板块节目《生活828》。八年半时间,《老年之友》共播出节目近2000套，约2万分钟。

五、对残疾人广播

1990年4月1日，北京电台与北京市残疾人联合会共同开办《残疾人天地》节目。这个节目是融新闻性、知识性、趣味性为一体的对象性节目。每周播出2次，每次10分钟，后改为每周播出1次，每次20分钟。这个节目的开办为全社会增进对残疾人的关怀和理解、对推动残疾人工作的开展发挥了重要作用。

《残疾人天地》本着成为广大残疾人参与社会生活的重要窗口、党和政府密切联系残疾人的桥梁的宗旨，先后设立过《人生路》《新风漫笔》《福利企业之窗》《听众信箱》《科教园地》《咨询台》《一周要闻》《环球采风》《友谊桥》《华夏残疾人》《知识窗》《谈心亭》等栏目。

北京电台对残疾人广播始终把宣传党和政府对残疾人的各项方针政策放在首位。如《中华人民共和国残疾人保障法》《北京市残疾人保护条例》《残疾职工劳动保护条例》等重要政策、法规的颁布，不仅及时报道，还请有关人士进行较详细的讲解。残疾人中间的优秀人物和先进事迹也是节目的重要内容。这些宣传报道鼓舞广大残疾人自强自立、奋发向上。1993 年,《残疾人天地》节目播出介绍战斗英雄史光柱近况的文章《英雄再造辉煌》和采访史光柱的录音报道，在社会上引起良好的反响，一位听众来信说:“我很有钱，和史光柱相比，我又感到自己贫穷。”对残疾人广播还举办过“自强有为树新风”“多彩的事业天地宽”等多次征文活动，向听众介绍残疾人自强不息、乐观进取的精神和为首都建设做出的贡献。

在宣传残疾人身残志坚的同时，还着重宣传那些热心帮助残疾人、为残疾人事业做出贡献的健全人。如《民政科办公室的灯光》《我们的好区长——介绍朝阳区副区长任殿华》《扶残济困的好干部》《斯里兰卡的西瓦尔医生》等文章播出后，都收到了较好的效果。

对残疾人广播还脚踏实地为残疾人解决一些实际问题和困难。如顺义县农民石某的儿子眼睛有残疾，普通小学不接收，十来岁还未能上学。石某听说电台有个对残疾人广播的节目，就抱着试试看的心情写信询问盲校招生的情况。这个节目很快播出了市残联宣教部的答复。不巧，石某没有听到，他又来信询问。节目编辑特地将播出稿抄了一份寄给他。不久，石某来信说:“接到电台的信，孩子高兴得跳了起来，没想到电台真为咱们办实事。”残疾听众为就业、寻偶、寻医问药等问题来信，节目编辑都认真地处理、答复。

1993 年 3 月新闻台开播后,《残疾人天地》每周日 22:00 在新闻台播出 20 分钟。

第二节　专题性节目

北京电台社教类节目中，除固定的教学性节目和对象性节目外，还有大量根据形势发展和社会需要而设置的专题性节目。从建台到 1993 年，社教类专题性节目经过以下几个阶段：建台初到 20 世纪 50 年代，围绕中心工作开办专题性节目。如 1949 年 4 月即开办以传达北京市领导部门政策指令为内容的《市政之声》，以讲解新民主主义基本理论和党的政策为内容的《政治常识》；1951 年以抗美援朝为内容的《时事讲座》；1953 年的《贯彻婚姻法特别节目》《过渡时期总路线对话》；1954 年讲解宪法草案内容和精神的专题对话节目；1957 年的《农业发展纲要讲话》。

20 世纪 60 年代初，北京电台除围绕中心工作开办短期的专题性节目外，还开办了进行爱国主义教育的《发扬革命传统》《祖国巡礼》，以及帮助听众扩大视野、了解世界的《世界知识》等固定的专题性节目。“文化大革命”期间，这些专题性节目停办，开办了《毛主席语录》《毛主席著作选读》《老三篇天天学》《毛泽东思想胜利万岁》《革命大批判》《学习与批判》等名称不一、内容雷同的专题性节目。

中共十一届三中全会以后，“文化大革命”前一些有影响的固定专题性节目得到恢复和充实，并增办一批新节目，如《科学技术》《学习园地》《卫生与健康》《伟大祖国》《生活顾问》等。20 世纪 90 年代专业化系列台建成后，社教类专题性节目大多融合于各种板块节目中。

一、理论节目与《学习园地》

北京电台最早开办的理论节目是 1949 年的《政治常识》。1952 年办有《店员政治讲座》。1964 年以“反映意识形态领域里的阶级斗争”为内容的《学习与讨论》、1970 年的《学哲学，用哲学》、1975 年的《理论讲座》（包括“无产阶级专政理论”“政治经济学”“社会发展史”各若干讲），都是适应形势需要而开设的，播出时间不长即停播或为新的专题取代。1977 年，理论节目只有一个——《学理论》，基本上是播报刊文章，1979 年改名为《文章选播》。

1981 年 5 月 11 日，北京电台举办《理论学习讲座》。这一年，播出较有影响的专题讲座有《坚持四项基本原则》《学习〈关于建国以来党的若干历史问题的决议〉》等。

1982 年 6 月 28 日，理论节目定名《学习园地》。节目方针是普及马克思列宁主义、毛泽东思想，宣传党的路线、方针、政策，但播出的形式基本上仍是系列讲座。内容主要分为两类：一类是对重要文献的辅导讲座，如“学习《邓小平文选》”讲座、“学习《陈云文选》”讲座、“学习《中共中央关于经济体制改革的决定》”讲座，以及 1982 年以来各次党代会、人代会工作报告的辅导讲座。讲座稿的作者主要是中共中央研究室、国务院研究室、中央文献研究室以及中央党校等一些直接参与重要文献起草或编辑工作的人员，因而讲座具有权威性，在社会上产生了很大的影响。如 1983 年播出“学习《邓小平文选》”讲座后，不少单位来信、来电或登门索要稿件，几家外地电台也播出了这套稿件。又如 1983 年年初广播的“中国共产党历史”讲座，受到中共中央顾问委员会副主任谭震林的表扬。他在给中共中央宣传部部长邓力群的信中说：“从广播中听到目前正在宣传我党从共产主义小组发展到各次代表大会的过程，讲得很重要，不仅一般党员应当听，就我这样的老党员老干部，也不能不听。”他还要求出书，而且要出大字本的。有不少这类讲座被有关出版社出版，如《〈邓小平文选〉辅导讲座》发行高达 30 万册，《〈陈云文选〉辅导讲座》也发行了 8.8 万册。几年来，在中国广播电视学会理论广播研究会组织的评比中，北京电台的重要文献辅导讲座无一落榜，在北京市广播评奖中也常常榜上有名。

另一类讲座，是对某个时期公众关心的理论问题的解释性、知识性的讲座。如“五讲四美”专题讲座、“关于知识和知识分子”专题讲座、“工人阶级的今天和明天”系列对话，以及“怎样提高经济效益”“人才问题”“职业道德”“大力发展第三产业”等专题讲座。这些讲座从不同侧面回答群众的疑难问题。

《学习园地》的系列讲座影响较大，但节目形式比较单调。1986 年 3 月，对《学习园地》节目进行改革，每周用 1/3 的时间举办讲座，2/3 的时间开办各种专栏。专栏在内容上力求接近群众，接近生活，接近实际；形式上力求生动活泼；语言上力求通俗易懂、简单明了。从 3 月下旬开始，《学习园地》中先后出现《周末漫谈》《读书与思考》《法制专题》等栏目，其中《周末漫谈》和《读书与思考》栏目采用主持人主持的形式。1993 年 3 月 1 日新闻台成立，《学习园地》撤销。

二、《发扬革命传统》

1961 年 1 月 30 日，北京电台与北京团市委联合开办《发扬革命传统》专题节目。该节目每周播出 2 次，每次 30 分钟；11 月 6 日起改为每周 6 次，每次 20 分钟；1962 年 2 月 12 日改为每周 3 次，每次 30 分钟。

节目以青年为主要对象，结合当前形势和中心任务，进行革命传统教育和社会主义、共产主义思想教育。内容以革命回忆录、革命故事为主，配以思想杂谈、小言论、小资料及群众学习活动的报道。形式除由播音员代播回忆录、讲述革命故事外，还有讲话录音、广播特写、配乐广播等。

节目开办正值三年困难时期。节目以具体生动的事实，讲述革命前辈对敌斗争中的英勇顽强和在困难环境中自力更生、艰苦奋斗的精神，以激励人们克服当前困难，树立革命人生观与世界观。

《发扬革命传统》节目曾组织黄火星讲学习方志敏，何长工讲井冈山会师，孙大德讲智擒座山雕等。这些节目播出后，不少单位到电台来要录音回去再放。1962 年 9 月，播出宋振苏（小说《红岩》中小萝卜头的姐姐）的讲话录音《读红岩，忆亲人》，革命烈士无私无畏、勇敢忠贞的形象和事迹，深深地打动了听众。电台和宋振苏本人都收到不少听众的来信。这些信有的代表一个学校、一个班级，有的代表一个团支部、一个公社。北京火车站一位女职工在来信中说，她听了宋振苏的讲话录音，一夜没睡好，总想到革命胜利来之不易。她说，她最近生了第三个孩子，原取名王丽，为纪念《红岩》中的先烈，现改名叫王丽岩。

1964年8月底，该节目停办。

三、《科学技术》《大众科学》《科技时代》

普及科学知识，历来是北京电台各对象性节目的一项内容。1962年2月开办的服务类节目《小常识》，其宗旨是普及科学知识、服务群众生活。将普及科学知识作为独立的专题节目，则是在粉碎江青反革命集团以后，为适应现代化建设对科学技术的需要，为提高广大群众的科学文化水平，于1977年10月开办的《科学技术》节目。

1978年3月，全国科学大会召开，中国迎来“科学的春天”，“科学技术是生产力”的命题成为《科学技术》节目的主导思想。节目在大会召开前后，采用录音报道、人物通讯、人物谈话等形式，报道陈景润、杨乐、张文裕、钱三强、华罗庚等著名科学家的事迹，并用较通俗的语言介绍高能物理、分子生物学、激光技术、自动化控制等前沿科学的有关知识。星期天节目延长时间，请科技专家举办科技广播讲座，到台广播的科技专家有茅以升、张文裕等。

1979年6月，《科学技术》改名为《大众科学》，与北京市科学技术协会合办。这个节目设有《科学知识》《科学家谈话》《科学史话》《科学家故事》《科学小品》《科技书评》《科技珍闻》《科技信箱》《成语里的科学》《科学俱乐部》等十多个栏目，还播出科教电影录音剪辑、广播剧、童话故事等科普文艺作品。《大众科学》注重发挥广播特长，出现过不少生动活泼、新颖有趣的节目。如科幻广播剧《不寻常的婚礼》就是通过一个有趣的故事，通俗地介绍爱因斯坦相对论的基本观念，在北京电台和中央人民广播电台反复播出，深受听众喜爱。其他如《隆冬话竹》《影子的话》等都在北京市新长征优秀科普作品评奖活动中获奖。《大众科学》广播稿汇编成书，书名《扬起科学的风帆》，1981年由河北人民出版社出版。

随着改革开放的深入和现代科学技术的迅猛发展，1988年9月，《大众科学》改名为《科技时代》。

1990年8月，经济台成立，《科技时代》改为《科技之窗》在经济台播出，每周2次，每次15分钟。节目以录音报道为主，也有广播对话、科学小品等。1992年10月，经济台进行节目调整，《科技之窗》改为《科技之光》，每周仍播出2次，每次15～20分钟。节目开始采用主持人直播和热线电话等形式。从《科技之窗》到《科技之光》，曾播出过多次系列节目，如与市政府节能办公室联合举办的《节能专题》，与市科协联合举办的《科技与亚运会》《地震与社会》，以及由著名发明家张开逊主讲的《发明家谈发明》等。

四、《伟大祖国》

早在1963年，北京电台即设有进行爱国主义教育的《祖国巡礼》专题节目，每周播出一次。1964 年 8 月底停办。

1983 年 8 月 30 日，北京电台开办《伟大祖国》专题节目。中共中央宣传部部长邓力群为这个节目撰写开篇稿《了解祖国，建设祖国》，称赞电台开办这个节目是为弘扬爱国传统“做了一件非常好的事情”。

《伟大祖国》每天播出 20 分钟，先后设置了《在今天的日历上》《中华人物》《神州今昔》《革命圣地》《展厅巡礼》《重点工程展示》《旅途春秋》等栏目，运用广播对话、现场录音、配乐散文等多种形式，歌颂祖国大好河山和爱国志士，介绍各地风土人情和建设新貌，以激发听众的爱国热情。

为使听众有身临其境之感，记者携带录音机深入西藏、青海、宁夏、新疆、广西、云南等数十个省、直辖市、自治区进行采访，播出的录音报道《我的西藏》《西北五省区》《耐人寻味的小三峡》《在“向阳红”南极考察船上》《法卡山纪实》《江南小城镇》《在现代化的航空港》等受到听众好评。

节目内容更多的是取材于书报资料。编辑为发挥广播优势，运用配音、配乐手段，制作了不少为听众称道的节目。如《民族魂》《啊，梅花，中国之花》《九州塔影》《永乐钟声》等，虽多次重播，听众仍不满足，节目录音为一些单位所收藏。

《伟大祖国》还播出过《省区地名考》《历代名称考》《中国姓氏考》《特产之乡考》等融知识性、科学性、趣味性于一体的节目，使听众对祖国上下五千年、纵横九百六十万平方千米的时空有更为真切的感受，从而产生更强烈的爱国之情。

《伟大祖国》于 1986 年 12 月 31 日停办，三年多的时间里先后播出 1000 余套节目，多次获全国和市级优秀节目奖。

五、《世界知识》

《世界知识》专题节目是帮助听众了解世界、认识世界的一个窗口，于 1963 年 1 月 25 日开始播出，每周 1 次，每次 15 分钟。1964 年 2 月，《世界知识》停播。

在改革开放的形势下，《世界知识》作为一个独立的专题节目于 1980 年 10 月恢复播出，每周 4 次，每次 15 分钟。1983 年 8 月节目调整时，改为每周 2 次，每次仍为 15 分钟。

《世界知识》恢复播出时明确的方针：向听众介绍国外城市规划、园林绿化、市政建设、环境卫生等方面的情况及有关知识，借鉴世界上一切有益的经验，为首都四化建设服务。节目设置的栏目有《环球采风》《友好往来》《国外见闻》《城市风光》《名胜古迹》《奇闻异俗》《时事动态》等。稿件来源：一是新华社国际部定期供稿，二是报刊上的有关内容，三是记者采访从国外归来的专家、学者及旅游者。该节目组还曾邀请外交部、新华社、对外友协等有关单位及各大报社驻外记者举行联谊会、座谈会，并参加外交部每个月的“吹风会”，以了解国际动态，办好节目。为使节目适合广播要求，除记者采访录制的有广播特点的录音报道、录音访谈外，对来稿或选自报刊的稿件，尽可能加工成配乐广播、对话等多种形式。

《世界知识》播出过不少有影响的好节目。如配乐广播《金字塔夕照》《雨中岚山》《广阔的太平洋》《多瑙河之波》《赫尔辛基的仲夏之夜》等，均选自报刊或来稿，内容新鲜，文字优美，配上音乐格外引人入胜。许多听众反映，听这些节目不仅长知识，而且也得到了艺术上的享受。

为使节目内容更集中、更系统，《世界知识》还多次播出系列专题节目。如《世界名山大川》系列专题，共播出20多个节目，特别受到青少年听众欢迎，他们认为这套节目很好地配合了中学的地理教学，不少人来信来电话，要求复制稿件和录音带。为借鉴国外的经验，加强节目的针对性，《世界知识》曾介绍过国外的交通管理、日本的职业教育、新加坡的文明礼貌教育，还播出过《美丽的卫生城市日内瓦》等节目，取得较好的社会效果。1986年12月31日，《世界知识》停办。

六、《卫生与健康》《人人健康》

《卫生与健康》开办于1983年8月，节目方针：向城乡人民普及医学卫生保健知识，为增进人民身体健康、保护社会劳动力服务。开始每周播出2次，每次15分钟；不久改为每天1次，每次10分钟。节目设置栏目有《医药学知识》《医学家谈话》《咨询门诊》《健康顾问》《医药学史话》《医学书刊介绍》《小常识》等。

针对“文明病”多发的趋势和老龄化日趋突出的情况，《卫生与健康》大力普及“文明病”的防治和老年防病保健知识，于1986年至1990年组织首都的一些医学专家撰写稿件，陆续举办《心脑血管疾病防治知识》《呼吸系统疾病防治知识》《老年防病保健知识》《牙病防治知识》《微量元素与儿童健康》等十余组系列广播讲座，并播出有关防治各种肿瘤、高血压、糖尿病等疾病的节目。这些节目收到很好的社会效果，如《老年防病保健知识》系列广播讲座共12讲，播出后收到不少听众来信。老年人在信中说：你们的节目好比雪中送炭。中年人说：节目给我们提了个醒，早做保健，老来受益。青年人则表示：懂得了怎样照顾、爱护自己的老人。又如《呼吸系统疾病防治知识》系列讲座，得到北京医学会和首都一些大医院的专家积极支持，讲座播出期间，还进行有奖征答活动，参加征答者达8万多人。

为积极贯彻“预防为主”的卫生方针，加强大卫生观念的宣传，《卫生与健康》还举办《卫生保健知识讲座》，系统地介绍从婴儿到老年，从生理到心理，以及营养、运动、计划免疫与健康的关系等卫生保健知识。这个讲座共18讲，受到首都几十位专家的好评。妇科专家、著名科普工作者郎景和教授说："您们好比办了一所没有围墙的空中卫生大学校，做了我们医生想做而力不从心的事。"

《卫生与健康》还注意配合北京市卫生工作的重点和可能出现的疫情及其趋势，加强节目的针对性和时效性。如1988年春，上海流行甲肝，危及北京，一时人心惶惶，中药板蓝根供不应求。《卫生与健康》及时播出记者对肝病专家汪俊韬的访问录音，告诉群众甲肝是可防可治的，并且介绍了预防甲肝的有效措施，也说明了板蓝根对预防甲肝无效。这个节目对当时稳定人心、劝导群众不要盲目抢购药物以及预防甲肝起到积极的作用。对于卫生工作的新举措及医学科研新成果、医疗新技术，《卫生与健康》也及时进行报道。如1989年9月1日《中华人民共和国传染病防治法》开始施行，节目中随即播出记者采访卫生部副部长何界生的录音，向群众宣传实施这个法的重要意义及有关知识。又如关于我国第一辆能早期发现乳腺癌的普查车的录音报道《妇女的福音》，中国人民解放军二六一医院为瘫痪病人针灸治疗的现场录音报道《神奇的一针》，都收到较好的社会效果。《神奇的一针》播出后，医院收到了上千封群众来信，这个节目获得第二届全国科普广播优秀节目一等奖。

1990年经济台成立，《卫生与健康》改名为《人人健康》，成为经济台生活类节目中一个重要的栏目，平均每天播出30分钟。随着广播改革，越来越多地出现主持人主持、医生专家参与直播、听众通过热线电话咨询的节目形式。

《人人健康》播出许多受听众欢迎的好节目。如1990年亚运会前夕举办《讲卫生、迎亚运》的专题广播共24讲，各区县街道爱国卫生运动委员会专门组织群众收听，对发动群众搞好亚运会期间的卫生工作，起到积极作用，受到北京市有关部门的好评。从《卫生与健康》到《人人健康》，有近30个节目获全国或北京市的优秀科普节目（文章）奖。

七、《法制天地》

为加强法制宣传，《学习园地》节目中的专栏《法制专题》改名为《法制天地》，作为独立的专题节目于1987年3月17日正式播出。每周2次，每次15分钟。

《法制天地》的节目方针：向全市人民普及法律常识，提高广大群众学法、知法、守法的自觉性，以促进首都"两个文明"建设。节目开设的栏目有《举案谈法》《请您审理》《司法实践》《街谈巷议》《法网恢恢》《公安通讯》《警钟篇》《法史纵谈》《司法动态》《国外司法》《听众信箱》等。作为专门进行法制宣传的专题节目，《法制天地》与北京市公安局、检察院、法院、司法局、劳改局以及工商局、规划局、劳动局、文化局等近40个担负执法任务的政府职能部门建立经常的联系，采制大量的执法现场报道，如《市公安局查封非法歌厅》《市工商局整顿摊群市场》《市规划局拆除违章建筑》《管志诚被依法处决》等，都引起社会广泛的关注。

1990 年在交通管理宣传中,《法制天地》与北京市公安交通管理局联合举办《我与交通》大型征文活动，收到听众来稿近千件。1992 年又与北京市政府法制办公室联合举办《话说依法行政》系列专题，有 22 个政府职能部门的负责人在节目中介绍了本单位的执法情况。

1993 年 3 月 1 日新闻台开播,《法制天地》成为新闻台的专题节目之一。

八、《家庭教育》

《家庭教育》开办于 1987 年 3 月，是北京电台与北京市妇联、北京市家庭教育研究会合办的专题节目，每周播出 2 次，每次 10 分钟。

这个节目旨在指导父母用科学的观念、方法教育后代，与听众探讨在新形势下家庭教育方面的新问题、新途径。先后办有《宝宝日记》《育儿须知》《家教新知》《独生子女谈》《倾听童年心声》等栏目，运用专家访谈、主持人漫话、录音报道等形式，开展生动活泼的宣传。

《家庭教育》的重点内容是年轻的父母如何教育好独生子女。为此，记者深入家庭、幼儿园、学校，从家庭结构、人口素质、价值观念、成长取向、伦理道德等多方面进行采访，特别是抓住独生子女成长中的典型人物和事例进行剖析，总结经验教训，在节目中宣传，引起社会各界更深层次的思考。如记者曾走访北京市所有的工读学校，多次到少年管教所与少年犯直接交谈，针对独生子女犯罪的现象，采制广播特写《家教备忘录》。节目播出后，给听众特别是家长们以很大的震撼，许多听众来信谈到“家教千万不能没有感情，又千万不能感情用事”。节目还多次围绕一些家庭暴力事件组织讨论，唤起全社会对家庭教育的关注。

《家庭教育》节目于 1993 年 2 月 27 日停办，相关内容合并于新闻台的板块节目《生活 828》。近 6 年时间里,《家庭教育》共播出节目 900 余套，多次获全国及市、局级优秀节目奖。

九、《国防教育》

《国防教育》开办于 1990 年 5 月 23 日，每周三播出 1 次，每次 15 分钟。这个节目是为贯彻落实“北京市国防教育三年规划”，应中共北京市委要求，由北京电台和北京市国防教育工作领导小组办公室合办的。

《国防教育》的宗旨：加强全社会的爱国主义教育，增强全民的国防意识，增进军民、军政团结，促进首都的精神文明建设。节目采取编、采、播合一的主持人形式，开设有《国防史话》《我与国防》《区县巡礼》《军营内外》《军民鱼水情》《知识点将台》等栏目。

节目紧紧围绕北京市开展国防教育工作的中心安排具体内容。如每年元旦、春节和“八一”建军节，都及时进行关于“双拥”工作的集中宣传，对荣获“全国双拥模范城（县）”称号的西城、昌平、东城、海淀、门头沟等区县的先进事迹，更是给予充分报道。其中关于门头沟区“两安”（让革命先辈安度晚年，让现役军人安心服役）活动的录音报道《“两安”温暖两代人》播出后，受到中国人民解放军总政治部有关部门的好评。

《国防教育》中播出过不少有影响的报道。如反映空军指挥学院学员大队帮助橡胶五金厂残疾人的录音报道《奉献与收获》，记者采访许多残疾人和被誉为“空中骄子”的大学生飞行员，从不同的角度生动、形象地表达了他们对精神文明共建的理解，概括出奉献中有收获的深刻主题。节目播出后引起强烈反响，有的听众来信说：这些大学生不仅仅把关心照顾残疾人看作是无私的奉献，而是在与残疾人的接触中，学习他们身上充溢着的不向命运低头、顽强不息、努力拼搏的可贵精神，把奉献的过程看作是不断自我完善的过程，这才是学雷锋活动具有永恒生命力的关键。

《国防教育》还聘请总政军史专家周树昌播讲《国防知识系列谈》，共 18 讲，从国防的起源、国防的内容、国防的发展、国防与国家稳定、国防与经济建设等方面，全面、系统地介绍国防知识，资料性很强，具有权威性。这套节目播出时，被许多单位收录下来，作为国防教育工作的教材。

《国防教育》还开设《区县国防教育工作展播》栏目，由各区县轮流采录制作节目，以反映全市国防教育工作的全貌，受到有关部门的赞扬。

《国防教育》节目于 1992 年 12 月停播。

十、《党的建设》

《党的建设》开办于 1990 年 6 月 27 日，每周播出 1 次，每次 10 分钟。

《党的建设》以党的基本路线为指导，宣传马克思主义建党思想，普及党的基本知识，弘扬党的优良传统，批评不正之风，为促进党的思想建设、作风建设和组织建设服务。节目内容有：报道党建方面的重大活动，介绍党的建设实践中的好经验以及先进党支部和优秀共产党员的先进事迹，讲解党的基本知识，报道党建理论研究动态等。栏目有《支部经验》《共产党员风采录》《上情下达》《书记讲党课》《警钟长鸣》《在争取入党的日子里》《老一辈无产阶级革命家的故事》等。

《党的建设》受到听众尤其是基层党组织的欢迎，开播第一个月，就收到 50 多篇来稿，许多听众还主动打来电话，提供采访线索。播出两个月后，应听众要求增加播出次数，由每周一次改为每周两次。

《党的建设》得到一些部门和单位的积极支持。如与各区县局宣传部、组织部联合举办《金秋话红叶——老年共产党员先进事迹展播》《春的旋律——青年共产党员先进事迹展播》，与长途电话局联合开办《共产党员的故事》专题，与部分基层党组织联合举办《我是共产党员》演讲比赛，与福建人民广播电台联合举办《党旗颂》征文。

1993 年新闻台成立,《党的建设》作为新闻台专题节目，继续播出。

十一、《悄悄话》《人生热线》

《悄悄话》与《人生热线》，是专业化系列台成立后出现的由主持人主持、听众通过热线电话参与的专题节目。

在改革开放的新形势下，为引导人们在社会主义市场经济中具有良好的心理素质与高尚情操，经济台从 1993 年 1 月起在每天《共度今宵》板块中开办《悄悄话》节目，23:00—24:00 播出。该节目主持人提出一个既带个人经历，又具普遍意义的话题，通过热线电话与听众交谈。围绕这一话题，听众有的诉说自己的困惑、忧虑，有的阐明自己的见解，如现代社会如何看待金钱、当代青年心目中的家、怎样处理好现代人际关系等，都曾是《悄悄话》中的热门话题。节目主持人在和听众的交谈中，积极进行引导，听众通过节目相互交流，然后共同找到一个较好的认同点。这是在北京电台第一个直接开通热线与听众谈心的广播节目，因此一开始就引起各界人士和新闻媒介的关注。表演艺术家张家声、画家李燕等曾拨通热线电话参与交谈。中央电视台、香港《南华早报》、英国广播公司、加拿大电视网有限公司都对这个节目作过采访和报道。

1993 年 3 月 1 日，新闻台也开办了主持人通过热线电话与听众交谈的节目，名为《人生热线》，在每周一至周六 23:00—24:00 播出。节目从社会学、心理学、历史学、教育学、哲学、美学、法学、医学等多角度出发，涉足婚恋家庭、心理健康、人际交往、社会公德等多方面问题，与听众广泛探讨人生哲理，谈论生与死、苦与乐、爱与恨、贫与富这人生四大基本问题，以及由此延伸的各种人生难题。节目中除主持人积极引导，还邀请著名专家学者通过热线提供现场咨询服务。据节目开播一年的统计，参与节目的热线电话达 3300 多人次，听众来信万余封。国内《新闻出版报》等 10 家报刊曾对这个节目进行报道，认为这是广播界“异军突起的‘新生力量’”；美、法、日、德、加、澳等国家和地区的 18 家新闻机构亦相继采访报道，评价“这突如其来的热线，给了更多人说话的机会”“是最具魅力的广播节目改革之一”。

《悄悄话》和《人生热线》以主持人通过热线电话与听众交谈的形式，引起听众的兴趣和社会的关注，但并不是每次节目都能取得很好的效果。实践证明，效果较好的节目，一是话题选得合适；二是邀请的嘉宾对所谈论的问题有较深刻的认识和独到的见解；三是主持人具有驾驭节目和应变的能力，对谈论的话题有充分准备，不致使节目离题或产生错误的引导。

第三节 教学性节目

教学性节目是社教类节目的一部分。北京电台的教学性节目经历了一个由初级向高级、由单科目向多科目、由短期培训向正规教育发展的过程，在电台广播中占据着重要位置。到 1993 年年底，每周播出时间达 140 小时，占全台播出时间的 17%。

北京电台的教学性节目基本分两类：一是外语教学节目；二是其他教学节目。

新中国成立初期开办的《广播俄语讲座》是北京电台的第一个教学节目，它的收听范围遍及十多个省市，“文化大革命”开始后停办。1972 年，在周恩来总理关怀下举办的英语讲座，在国内外影响巨大。其后又办了各种层次、各种类型的外语讲座，为四个现代化建设和改革开放培养了大批外语人才。到 1993 年年底，办有英、法、日、俄 4 个语种的外语讲座。

北京电台自 1952 年 10 月开办《速成识字法讲座》以来，为适应各个时期国家与群众的需要，陆续举办过各类教学讲座，到 1957 年 11 月，教学广播集中到中波 1350 千赫播出，播出时间逐渐增加。1960 年，北京电视大学成立，中文系课程在北京电台重播。从此，教学节目逐步向正规教学过渡。到“文化大革命”开始时，各类教学节目每天播出 20 小时，占全天播音的 40% 以上，“文化大革命”期间停播。

1979 年以后，随着北京广播电视大学、北京市广播电视中等专业学校的成立，北京电台的教学节目又向正规教学前进了一步。40 多年来，这座“空中大课堂”可谓桃李满天下。

一、外语教学节目

新中国成立后，很多干部、职工渴望学习俄语。1949 年 12 月 5 日，北京电台与北京市中苏友好协会联合开办第一个教学节目——《广播俄语讲座》。这个讲座一开始，就有 1.5 万人报名参加听课。第一期是初级班，第二期增设中级班，到第四期已有初、中、高级三个班。据了解，当时北京大部分中学俄语教师都坚持收听这个讲座。为了满足听众要求，讲座编辑李春美等人每月定期印发学习辅导材料，利用业余时间组织面对面的辅导课。1954 年以后，几乎每两周组织一次辅导报告会。讲座的教材不仅北京用，天津、沈阳、浙江等地也采用。群众对这个讲座的评价是“重点突出，语言精练，通俗易懂，发音准确”。20 世纪 50—60 年代坚持跟着《广播俄语讲座》学习的听众，有的能够阅读科技专业俄文参考书，有的能够从事俄文翻译工作，有的担任了中学俄语教师。1964 年以后，中苏关系恶化，广播俄语讲座的播出时间逐步减少，直至“文化大革命”期间停办。

1972 年，中美关系开始正常化。当年 6 月，根据毛泽东主席“关于外语学习要搞好”的指示精神和广大干部群众渴望学习外语的要求，北京电台着手筹办业余外语广播讲座。在外交部、北京外国语学院的大力支持下，《业余外语广播讲座（英语初级班）》于 1972 年 10 月 2 日开始播出。

这个讲座的开播，在国内外引起强烈反响。世界上四大通讯社（美联社、合众社、路透社、法新社）发了消息，有的消息说“一个漂亮的男声和一个漂亮的女声”开始播出英语讲座。有的群众反映“这是北京电台放了一颗卫星”。英语初级班开课时，60 万册教材在书店很快被抢购一空，连续加印三次才满足要求，当时，就连收音机的销量都在猛增。天津人民广播电台为满足听众要求，希望北京电台提供教材及录音，在天津播出。经请示中央广播事业局同意提供。于是，天津电台几乎与北京电台同步播出。随之，有几十家地方广播电台采用这个讲座录音和教材。

周恩来总理对北京电台的外语广播讲座一直很关心，在上报的简报上指示外交部，要北京外国语学院帮助继续抓好这件工作。据当时中央广播事业局总编室传达的情况，邓颖超也鼓励身边工作人员收听外语讲座。

继英语初级班之后，遵循“从生活语言入手，由浅入深，循序渐进；普及为主，兼顾提高；为四化建设服务，为普及外语服务”的节目方针，根据听众要求和适应社会需要，北京电台先后举办了从儿童到成年，从初级到中级，从基础课到听说课，从英语到日语、法语、俄语等多种外语讲座。

广大听众对北京电台的外语广播讲座的热情持续不衰。1977 年，修订过的教材发售时，书店门口一大早就排成长队。书店的员工说：“英语广播讲座教材是新中国成立以来最畅销的书，快把柜台都挤塌了。”120 万册教材全部售光。1985 年年底，具有中级英语水平的《出国人员实用英语会话》讲座，由于教材实用，由外籍教师播讲，又受到热烈的欢迎。教材一再加印，累计约 40 万册。在 1986 年全国优秀畅销书评选中，该教材被评为全国优秀畅销书。1988 年 10 月，北京电台和加拿大国际广播电台联合举办的《每日英语》讲座开播。讲座即将开播的消息一经播（刊）出，立即引起广大听众、读者的密切关注。在北京免费赠送教材的第一天，天还没亮就排起了数千人的长队，8 万册教材两日内全部发完。后加印 30 多万册才基本满足读者需要。

北京电台的外语广播讲座培养了大批外语人才。在北京郊区插队的知青任某，从 1975 年起坚持三年收听英语广播讲座，进而又阅读了许多英文资料，在 1978 年报考研究生时，英语得 92 分，被择优录取。转年，他以总分第一名的成绩考取美国哥伦比亚大学研究生。

表 1-2 北京电台外语广播讲座（部分）一览表（1949—1993 年）

年份	开播日期	讲座节目名称
1949	12 月 5 日	《广播俄语讲座》
1972	10 月 2 日	《英语初级班》
1975	6 月 30 日	《英语中级班》
1976	7 月 19 日 12 月 20 日	《日语》 《法语》
1980	6 月 30 日 9 月 22 日 12 月	《英语时文选读》 《英语科普文选》 《幼儿英语》
1983	1 月 31 日 6 月	《许国璋英语》 《生活在英国》
1984	1 月 2 日	《法国文学选读》
1985	3 月 8 月 19 日 12 月 16 日	《科技日语》 《俄语》 《出国人员实用英语会话》
1986	8 月	《日语会话》
1988	10 月 31 日	《每日英语》
1989	5 月	《初、中级英语听力集锦》
1990	2 月 3 月 26 日 3 月 26 日 4 月 7 月 23 日	《日语（上、下册）》 《百句英语迎亚运》 《俄语口语》 《日语听力》 《儿童英语入门》
1991	4 月 15 日 5 月 6 日 7 月 15 日 8 月 19 日 9 月 23 日 11 月 25 日	《中学生英语口语入门（一）》 《广播法语》 《英语听说》 《科普日语》 《初学英语入门》 《每日英语续集》
1992	8 月 10 日 10 月 19 日 10 月 19 日	《新编俄语》 《大家说英语》 《高级英语听力集锦》
1993	6 月 14 日 8 月 2 日 11 月 26 日 12 月 20 日	《中级美国英语》 《中国人使用英语常见错误分析》 《新编大家说英语》 《卡通儿童英语》

二、其他教学节目

北京电台的其他教学节目，绝大部分是与各有关教育部门合办，其中许多讲座是适应各个时期国家和群众的需求而举办的。

1952年，全市开展扫除文盲运动，推广速成识字法，北京电台与北京市识字运动委员会合办《速成识字法讲座》。1953年更名为《速成识字广播实验教学讲座》。

1955年，北京市有五六千名初中毕业生未能升入高中，且一时难以就业。面对这一情况，北京市教育局、文化局、团市委、市青联与北京电台联合开办的广播函授学校于9月26日开课，通过广播讲授文化课和政治课，并根据具体情况组织各类补习班。其中有停学待业社会青年高中补习班、在职人员高中补习班等。1959年12月，北京电台增加一个教学广播专用频率中波1500千赫，发射功率20千瓦。播出的节目有《对中小学教师广播讲座》《幼儿教师广播讲座》等。随着工农业余教育事业的迅速发展，师资水平亟待提高。1960年，北京市工农教师进修学校与北京电台合办《工农业余教育广播讲座》，第一学期播出近1200小时。1960年，北京电视大学成立，中文系课程除在电视中讲授，还在电台安排重播。当时的课程有语法修辞、现代文学、古典文学和文学史等。到“文化大革命”开始时，各类教学节目占用北京电台4个频率中的2个频率，每天播音20小时，占全天广播时间的40%以上。

“文化大革命”开始后，在“停课闹革命”浪潮的冲击下，教学节目停办。中共十一届三中全会召开后，全党工作重点转移到社会主义现代化建设上来。大批青年走上自学成才之路，北京电台的教学节目相继恢复，先后办的教育讲座有《文章选讲》《语文基础知识》《历史知识》《语法教材教法》《中师语文》《心理学》《教育学》《幼儿教育》等。

1979年1月，北京广播电视大学成立。1984年2月，北京市广播电视中等专业学校成立，两校的部分专业课程陆续在北京电台播出，并分别于1982年和1984年开办《电大教学节目》和《电中教学节目》。开设的课程有：哲学、社会学概论、政治经济学、中共党史、科学社会主义、中国通史、逻辑学、古代汉语、现代汉语、外国文学、古代文学、现代文学、当代文学、文学概论、作品选读、写作、美学、法学概论、文书学、新闻与采访、国民经济计划概论、行政管理学、中国经济地理等。为适应社会主义市场经济发展的需要，还开设了经济管理概论、市场学、审计学、商业企业管理、市场营销学、外贸业务知识等课程。1993年，电大课程每周播出20讲（每讲40分钟），电中课程每周播出12讲（每讲40分钟）。

北京广播电视大学和北京市广播电视中等专业学校，是北京市高等教育和中等教育的组成部分，纳入北京市学历教育的正规化轨道。北京电台播出部分专业课程，不仅满足了电大、电中正式学员的需要，也调动起更多人学习科学文化知识的积极性。到1993年，北京广播电视大学共招收学生13万人，毕业7.5万多人；北京市广播电视中等专业学校共招收学员7万人，毕业6.34万多人。

表 1-3 北京电台其他教学节目（部分）一览表（1952—1993 年）

开办时间	节目名称	合办单位	课程设置
1952 年 10 月 25 日	速成识字法讲座	北京市识字运动委员会	
1953 年 1 月 19 日	速成识字广播实验教学讲座	北京市识字运动委员会	速成识字课本
1954 年 9 月 10 日	广播识字讲座		
1955 年 1 月	语法知识讲座		
1955 年 9 月 26 日	广播函授学校讲课时间	北京市教育局、文化局、团市委、市青联	高中语文、代数、政治、时事常识等
1956 年 6 月	中学教师广播进修班	北京市教育局	
1956 年 3 月	停学待业社会青年高中补习班	北京市教育局	
1956 年 3 月	在职人员高中补习班	北京市教育局	
1957 年 10 月 14 日	北京青年自学辅导广播讲座	北京市教育局	政治、语文、代数
1959 年 12 月	对中小学教师广播讲座	北京市教育局	
1959 年 12 月	幼儿教师广播讲座	北京市教育局	
1960 年	工农业余教育广播讲座	北京市工农教师进修学校	小学语文、汉语拼音、算术；初中语文、代数、物理、化学；高中语文等
1962 年	电视大学中文专业	北京电视大学	语法修辞、现代文学、古典文学、文学史等
1964 年	电大附中高中班语文课	北京电大附中	
1975 年	语文知识教材教法广播讲座	北京市成人教育局 北京市行政管理干部学院	
1979 年 2 月	电大部分专业课程	北京广播电视大学	古代文学、现代汉语等
1979 年 3 月	广播教育讲座	北京市教育学院	中小学语文教材教法、中师语文、教育学、心理学
1979 年 6 月 4 日	语文讲座	北京市教育学院	
1979 年 6 月 4 日	历史知识讲座	北京市教育学院	
1982 年 5 月 23 日	电大教学节目	北京广播电视大学	哲学、政治经济学、中共党史、中国通史、逻辑学、古代汉语、现代汉语、古代文学、现代文学等
1984 年 9 月 1 日	电中教学节目	北京市广播电视中等专业学校	语文、中国革命史、哲学等
1987 年	幼儿园教师文化专业知识考试广播辅导课讲座	北京市文教办	
1992 年 10 月	自学高考辅导讲座	祥云培训中心	
1992 年 10 月 15 日	北京商贸企业改革与发展广播讲座	北京商贸企业集团	
1993 年 10 月	各类成人高考复习指导广播讲座	高等教育出版社	政治、数学、语文、物理、历史、化学、地理

第三章 文艺类节目

文艺广播是广播节目中的重要组成部分。1950 年 2 月，中央人民政府政务院新闻总署把“文化娱乐”规定为广播电台的三项任务之一；1952 年 12 月，第一次全国广播工作会议把“播送优秀文艺作品”列为广播电台的五项任务之一。

1949 年北京电台建台初文艺节目每天播出时间为 2 小时 45 分，到 1993 年年底已增至近 50 小时。40 多年来，北京电台的文艺节目（对象性节目中所含文艺内容除外）在全台播音时间中的比重总在 50% 左右。其中音乐、戏曲、曲艺、文学、广播剧和综合节目各占适当比例，以满足不同听众群体的需要。

1949 年 6 月，北京电台文艺节目由北平新华广播电台文艺科统一编发。1950 年，北京电台第二、三、四台先后建立。为丰富北京听众的文化生活，这三个台的文艺节目由北京电台设专人负责安排，主要由个体演员和私人剧社承包广播时间，节目内容主要为曲艺、评书、戏曲（京剧、评戏、河北梆子等北京市民喜爱的剧种）。为丰富北京地方文艺，配合北京市的中心工作，这一时期曾组建过业余广播乐团、合唱团、京剧团和北京广播剧团。1953 年年底，二、三、四台先后停办，部分文艺编辑调中央人民广播电台文艺部；北京广播剧团并入中央人民广播电台广播剧团。1961 年 11 月，中央人民广播电台停止编发北京电台的文艺节目，由北京电台自办。

自办文艺广播，困难不少。由于没有文艺节目录音资料的积累，大部分节目仍须由中央人民广播电台录音资料室提供；录制设施严重不足，既无大中型播音室，小型语言录音机房也很少，无法请文艺团体到台净场录音。文艺组依靠北京人才荟萃、文艺舞台活跃的优势，多搞剧场实况转播和话剧、电影录音剪辑，重点制作欣赏性的文艺专题。北京是首都，听众来自全国各地，对文艺的欣赏各有所好，需求比较高。自 1963 年开始，北京电台开始参加由中央人民广播电台举办的全国各省市电台文艺节目交换活动，以扩大节目来源。

1966 年“文化大革命”开始后，北京电台的文艺广播受到扼杀，许多内容不能播放，许多珍贵的录音资料被封存甚至消磁，毛主席语录歌和八个样板戏几乎统治了全部文艺广播时间。1976 年粉碎江青反革命集团后，万民欢腾，社会上的文艺活动也活跃起来。文艺组本着发挥优势、扬长避短、广开思路、精益求精的精神，恢复和发展了北京电台的文艺广播。

1979 年 12 月，北京电台在原文艺组的基础上成立文艺部，下设音乐组、戏曲组、文学组和广播剧组，人员也由几年前的十几个人发展到近 30 人。这一时期是北京电台文艺节目较昌盛的时期，陆续制作出不少优秀节目，连年在全国评比中获奖。1983年，随着广播事业的发展，北京电台调频立体声节目开播。1988 年 3 月，立体声节目采编部成立。1993 年 1 月 23 日（农历除夕），调频立体声 94.5 兆赫开始 24 小时连续播音，为北京音乐台的建立揭开了序幕。

进入 20 世纪 90 年代，北京电台向专业化系列台方向发展。继 1990 年 8 月 6 日北京经济台面世之后，北京新闻台、北京音乐台于 1993 年 3 月 1 日开播；中波 927 千赫成为播送综合文艺节目的专用频率。自此，这 3 个专业台和专用频率都各自开办自己的文艺节目。特别是北京音乐台和中波 927 千赫每天以大量的丰富多彩的音乐、文学、戏曲等节目，为各阶层听众提供文化娱乐，并开通热线电话，吸引群众参与，大大地丰富了群众的文化生活，掀开了北京电台文艺广播历史上空前繁荣的一页。

第一节　音乐节目

北京电台建台之初，音乐节目很简单，只是在新闻或其他文字节目之间插播一些乐曲和歌曲，节目来源主要从旧唱片中选用。1949 年 6 月，北京电台的音乐节目由北平新华广播电台文艺科负责编排。为了推广革命歌曲，陆续开办《革命歌曲欣赏》《新歌演唱》《教唱歌》等节目，邀请演员到电台播音室进行直播，部分优秀节目用蜡片录制下来重复播送。

北京电台第二、三、四台成立后，文艺广播时间大幅度增加，音乐节目也增多了，设立《民间音乐》《口琴演奏》《管弦乐》《苏联音乐》《星期音乐会》等节目。

1955 年，北京电台并入中央人民广播电台，称“对首都广播部”，北京电台文艺组并入中央人民广播电台相关部门。1956 年，在“百花齐放”“推陈出新”的文艺方针指引下，音乐广播出现一派繁荣景象，歌剧舞剧剪辑、乐曲解说、音乐家介绍、民族音乐介绍、听众点播的音乐节目等内容和形式异彩纷呈。

1958 年 4 月，第五次全国广播工作会议提出：文艺广播中，传统作品、现代优秀作品、配合当前中心任务的作品要各占 1/3，文艺节目必须配合中心任务，要重中轻外、厚今薄古。于是，音乐节目中外国的、古典的作品减少了，一些被认为与政治气氛不相适应的轻音乐和抒情音乐停播，而现代的优秀作品数量又不多，因此，一时间配合中心任务、歌颂“三面红旗”和“大跃进”的节目成了音乐广播的主流。为了保证在文艺节目中反映北京市的中心任务，1959 年 3 月，本不负责编排文艺节目的“对首都广播部”成立文艺组，主要任务就是采制配合中心工作的文艺报道，在《首都生活》节目中播出。1960 年 4 月，又组建了“北京业余广播合唱团”，任务是演唱和教唱配合中心任务的歌曲。

1961 年 6 月，周恩来总理批评文艺工作中“左”的倾向；同年 8 月，中共中央宣传部下发《关于当前文学艺术工作的意见（修正草案）》，简称“文艺十条”；1962 年 4 月，中共中央批准《关于当前文学艺术工作若干问题的意见（草案）》，简称“文艺八条”，强调要贯彻执行“百花齐放，百家争鸣”的方针，正确地开展文艺批评，批判地继承民族遗产和吸收外国文化。之后，北京电台的音乐广播日趋丰富，古今中外的优秀节目陆续播出。1961 年下半年，开办《新作品欣赏》《为毛主席诗词谱写的歌曲》《轻音乐》《外国音乐》等节目。

1962 年 2 月，开设《每天一首外国名曲》。《每天一首外国名曲》用 10 分钟时间介绍一首不同时代、不同风格、不同形式的世界名曲，成为听众喜爱的节目之一。为普及音乐知识、提高群众欣赏音乐的能力，这一年还开办了《音乐常识讲话》，系统地讲解怎样欣赏声乐曲、器乐曲，介绍民歌和新歌剧，介绍江南丝竹乐、北方吹歌等。1962 年下半年到 1963 年年初，再次强调阶级斗争，“左”的思想又一次袭来。鉴于此，文艺组对播出的音乐节目进行清查。1963 年 1 月，开办《每周一首革命歌曲》，停办《轻音乐》。1963 年 3 月，开办《教唱歌》，撤销《每天一首外国名曲》。

1963 年 12 月，毛泽东主席批评文艺界“热心提倡封建主义和资本主义的艺术”。此后，北京电台文艺广播中停播一大批古典音乐和中外名歌。到 1965 年下半年，播出的节目就很单一了，剩下如《歌唱王铁人》《学习焦裕禄》《大海航行靠舵手》《毛主席是我们心中的红太阳》《毛泽东思想光芒照四方》等。

1966 年“文化大革命”开始后，音乐广播日益单调，除了毛主席语录歌曲和为毛主席诗词谱写的歌曲外，就是直接歌唱“文化大革命”的歌曲，如《歌唱十六条》《誓把无产阶级文化大革命进行到底》等。1969 年 4 月，外国音乐全部停播，最后，大量的节目都被批判、扼杀，一度只剩下《国际歌》《东方红》《大海航行靠舵手》《三大纪律八项注意》和经过改词的《毕业歌》《工农一家人》《抗日战歌》《大刀进行曲》等 8 首歌曲和舞剧《红色娘子军》、钢琴伴唱

《红灯记》、钢琴协奏曲《黄河》反复广播。直至1970年8月庐山会议以后，这种局面才得以改变，除播出一些歌颂领袖的歌曲外，允许播送部分革命历史歌曲。

1975年，北京电台播出了音乐专题《无产阶级革命激情的赞歌——谈谈电影〈闪闪的红星〉的音乐创作》。自此，音乐广播中又开始有了自己制作的专题节目。

1976年10月粉碎江青反革命集团以后，文艺创作逐步活跃，许多被江青反革命集团禁锢的音乐节目开始重上广播。1977年1月，在纪念周恩来总理逝世一周年之际，北京电台播出大量怀念周恩来总理、歌颂老一辈革命家的歌曲，如《绣金匾》《周总理您在哪里》等。1978年，北京电台恢复《每周一歌》栏目，1979年恢复《相声和轻音乐》《听众点播的音乐节目》。

随着人民生活水平的逐步提高，收录机开始进入千家万户。针对社会上一度出现某些内容庸俗的音乐盒带盛行的现象，北京电台于1980年10月开办《请您录音节目》，为听众提供优美、清新、健康向上的音乐作品，积极对广大听众特别是青少年听众加以引导，帮助他们提高对音乐的欣赏能力，丰富群众的精神生活。《请您录音节目》由欧阳成（笔名劳鸥）负责编辑，他在构思选材和编辑组合上下功夫，让听众在收听节目的同时，把节目录成盒带，形成各具特色并有保存价值的音乐作品专辑，如《小夜曲集锦》《钢琴名曲8首》《歌之翼》《我心中响起一支歌》《睡吧，小宝贝》《音乐动物园》等。《请您录音节目》共办了七年半，播出中外音乐作品368组（每组60分钟）。为了帮助听众欣赏，他还利用最新资料在《北京广播电视》报上发表介绍、分析作品的文章，受到听众欢迎。

1981年，北京电台增办介绍音乐界新人新作的《乐坛新声》、介绍民族音乐的《古琴台》和介绍中外民歌的《百灵鸟》等栏目。

为了顺应广播事业发展的趋势，积极发展立体声广播，1983年2月，北京电台调频立体声音乐节目开始试播音，每天广播1小时。当时，机房设备不全，音乐资料不足，举步维艰。为了积累资料，丰富节目源，在事业经费紧缺的情况下，北京电台每月拿出一定数量的资金，购买进口的外国音乐磁带（唱片），逐步建立起小资料库。文艺编辑们也本着强烈的责任感，边播出，边建设，许多热心听众积极参与，主动提供立体声磁带和唱片。1984年10月，调频立体声广播正式播音，每天4小时。1987年3月，调频立体声广播时间延长至每天6小时。1988年3月，“立体声采编部”成立；5月，调频立体声播音时间由每天6小时增至每天12小时，设置的音乐节目有《每周一歌》《交响音乐厅》《激光唱片音乐会》《歌坛集萃》《您喜爱的节目》《晚间音乐》《轻音乐坛》《新盒带欣赏》《外语歌曲》《听众点播的音乐节目》等。

《每周一歌》节目以往的形式比较单调。从1984年开始,《每周一歌》采用主持人形式录播。主持人王萍在15分钟时间内融作品介绍、人物采访、歌曲欣赏、示范教唱等多种形式于一体，丰富节目内容，给人以一种新的感受。这一创新，在听众中引起很大反响，平均每月收到听众来信近千封。9 年间,《每周一歌》一直是北京电台收听率较高的节目之一，在全国《每周一歌》征评活动中,《南沙谣》及《心灵的舷窗》双双获奖。

为弘扬民族文化，北京电台还邀请音乐界各方人士研讨中国音乐的发展道路和方向，广泛征集音乐作品，推动音乐创作；为普及音乐知识，编辑深入校园组织音乐鉴赏会，组织少年儿童音乐比赛，培养音乐幼苗。此外，还与有关单位联合组织专场音乐会。1987 年 11 月，与中央人民广播电台、中央民族管弦乐学会等单位举办全国民族管弦乐展播活动。1988 年 1 月，与上述单位联合在人民大会堂主办“龙年音乐周”演出。同年，与中国音乐家协会北京分会等单位举办“优秀盒式带评奖”活动。从这一年开始，还连续举办 5 届北京广播歌曲“健牌”大奖赛，向社会广泛征集歌曲，累计收到应征歌曲 8000 余首，评选出优秀歌曲 50 首。

与此同时，立体声采编部还精心制作许多音乐专题节目。1989 年 10 月国庆 40 周年之际，组织长达 19 个小时的《北京 FM 国庆交响诗——献给建国 40 周年特别节目》，此节目在北京市优秀广播电视节目评选中获一等奖；1990 年春节，录制的《马年除夕通宵广播文艺晚会》，从大年初一 0 时一直播到 5 时；1990 年 9 月，为配合北京亚运会召开，组织《亚太地区各国音乐节目展播》，历时半个月，播出 20 多个国家及地区的典型音乐节目 23 套，每套 30 分钟；1991 年 7 月，庆祝建党 70 周年之际，录制音乐专题《北京，七月的故事》，此节目在全国 32 家电台系列音乐节目评比中获一等奖；1992 年春节，又推出《春之声》广播音乐节目，连续广播达 66 个小时。

在北京经济台开播之初，也有一个专为音乐爱好者安排的专栏——《音乐之旅》。《音乐之旅》是板块型节目《午间时光》的一个栏目。最初，每天播出 20 分钟，内容主要介绍世界名曲小品及大型交响作品的部分乐章。以后扩展至每天播出 1 小时，节目内容不再局限于介绍外国古典名曲，也介绍华夏民族音乐精品及现代流行乐坛的优秀作品；还邀请音乐界有关人士到播音室作客，与听众直接对话，共同谈论有关乐坛的热门话题。

1993 年 1 月 23 日（大年初一），调频立体声广播开始 24 小时连续播音，采用热线直播形式，这在北京广播史上是首创。

1993 年 3 月 1 日，北京电台在立体声采编部的基础上成立北京音乐台。全新的节目设置、24 小时播音，构成北京电台音乐广播的全新面貌。音乐台共设有 60 余个节目，节目设置贴近生活，富有时代气息，具有轻松、活泼的个性；荟萃世界精品音乐，展示流行潮流；追踪社会文化热点，传播文化信息。从广播时间到节目内容，都超出了以往的广播模式，加上发射功率的增强，使北京电台音乐广播的质量有了很大的提高。

音乐台开播一个月，就收到听众来信和电话 2 万余件次。听众热情地称赞音乐台不仅“节目的量比过去增多了”，且“音响质量大大提高了”，“节目的多样化既满足了不同层次听众的要求”，还能“使听众不断拓展自己欣赏的范围”。据北京社会心理研究所5月中下旬对北京城区居民抽样调查的结果表明：在北京地区的几家电台中，北京音乐台的节目最受一般民众欢迎，近千名被调查的人当中，82.9%收听过音乐台的节目，41.6%的人表示最喜欢音乐台的节目。

北京音乐台注意吸收社会力量合办节目，吸纳广泛的音乐资源充实丰富节目内容。如《雀巢咖啡音乐时间》《香港风景线》《佳人有约》《来自东京的问候》《史东时间》等合办节目，既给音乐广播增添新意与活力，也取得良好的经济效益，为发展广播事业创造必要的物质条件。

音乐台重视节目的社会导向。1993年,《北京音乐台排行榜》节目有选择地播送健康向上的通俗歌曲，并请著名歌唱家、作曲家谈如何欣赏、认识通俗歌曲等问题，对听众进行积极引导。5月，音乐台还为严肃音乐爱好者和音响器材爱好者开办《发烧门诊部》节目，并深入党政机关、部队、厂矿、大专院校普及高雅音乐，举办11场视听欣赏会。7月，与有关单位召开“中国音乐的现状与未来”理论研讨会。8月，与北京市音乐家协会等单位联合举办北京市第9届少年儿童民族器乐比赛。据音乐台1993年播出统计，严肃音乐播出时间占全台总播出时间的42.4%，流行音乐占24.4%，混合型节目占16.1%。

1993年12月，音乐台举办《音乐与我》有奖征文活动，吸引了社会各界大批音乐文学爱好者的参与。一等奖获得者江涛是清华大学四年级学生，就在他将踏上社会、服务社会的时候，却患了绝症。住院期间，他日夜以音乐节目为伴，在题为《爱的罗曼斯》的征文稿中，他讲述如何从音乐中获得战胜病魔的勇气和力量，真情实感动人心弦。这篇文章经过编辑播出后引起强烈的社会反响，各界热心听众纷纷伸出援助之手，给江涛捐款送物，陪伴他度过人生最痛苦的时刻。

音乐台利用自身优势，充分发挥技术人员的专业技能，扩大音乐广播的社会影响。1993年12月31日，北京音乐台与中央电视台、中央乐团联合举办中国新年音乐会，并与中央电视台同时直播音乐会实况。听众既可以通过调频广播听到高质量的现场音乐，又能通过电视看到演出现场的画面。这种音画同步直播的形式在北京广播史上还属首例。

第二节　戏曲、曲艺节目

1949年建台之初，北京电台的戏曲广播只是播送少量旧的京剧唱片，不久增添了《地方杂曲》的内容。

北京电台第二、三、四台相继成立后，戏曲、曲艺节目大幅度增加。考虑到北京听众的喜好，文艺节目中，戏曲、曲艺的比重一般占65%左右。设置的栏目有《京剧》《评戏》《地方戏》《相声》《评书》《单弦》《琴书》《京韵大鼓》《西河大鼓》《铁片大鼓》以及《曲艺轮流节目》等。其中曲艺节目大多由老艺人到电台来直播，评书演员连阔如，曲艺演员曹宝禄、关学曾、马增芬、魏喜奎、顾荣甫、李宝岩以及首都盲艺人曲艺工作队、中国戏曲研究院曲艺团等都曾到北京电台参加演播。1951 年前后，为丰富戏曲广播内容，还曾建立首都广播京剧团。

1950 年 11 月，北京电台首次转播剧场演出实况，转播间隙插播广告，收入全部捐献抗美援朝。

剧场实况转播使听众足不出户就能欣赏到剧场正在演出的精彩剧目，深受欢迎。由此，从 1951 年开始，转播北京市剧院戏剧演出实况就成为北京电台的固定节目，它虽然也转播音乐会、话剧，但数量较少，60% 以上为戏曲节目。最盛时，每晚转播，甚至星期天还转播日场演出。

1956 年，在“百花齐放”“推陈出新”的文艺方针指引下，戏曲界开放了部分禁戏。当时有一种说法叫作“提倡香花，不怕毒草，消灭毒草”。认为把坏戏放在资料库里不等于毒草消灭，只有把它放出来，让群众去识别、检验才能达到消灭毒草的目的。因此，在一段时间里，广播中播出了一些推陈出新的好戏，如《十五贯》《望江亭》等，也播出了一些有争议的剧目，如《四郎探母》。

1956 年 9 月 1 日，为庆祝北京市京剧工作者联合会成立，在北京的著名京剧演员举行一场盛极一时的联合演出，参加演出的演员有郝寿臣、筱翠花、孙毓坤、李万春、李多奎、姜妙香、尚小云、马连良、谭富英、张君秋、裘盛戎、奚啸伯、李和曾、吴素秋等，告别舞台多年、79 岁高龄的萧长华也参加演出。演出的剧目有《八蜡庙》《锁五龙》《四郎探母》，剧场选择在容纳观众最多、有 3000 个座位的中山公园音乐堂，然而排队购票者达 7000 余人。在此情况下，应爱好京剧听众的要求，本不担负文艺节目制作任务的“对首都广播部”破例进行剧场实况转播。义演举行 4 天，9 月 3 日的义演，电台也进行实况转播。

1958 年第五次全国广播工作会议以后，强调“厚今薄古，古为今用”，停播了一些传统戏。这一时期，戏曲舞台上演一大批高质量的现代戏和革命历史题材的好戏，如豫剧《朝阳沟》、评剧《金沙江畔》，北京电台都进行了突出的宣传。但为配合“大跃进”的形势，也播出了一些粗制滥造、质量不高的节目。

1961 年 6 月以后，“文艺十条”“文艺八条”相继制定，明确文艺为政治服务、为人民服务的方式是多样的，强调文艺节目的欣赏性、趣味性、知识性。这以后，北京电台戏曲、曲艺广播播出时间逐渐增加，从内容到形式有明显的改观，制作的《流派艺术介绍》《唱腔欣赏》等节目，先后介绍了梅兰芳、程砚秋、马连良、谭富英、李多奎等京剧艺术家的演唱艺术；介绍曲艺的艺术风格和唱腔；播出了《三娘教子》《奇冤报》《铡判官》等传统戏，以及《薛恩厚谈（三打祝家庄）的产生和演出》《翁偶虹谈京剧表演里的笑》等专题。在盛夏酷暑季节，还曾举办《乘凉曲艺晚会》等。

1963年3月，中共中央批转文化部党组《关于停演“鬼戏”的请示报告》，点名批判孟超的剧本《李慧娘》以及廖沫沙的文章《有鬼无害论》。北京电台戏曲广播中对传统戏及历史题材的剧目又开始从严掌握，“鬼戏”及表演帝王将相、才子佳人的传统戏都停播了。

1963年12月，北京市属剧院、剧团现代题材剧目观摩演出周期性举办。1964年6月，文化部在北京举办全国京剧现代戏观摩演出大会。北京电台均全力以赴积极配合，不仅转播了大部分演出，还开辟专栏进行介绍、评论。会演结束后，在《京剧晚会》等节目中，介绍和教唱会演剧目中的优秀唱段。许多《评剧晚会》现代戏唱段如京剧《箭杆河边》中的“劝二赖子”、评剧《夺印》中“劝广清”等，风靡京城。

1966年“文化大革命”开始后，文艺界“阶级斗争”的弦绷得更紧了，八出“样板戏”占据了舞台和广播。为了及时配合中心任务，广播中还出现了唱“语录”、唱“老三篇”，甚至唱“两报一刊的社论”。最后，戏曲广播中只剩下京剧《红灯记》《智取威虎山》《沙家浜》《奇袭白虎团》《海港》《杜鹃山》等几出革命样板戏反复播送。

中共十一届三中全会以后，全国有200多个地方剧种恢复演出，戏曲、曲艺广播的内容得到了充实。1979年，北京电台开设有《戏曲》《戏曲选段介绍》《听众点播的戏曲节目》《相声和音乐》《新录制的剧场实况》《剧场实况转播》等栏目。

为了弘扬民族文化、振兴民族艺术，也为了扩大广播的影响、丰富戏曲曲艺广播的内容，1980年以后北京电台与各界合作举办各种形式的演出。以京剧为突破口，发展到评剧、曲艺、地方戏等各剧种和艺术门类，从行当到流派，从专业到业余，从北京到外地，从国内演员到邀请海外、境外票友参加，直到把京胡从幕后请到前台，先后组织的演出有高（庆奎）派、裘（盛戎）派、荀（慧生）派、奚（啸伯）派、汪（笑侬）派艺术专场。此外，还有《庆祝建国40周年京剧专场》《纪念徽班进京200周年京剧演出专场》《京剧、豫剧、黄梅戏巡回演出》《全国评剧荟萃演唱会》《燕守平京剧音乐独奏会》《“南曲北移”进京汇报演唱会》等。参加演出的演员有杜近芳、高玉倩、梅葆玖、李和曾、马长礼、刘秀荣、齐啸云、刘长瑜、谭元寿、周和桐、叶少兰、方荣翔、吴素秋、张春华、吴琼、李忆兰、花月仙、筱俊亭等。演出的剧目有些是久绝于舞台，经过重新整理而上演的，如京剧《哭秦廷》《胭粉计》《小放牛》《小上坟》《生死恨》《时迁盗甲》《虹霓关》《托兆》《胭脂虎》等。其中《高派艺术专场》曾先后到青岛、天津演出，影响极大，文化部的一位负责人称赞电台“为戏曲界做了一件好事”；高派传人、著名京剧表演艺术家李和曾在这次演出后，因病不能再上舞台，他在这次活动中演出的《哭秦廷》《胭粉计》成为绝唱。

20世纪80年代至90年代初，北京电台除了组织专业工作者演出外，还先后组织过《北京迎新春职工京剧演唱会》《庆“五一”京津职工京剧演唱会》《京、津、港票友演唱会》《北京市京昆业余爱好者迎新春演唱会》《“钢花杯”职工京剧卡拉OK大赛》《“宁钢杯”全国京剧票友演唱展播大奖赛》《北京地区’93京剧票友大赛》。

1988年北京电台戏曲、曲艺节目有《曲艺名段欣赏》《每日相声》《地方戏选段》《京剧选段》《京剧欣赏》《评剧选段》《戏曲选段介绍》等。

《京剧三国戏欣赏》节目以《三国演义》故事为顺序，系统地介绍了三国戏的选段、选场与唱段，并对参加演唱演员的流派、唱腔做了详细的介绍。节目深受京剧爱好者的赞赏，在1988年度北京市优秀广播电视节目评比中，获特别奖。

1990年，北京电台编辑制作《百种戏曲欣赏》节目共108集，系统地向听众介绍我国92个剧种。这套节目融知识性、趣味性、欣赏性于一体，对我国古老的、新诞生的和少数民族的剧种、重点剧目、著名演员、典型唱腔与唱段做了较详细的介绍。

为抢救民族文化遗产、挖掘京剧传统剧目，1991年第四季度北京电台开展征集京剧传统剧目唱段的活动。这次活动引起社会上（尤其是京剧界）的极大反响，不少人写信或亲自到电台来提供信息和资料。通过征集、整理、录音，共制作了4个小时的节目，在1992年春节播出。1991年11月，还组织了传统相声专场演出，请老艺人罗荣寿、高凤山、王世臣、于宝林等录制了14段传统相声。还与天津、安徽、山东、广东、大连、青岛、黑龙江、福建、上海、海峡之声等电台共同组织了曲艺广播联席会，多次组织相声演出交流活动，为推动曲艺事业的发展、振兴曲艺艺术做出了贡献。

1993年4月，北京电台制作播出大型系列说唱节目《北京颂》，用数来宝、快板书、北京琴书、说唱单弦、京韵大鼓、京东大鼓、西河大鼓、山东快书、相声、河南坠子、乐亭大鼓、联珠快书、故事、大岔曲、梅花大鼓、太平歌词、北京时调等20多种曲艺形式，反映北京改革开放后的大好形势，介绍北京的名胜古迹，歌颂各条战线的好人好事。《北京颂》获得首届中国广播文艺奖曲艺新作二等奖。

1993年5月，中波927千赫文艺节目进行大调整，设立《京剧大世界》《空中书场》节目。《京剧大世界》融欣赏性和知识性于一体，既播送戏曲名段，也介绍著名演员和有关的戏曲知识；并与北京艺术研究所联合举办《我看京剧》征文活动，这次活动共收到征文300多篇，近百篇优秀征文在《京剧大世界》节目中播出，还请有的作者来电台录音播出。

第三节　文学节目、广播剧

北京电台建台之初，文学类节目由北平新华广播电台文艺科提供，北京电台只有《诗歌欣赏》和《故事讲述》。1953 年，北京电台文学类节目有所增加，设立《小说朗诵》《诗歌朗诵》《播音剧》《电影录音》《首都各转播剧场演出实况（话剧）》等节目。1953 年 5 月 1 日，播出了自己制作的第一部电影录音剪辑《宣誓》。中央人民广播电台提供的文学类节目，多数是富有时代精神的现代文学，后来，也有不少是配合中心工作，歌颂总路线、“大跃进”、人民公社“三面红旗”之类的节目。

1959 年，北京电台组建文艺组，与北京市文联合办《文学创作知识讲座》节目。1960 年，开设《小说连续广播》节目，播出过《创业史》《敌后武工队》《朝阳花》《红旗谱》《暴风骤雨》等优秀长篇小说。《朝阳花》是由表演艺术家舒绣文于 1962 年抱病录制的，这部小说是她生前录制的最后一个节目。参与录制《小说连续广播》的演员还有周正、董行佶、纪维时、任宝贤等。这个节目成为“文化大革命”前北京电台收听率最高的节目之一。

1961 年 6 月，文艺组自己改编制作了第一个广播剧《三女找红军》，不久，又制作了第一部广播小说《昆仑山上一棵草》。此后，文学类节目逐渐丰富起来，在播出古今中外优秀文学作品的同时，还采录了许多专题性节目，如《作家冰心谈散文》《崔嵬谈怎样塑造工农兵形象》《话剧〈北京人〉演出评价》等。

1964 年，随着文艺界开展整风运动，北京电台的文艺广播受到了冲击，许多文学节目不能播出了。老艺人连阔如播讲的评书《三国演义》，全部录完，也未能播出。“文化大革命”开始后，文学广播愈加走向萧条，优秀的文学作品不能广播了，代之而起的是《工农兵墙报诗文选》《诗歌音乐〈文化革命打先锋〉》等专题。1966 年 7 月,《小说连续广播》停办，文学节目在广播中出现了空白。

粉碎江青反革命集团以后，迎来文艺的春天，北京电台文学广播又逐步丰富起来，大量反映革命战争、歌颂革命先烈和革命前辈的优秀作品重新播出。

1977 年年初，为纪念周恩来总理逝世一周年，在首都体育馆、工人体育馆、中山公园举办多场文艺晚会，每一场晚会都是台上台下共鸣，泪水与欢呼交织。北京电台把这些激动人心的晚会录音播出，反响强烈。这段时间，还制作播出不少广播小说，如《人民的歌手》《从森林里来的孩子》《大河涨水》《预见》《四个书记》《班主任》等。这些节目反映了人民群众的心声，播出后很受听众欢迎。

1977 年 2 月,《小说连续广播》恢复播出，先后选播《红岩》《青春之歌》《林海雪原》《保卫延安》《骆驼祥子》《在彭总身边》《四世同堂》《牛天赐传》《海伦·凯勒》《蹉跎岁月》《高山下的花环》《北国草》《芙蓉镇》《民国风云》《李大钊》《地球上的红飘带》《日本留学一千天》等优秀文学作品 200 多部，深受听众欢迎。其中表演艺术家董行佶朗诵的《骆驼祥子》、著名播音员齐越朗诵的《在彭总身边》，均是他们生前演播的最后一部作品。

1979年12月18日到12月28日，长篇回忆录《在彭总身边》播出。作品用质朴的语言，通过具体、生动的故事，描绘出彭总高大、无私、刚直不阿的形象。齐越的播讲始终饱含真情，感人至深。节目引起强烈社会反响，半个月内就收到听众来信250余封。

1980年，老舍先生的长篇小说《四世同堂》（关山、赵琮婕播讲）播出后，兄弟省市广播电台纷纷要求翻录。在全国各省市广播电台长篇小说交换会议上，该节目被87个广播电台复制翻版，名列第一。北京电视艺术中心1984年改编的（28集）电视连续剧《四世同堂》，先后在中央电视台和多家省市电视台播出。广播、电视联手在全国掀起一个爱国主义教育浪潮。在纪念孙中山诞辰120周年的日子里，北京电台突破《小说连续广播》只选已出版的文学作品的做法，播出了自己组织、编辑直接参与创作的长篇评书《民国风云》。播出后，不仅听众反映强烈，也引起了出版界的注意，新华出版社很快出版了此书。

粉碎江青反革命集团后，为满足广大青年渴求文化，渴望文化学习的愿望，从1979年年底开始，北京电台文学广播从普及着手，向听众介绍古典小说的优秀篇章及现代散文60家。先后播出过《中国古代诗歌》《中国古代散文》《中国古代戏曲》《中国古代作家介绍》《中国古诗话》《中国季节诗话》《中国节日诗话》《中国现代散文欣赏》《中国现代短篇小说赏析》等节目。

为了提高广播剧的制作能力、增加播出数量，1979年年底，北京电台在文艺部组建广播剧组。1980年11月，首次全国广播剧交流会在成都召开。会上，成立了中国广播剧研究会，北京电台被选为理事台。在研究会主持进行的全国广播剧评比活动中，北京电台朱安琪导演的《大海情》《亲事》《普通老百姓》连续3年被评为优秀广播剧。此后，北京电台自己编写、制作的广播剧逐渐增多，20世纪80年代初期，每年生产10多部（集），到80年代中、后期，每年生产20～30部（集）。这些作品，取材广泛，内容种类丰富，既有单本剧，又有连续剧，既有单声道，又有立体声。从根据外国名著改编的《羊脂球》《斯巴达克斯》《李尔王》……到长达16集的立体声广播连续剧《刘天华》，制作能力日臻成熟，节目质量日臻完美，在全国广播剧评比中，频频获奖。为开阔视野，引导听众进入丰富多彩的文学艺术宝库，1985年，北京电台增辟了介绍古今中外优秀小说的《小说园地》和《外国文库》，以及播送中外优秀电影、话剧录音剪辑的《影剧院》等节目。

1991年10月开办的《世界著名戏剧故事》专题节目，请专家、教授，如中央戏剧学院的高芮生教授、麻国钧教授、北京广播学院的周华斌教授等用缩编的做法将世界著名戏剧加以精心改编，由一两个演员绘声绘色地加以演播，融知识、教育、审美、娱乐于一体，收到较好的效果。

1993年5月，北京电台增办《星期日文苑》节目，为热衷于文学创作又苦于无处发表其作品的业余文学爱好者提供一块园地。《星期日文苑》节目的编辑认真阅读每一篇来稿，指导、帮助来稿者进行修改，播出时还请专家进行评点，成为业余文学爱好者的良师益友。

第四节 综合文艺节目

建台初期，北京电台在周末、节假日或重大纪念日，经常组织《文艺晚会》或《星期晚会》等，时间都在 1 小时以上。1950 年 10 月，为庆祝新中国第一个国庆节，组织了《北京工人广播文艺创作演唱大竞赛》。1955 年春节，为增添节日的气氛，加强节目的趣味性，中央人民广播电台和北京电台联合举办《文艺猜谜晚会》，围绕播出的节目穿插一些谜语，请听众猜作品或剧目的名称，猜作者或表演者的姓名等。听众随听随猜，随时给电台打电话告知谜底，猜中者可当场点播节目。猜谜晚会从除夕 20 时开始，一直进行到午夜以后，参加猜谜的听众达数百人次，这是北京电台史上第一次举办有听众直接参与的文艺晚会。1956 年 2 月 11 日（除夕），北京电台中波 850 千赫 21 时起举办《文艺猜谜晚会》，晚会持续 5 小时。

1962 年，国民经济正处于调整时期，为丰富职工的文娱生活，这一年的元旦举办了《新年相声晚会》，2 月 4 日举办《除夕文艺猜谜晚会》，2 月 6 日举办《春节大舞会》。《除夕文艺猜谜晚会》播出后，一周内就收到听众猜谜来信 6000 余封，猜中者获得纪念品。其后，《文艺猜谜晚会》成为北京电台每年除夕的保留节目，听众来信最多的一年（1965 年）达 3.6 万封。1966 年，猜谜晚会停办。

1976 年粉碎江青反革命集团以后，特别是中共十一届三中全会以后，文艺界群情振奋，各种演唱会如雨后春笋，电台转播和播出了大量的演出活动。

1981 年 5 月，北京电台开设《文艺点滴》节目。《文艺点滴》从音乐、文学、电影、美术、舞蹈等各个领域广泛取材，采撷精英，以故事、随笔、漫谈等多种形式，向听众普及知识，进行审美教育。每次节目只有 5 分钟，首尾配以音乐，“声乐并茂”，形成一种独特的风格。

遇有重大宣传活动时，北京电台都会与有关单位联合举办大型的综合性文艺晚会。

1986 年 11 月，与北京电视台、北京市京昆振兴协会、北京电视机厂等单位举办为修复卢沟桥募捐——“牡丹”大型文艺晚会。

1987 年 7 月，与北京电视台、北京市人民对外友好协会、北京市演出公司合办《纪念“七七事变”50 周年文艺晚会》，广播电影电视部领导指示中央电视台当晚向全国直播晚会实况，这在北京电台尚无先例。

1989 年 1 月，为纪念北京和平解放 40 周年，与北京市演出公司合办大型文艺晚会，著名演员田华、赵子岳、侯宝林、马玉涛、李谷一、关贵敏等参加。

1990年8月，北京经济台成立后，每星期日播出综艺广播节目《周日综艺》。1993年8月，经济台尝试与经济界联合制作节目，由此，《周日综艺》更名为《国安综艺》。《国安综艺》是板块型的综合性文艺节目，以“服务市场经济，娱乐大众生活”为方针。《国安综艺》把不同体裁、不同主题的小栏目通过主持人的有机串连，将传播、教育、服务、娱乐、参与等多种功能统一于一个节目之中。《国安综艺》设有《名人访谈》《燕语莺声》《开心一小时》《歌声伴你》《万家同乐》《今日时尚》《心海罗盘》《星期书屋》《国安热点》《休闲别墅》等40多个栏目，每期节目不少于8个小栏目。节目开办以来，曾先后邀请100多位文化艺术界、科学界和企业界知名人士作为嘉宾参与现场直播，谈自己的艺术追求、成功的历程，漫话人生苦乐、情趣喜好，很受听众欢迎。

《空中百花园》是1993年3月北京新闻台建立后开办的大型综艺节目，是一个集艺术性、参与性、争鸣性、时效性、娱乐性于一体的文化类板块节目，每周一至周六晚上播出1.5小时。每期节目分别邀请文学界、电影界、音乐界、舞蹈界、体育界的知名人士到播音室和听众一起探讨发生在人们身边的文化热点问题，在听众中颇有影响。北京新闻台、音乐台成立后，1993年5月，北京电台文艺部推出大型板块节目《综艺大世界》，下设《金唱片》《名人访谈》《诗海罗曼斯》《热线追踪》等栏目。《综艺大世界》内容丰富，格调高雅，独具风格。其中的《名人访谈》栏目既采访艺坛新秀，也走访艺术功底深厚的中老年艺术家；《热线追踪》通过讨论，引导听众，特别是青少年向高质量、高品位的文化方向靠拢。

表1-4　**20世纪60年代北京电台文艺节目播出时长统计表**

播出时期	每周总时长（分钟）	中国音乐	外国音乐	文学（广播剧等）	戏曲	地方戏	曲艺	综艺
1961年5月15日起	7875	18.3%	13.7%	15.3%	41.1%	—	6.3%	5.3%
1962年2月12日起	4110	22.5%	12.3%	17.6%	33.0%	—	10.9%	3.7%
1962年7月11日起	5655	19.1%	10.0%	17.0%	21.5%	21.9%	7.3%	3.2%
1962年11月12日起	5890	17.7%	10.6%	17.4%	30.7%	11.7%	9.9%	2.0%
1963年1月2日起	6265	18.4%	9.8%	16.6%	28.2%	10.1%	11.9%	5.0%
1963年5月10日起	5983	22.5%	7.3%	22.3%	29.8%	4.5%	10.3%	3.3%
1963年11月11日起	6350	23.2%	6.4%	20.8%	31.2%	6.1%	9.7%	2.6%
1964年5月4日起	6280	21.7%	6.4%	21.3%	33.4%	6.2%	8.4%	2.6%
1964年9月11日起	6370	20.9%	4.5%	23.3%	33.2%	6.1%	9.4%	2.6%
1964年11月2日起	6348	22.0%	3.1%	22.5%	34.2%	5.2%	9.2%	3.8%
1965年5月3日起	6847	21.1%	2.9%	22.6%	33.6%	5.7%	6.9%	7.2%
1965年11月11日起	6960	20.1%	2.7%	23.1%	33.2%	3.3%	8.8%	8.8%

表 1-5　　20 世纪 70 年代北京电台文艺节目播出时长统计表

播出时期	每周总时长（分钟）	音乐		戏曲、曲艺		文学、综艺	
		播出时长	占比（%）	播出时长	占比（%）	播出时长	占比（%）
1977 年 10 月 24 日起	11496	5294	46.1	3314	28.8	2888	25.1
1978 年 5 月 15 日起	11431	4271	37.4	2412	21.1	4748	41.5
1979 年 6 月 4 日起	11201	4261	38.0	3767	33.6	3173	28.4

表 1-6　　20 世纪 80 年代北京电台文艺节目播出时长统计表

播出时期	每周总时长（分钟）	音乐		戏曲、曲艺		文学		综艺	
		播出时长	占比（%）	播出时长	占比（%）	播出时长	占比（%）	播出时长	占比（%）
1980 年 10 月 27 日起	11966	4593	38.4	3828	32.0	3275	27.3	270	2.3
1983 年 8 月 29 日起	12397	5096	41.1	3881	31.3	3240	26.1	180	1.5
1984 年 10 月 22 日起	12792	4436	34.7	3816	29.8	2800	21.9	1740	13.6
1985 年 7 月 22 日起	13832	4611	33.3	3721	26.9	2875	20.8	2625	19.0
1987 年 3 月 16 日起	14374	5358	37.3	3981	27.7	3070	21.4	1965	13.6

第四章 服务类节目

在新闻类、社教类、文艺类广播节目之外，北京电台还有一类以实用性强为特点、服务于人们日常生活的节目，统称服务类节目。

广播的服务性功能，是逐步为人们所重视的。20 世纪 50 年代的《广播体操》和《天气预报》，是遵照政府有关指令设置的。但整风反右等政治运动开始，服务性广播被搁置下来。“大跃进”之后，经过三年困难时期，关心群众生活问题再次提上广播宣传日程。1962 年 2 月，北京电台设置了一个 5 分钟的《小常识》节目，以传播科学知识、服务群众生活为宗旨，很受群众欢迎。北京电台 1962 年年底作出的《北京人民广播电台广播宣传基本总结》首次提出：广播不仅是听众的良师益友，还应是听众生活上的服务员。“文化大革命”开始，刘少奇的上述指示受到批判，《小常识》节目也被说成“用生活冲击政治”而被停播。

20 世纪 80 年代，在改革开放的大潮中，随着广播宣传改革的不断深入，北京电台服务类广播大大超出为生活服务的范畴，涉及社会生活的诸多方面。为繁荣经济、促进商品生产和商品流通的广告节目迅速兴起；为众多股民服务的股市行情和股市分析及时公之于众；城市交通中的路况信息为千万司机点拨方向；征婚启事为有情人牵线搭桥；讲卫生、保健康，衣食住行各方面新知识的传播，渗透到多种多样的板块节目。90 年代，北京电台兴办专业化系列台后，服务类节目迅速发展。

第一节　公益性节目

北京电台公益性服务类节目包括《广播体操》《天气预报》《路况信息》等。

《广播体操》：为增进全民体质，1951 年 11 月 24 日，中华全国体育总会筹备委员会、教育部等 9 个单位发出关于推行广播体操活动的联合通知，在中央人民广播电台和各地人民广播电台举办广播体操节目，定时播送广播体操口令音乐。从 12 月 1 日起，中央人民广播电台每天 6:55—7:15 播送广播体操节目，北京电台准时转播。北京电台自办广播体操节目，是从 1952 年 5 月 1 日开始的，初称《广播体操与音乐》，播出时间是 7:30—7:55。9 月 28 日改称《广播体操》节目，播出时间是 7:45—7:55。《广播体操》节目深受社会各界的欢迎，各单位有专人准时播放，随着音乐声起，人们到操场、空地做广播体操。1955 年 1 月起，每天还广播一次《少年广播体操》。1968 年，《广播体操》《少年儿童广播体操》停办。1971 年，北京电台《广播体操》节目恢复，1986 年再次停办。

《天气预报》：1954 年 3 月 6 日，政务院发出《关于加强灾害性天气预报、警报和预防工作的指示》。北京电台设立的《北京地区天气预报》节目是从 1956 年 4 月 30 日开始播出的。预报由北京气象台提供，电台每天两次通过电话抄收。天气预报的项目包括气温、风力、风向、天气变化（阴、晴）及降水情况。《北京地区天气预报》的每天播出次数每年都有调整。除一般天气预报外，北京电台从 1958 年 11 月应气象部门的要求，增加天气形势预报，主要对北京地区近期天气变化趋势进行预测分析，用记录速度广播，供郊区区县气象站抄收。“文化大革命”中，《北京地区天气预报》一度停办。1990 年 8 月，《北京地区天气预报》每天播出 6 次，每次 2 分钟。1993 年年底，北京电台天气预报类节目有中波 828 千赫《广告与北京地区天气预报》、经济台《天气与交通》、儿童台《天气预报》；交通台的天气预报在《交通新闻》或《综合新闻》节目后播出，每天 11 次，内容除常规天气预报外，还包括进出京主要路段和局部地区的天气实况及封路、断路、航班取消等信息。

《路况信息》：《路况信息》是交通台自 1993 年 12 月 18 日开办的服务性节目，信息主要由北京市公安交通管理局直接提供。除整点广播外，还临时插播突发事件，以利疏导交通，提高行车效率。《路况信息》每天播出 10 多次，最多达 30 次。

第二节 听众联系节目

听众联系节目主要有《听众信箱》《听众之声》《广播之友》等。

1954 年，北京电台曾在《首都生活》节目中设有《听众信箱》栏目，不定期反映群众呼声。因无固定时间，未能持久。

1963 年 1 月开始，每星期日专设《听众信箱》节目，从听众来信中选播少量具有社会意义的信件。1964 年 10 月，节目撤销。

1984 年 10 月 24 日开办《听众之声》节目，每周三、六播出，每天 3 次，每次 10 分钟。节目方针是“反映群众呼声和要求，切实为群众排忧解难，使之成为广大听众与电台密切联系的桥梁，以促进首都精神文明建设”。这个节目在群众中影响较大，平均每天收到来信约 60 封。反映的问题涉及党风、社会风气和法律、道德、治安等方面，有表扬，有批评，有咨询，有建议。编辑对来信登记编号，选取具有典型意义的来信，在调查后予以广播。有些问题转到相关单位，请他们解决或作出答复。节目编辑还经常接待听众来访，听取意见。这个节目在群众和政府之间，特别是交通、邮电、热力等直接服务于群众的部门之间，架起了沟通的桥梁。例如，出门乘车难是听众反映最多的问题之一。造成公共交通紧张又有多方面的原因，有不少问题确实是一时难以解决的。为此，在记者进行大量调查研究后，编写了几篇有关解决乘车难问题的稿件，既有向公交部门提建议的，又有向群众作宣传解释的，希望司售人员和广大乘客携手改善公共交通紧张状况。稿件播出后，收到了较好的社会效果，有的公汽分场还把广播稿下发给司售人员，掀起了“创一流服务，战严寒保运营”活动。有一次播出听众反映工商银行王府井分理处营业人员不坚守岗位，扎堆聊天，服务态度恶劣的稿件后，国务委员陈慕华得知这一情况，批示给总行领导认真处理。几天以后，反映这一问题的听众又来信称赞，那个分理处的工作面貌已有很大改观。1990 年 8 月，《听众之声》节目停办。1993 年 4 月 1 日，北京经济台与北京市政府“市长电话”值班室合办《热线追踪》节目，为群众排忧解难。

《广播之友》是 1993 年 3 月北京电台开办的内容比较丰富的服务听众的节目。这个节目由电台总编室主办。设有《收听指南》《话筒前后》《听众论坛》《广播多棱镜》《三色堇信箱》等栏目。这个节目在新闻台每星期日播出两次，每次 30 分钟。

第三节　生活服务节目

北京电台先后开办过《小常识》《都市生活》《生活顾问》《生活 828》《1026 服务台》等为听众生活服务的节目。

建台初期，北京电台就设有《听众服务》节目，主要是向听众宣传政府法规，如怎样缴纳自行车税等内容，时间不长就停办了。

20 世纪 50 年代，北京电台没有设置固定的生活服务节目。从 1962 年 2 月 12 日开办《小常识》节目。每天用 5 分钟，讲一件与生活有关的小知识。听众觉得新鲜，每天可以收到十来封听众来信。“文化大革命”开始后，1966 年 11 月，节目停办。

1982 年 6 月 28 日北京电台调整广播节目时，开办《生活顾问》节目。每天播出 4 次，每次 5 分钟。《生活顾问》选题较《小常识》更为广泛，有较强的时代感。《小常识》是由播音员播稿件，《生活顾问》由主持人主持的形式录制。这个节目开办后，在群众中影响广泛，几乎家喻户晓。

进入 20 世纪 90 年代，北京电台广播改革走向深入，广播的服务功能为更多的人所重视。专业台面世后，各台都设置了多种服务性节目，取代了《生活顾问》。经济台于 1990 年 8 月开办的《1026 服务台》节目每周日播出，下设《空中鹊桥》等栏目。《空中鹊桥》到 1993 年年底共播出征婚启事 15000 多件，收转信件 30 多万封，有 2000 多对大龄男女通过节目结成良缘。1993 年 3 月，中波 828 千赫（新闻台）开办融生活服务性与知识性为一体的板块节目《生活 828》，每天上午播出 1 次，每次 50 分钟，下午重播一次。下设以介绍美容、服饰为主的《你好，我的家》、根据听众提出的生活问题为听众出主意的《出谋划策》和介绍医疗知识的《健康罗盘》《专家咨询日》等小栏目。1993 年 8 月，经济台的服务性与知识性相结合的板块节目《都市生活》周一至周六每天播 1 次，每次 60 分钟。《都市生活》板块中设有《人人健康》《黄金书屋》《生活服务窗》《市长电话热线追踪》等栏目。各专业台散见在各种板块节目中的服务性内容，涉及面广，为数众多。

第四节　经济服务节目

《广告》《经济信息》《九州证券》《今日财经》都是北京电台开办的直接为经济生活服务的节目。

《广告》：1949年12月5日，北京市人民广播电台成立经济台，主要播送广告和文艺节目，次年改称第二台。1950年，相继建立第三台、第四台。二、三、四台都以播送广告为主。当时的广告客户以私营工商企业为主。初期的广告节目，由私人剧社和有影响的艺人（如侯宝林、连阔如等）承办。他们直播曲艺、相声、评书等节目，在节目间隙插播广告。1951年12月1日起，北京电台停止私人承包时间招揽广告的做法，改由北京电台统一经营管理。1953年年底，二、三、四台先后停办，广告业务遂告终止。

时隔26年，北京电台于1979年11月1日重开广告业务。当时，国家工作重点转向社会主义现代化建设。为疏通和扩大商品流通渠道，北京电台播出《广告》节目，全天播出30分钟，价格为每分钟10元。1979年年底，北京电台在编辑部下设立广告部。1984年，北京电台开始插播支票挂失的广告。1985年，全天播出广告110分钟。1986年11月，广告部成为北京电台内部机构之一，1988年年初，改名经济信息部，大抓人员培训，制定出《广告播出管理规定》《广告从业人员守则》等条例，使广告节目的创意和制作水平不断提高，广告业务的运行流程更加规范。20世纪90年代，各专业台面世后，分别开展广告业务。1992年，北京电台全天播出广告120分钟，30秒广告最高价500元，最低价100元。

《经济信息》：1985年7月，北京电台开设《信息与广告》节目，每天播出3次，每次5分钟，主要为听众购物提供服务，同时也播出科技新产品、图书、旅游、影视等方面的信息。1987年改名为《信息服务》。《信息服务》与多家企业联手“合办节目”，为北京电台创收。至1993年，节目共开办8年，既取得一定的社会效益，也带来可观的经济效益。与企业合办节目的创收方式在各个专业台推广开来。

1990年8月经济台成立，设立的经济信息类节目，每逢半点播出5分钟，每天播出11次，信息量大为增加，既具服务性，更具新闻性。1993年8月，经济台编发的经济信息类节目有《商贸信息》《百业信息》《科技信息》《金融信息》等。

《九州证券》由经济台创办于1993年8月,《今日财经》由新闻台创办于1993年11月，都是集新闻性、知识性和实用性于一体的信息服务节目。两个节目的共同特点是：对当天股市情况进行及时介绍，并播出有关金融、股市等方面的方针、政策和重大改革措施，为投资者提供服务。

第五章
外宣类节目

20 世纪 80 年代，中国改革开放深入发展，国际交往日益增加。北京作为首都，外事活动越发频繁，在北京工作、经商、学习、旅游的外国人越来越多，从北京走向世界各地的中国人也越来越多。

1983 年 9 月，广播电视部党组就第十一次全国广播电视工作会议讨论的几个主要问题向中共中央所作的书面汇报中提出：“对国外广播要努力为全世界人民服务，做到有的放矢，在宣传中准确而又鲜明地树立社会主义中国的形象，实事求是地向各国听众介绍中国的情况，宣传我国的政策和主张，增进各国人民对中国的了解。”这一表述得到中共中央同意，成为广播电视对外宣传的指导思想。

于是，北京电台的对外宣传工作从无到有，逐渐开展起来。

北京电台对外事外宣工作实行统一领导和归口管理。1985 年 7 月 8 日，北京电台成立“对外宣传领导小组”，副台长田月华任组长，成员有副台长周溥雄和副台长马文蔚，另设干事 2 人。

1988 年 11 月 5 日至 1989 年 7 月 9 日，北京电台在北京广播学院外语系的支持下，开办新闻性专题节目《英语节目》(English Service)，旨在让住在北京的外国人了解北京。节目主要内容有一周北京新闻综述和北京今昔介绍等。在北京电台第五套节目（调频立体声）中播出，每周六 22:00—22:30 首播，周日 11:30—12:00 重播。

北京电台不仅利用广播频率开办外宣节目，使在京外国人了解北京，还通过寄送节目盒带的方式为国外合作电台提供时效性要求不高的文艺节目。通过国外电台的传播平台，使海外华人收听到北京电台制作的节目。

北京电台第一次向海外提供节目是 1991 年 12 月 4 日，为美国纽约“侨声广播电台”提供北京电台文艺部制作的《空中茶馆》《北京的传说》等

10 小时的文艺节目。

1992 年 8 月起，北京电台每月为新加坡“丽的呼声”电台邮寄文艺节目。至 1993 年 8 月，共提供约 480 小时的文艺节目。

1993 年 3 月 7 日，北京电台总编室开办《英语新闻与专题》节目，下设《一周新闻荟萃》《北京新貌》《吃在北京》《玩在北京》《北京的传说》《中国戏曲（民乐）欣赏》《人物专访》《外国朋友信箱》《中英文对照学习园地》等十几个小栏目。每周播出 2 次，每次 30 分钟。节目收听对象是常住北京和临时来京的外国人，以及国内英语爱好者。《英语新闻与专题》节目于周日 8:00—8:30 在中波 828 千赫、周日 19:00—19:30 在北京音乐台调频 94.5 兆赫（1993 年 8 月 23 日改用调频 97.4 兆赫）播出。

1993 年 3 月 7 日，北京新闻台开办以报道友好往来为主要内容的新闻性专题节目《友好城市之旅》，每周日 17:00—17:20 播出。

在北京电台播出的外宣节目北京以外地区的听众收听不到；在海外电台播出的北京电台节目，国内的听众收听不到。

第六章
采访　编辑　通联　听联

广播宣传日常的、大量的工作是采访和编辑。记者深入一线采写新闻报道，编辑按照节目方针和质量要求编排、制作播出节目。北京电台的采访和编辑工作在几十年的探索中前进，其中最重要的有两个问题：一是记者深入生活、深入实际的问题；二是如何按广播规律办好广播、充分发挥广播优势的问题。北京电台建台以来，采访和编辑工作中遇到很多问题，但核心的、能够影响工作进程的是上述两个问题。两个问题处理得比较好，宣传工作就会取得比较好的成绩，这已被几十年的实践所证明。

通联和听联历来是北京电台的重要工作，也是依靠人民群众办好广播的具体体现。几十年来，广大基层通讯员和听众为北京电台提供了大量信息，成为广播宣传重要的节目源泉。另外，北京电台也十分重视加强与听众的联系，始终把群众意见作为调整节目、改进工作的重要依据。

第一节　采访

北京电台的记者队伍是在中国进入第一个五年计划的1953年建立的，负责为《本市新闻》《首都生活》节目提供新闻和新闻性专题。这支队伍有20人左右，年轻，政治素质好，具有深入实际、联系群众的优良作风。工业记者经常生活在厂矿，和工人打成一片，吃在职工食堂，和劳动模范交朋友。到农村采访的记者，在农村吃的是串百家的“派饭”，住的是农家的炕头，点着自带的蜡烛写稿，睡在自备的连铺带盖的睡袋里。1954年，记者关同能在很短的时间里，写成反映农业劳动模范殷维臣翻身得解放喜悦心情的自述体通讯《欢乐的五年》（后经充实内容成书，由通俗读物出版社出版），就是得益于这种深入的采访。他认为，由于跟采访对象同吃同住，才获取丰富的农村生活素材，到一定时候，采访任务需要，就能够把这些长期积累的素材转化为新闻作品的素材。

这支年轻的记者队伍，还有着好学上进、敢于创新的精神。20世纪50年代后期，便于携带的轻型录音机传入我国，为广播记者搞带音响的报道创造有利条件。北京电台的记者尝试着在新闻现场做口头报道。北京第一条无轨电车线路通车、北京春节环城赛跑等时效性强的活动，都是记者用口头报道形式播出的，减少了写稿、录音、复制等中间环节，赢得了时效，增强了现场感和可听性。

1961年，北京电台从中央人民广播电台分离出来单独建台，事业迅速发展，更加激发了记者深入实际的热情。为报道劳动模范、山区邮递员任成水和山区供销社营业员、号称“背篓商店”的王砚香等人先进事迹，马家芳、戴东侨等女记者，背着录音机和这些先进人物一同跋山涉水。沈清、张钰等农村组的女记者，下乡采访全凭两条腿，一走就是几十里路。到北京铁路局的全国先进集体“毛泽东号”机车组边采访边劳动的记者、播音员，跟司炉工一起把成吨的煤一锹一锹地送进炉膛。这种不怕吃苦、深入实际的作风，不仅赢得了被采访单位的称赞，还和采访对象建立起深厚的情谊。记者吴俊德离开记者岗位数年后，于1978年逝世。“毛泽东号”机车组司机长陈福汉，前两任司机长、时任铁路工会领导职务的蔡连兴、郭映福都赶来参加他的追悼会。20世纪50年代建筑业劳动模范张百发在担任北京市副市长后，仍念念不忘第一个采访他的记者是北京电台的丁图。“文化大革命”期间，北京电台自办的新闻性节目停办，记者队伍也被一度冲散。1969年夏，恢复自办的新闻节目。

中共十一届三中全会召开以后，广播开始了以新闻为突破口的改革，北京电台为加强新闻广播，1979年成立有史以来的第一个新闻部，采访队伍逐步扩大，到20世纪80年代初达30多人。

20世纪90年代，随着改革开放的深入发展和社会主义市场经济逐步建立，新闻媒体改革的步伐大大加快；广播的功能和作用也得到进一步扩展和加强，对记者的要求也越来越高。记者要把采访的触角伸向社会各个角落，不仅要及时捕捉新闻，还要进行舆论监督。在这方面北京电台在探索中已取得有益的经验和可喜的成绩。例如，1993年记者张礼栓（笔名张勉之）在采制揭露社会上假发票泛滥的系列报道中，利用微型录音机，隐蔽地采录了假发票贩子现场交易实况。为广泛深入了解情况，他还先后赴上海、广州、成都采访，对各地倒卖假发票情况进行详细调查，录下数十盘音带，最后完成7篇报道。这些报道广播后，受到社会各界的广泛关注，产生了极大的社会效益。记者陈晓海为采制揭露盗窃钢铁团伙的报道，深夜和公安人员一起蹲守在铁路旁，冒险录下深夜扒车盗窃首都钢铁公司外运钢铁犯罪团伙活动的音响，制作成录音报道《吃首钢 “奔小康”》。

随着广播改革的深入，北京电台建立专业化系列台，记者采访领域更加广阔。

第二节 编辑

编辑工作是广播宣传工作中重要一环。广播电台的编辑工作性质、任务与其他新闻媒体基本相同，但广播是通过声音进行宣传，编辑工作方法和内容也就有其不同之处。北京电台经过40多年的实践，培养出一支掌握广播特点的编辑队伍，编写、制作出许多具有鲜明广播特色和北京地方特色的节目。

口语化、通俗化，是广播编辑“自己走路”的基本要求。

北京电台建台初期，播出量大，人员少，办节目“以编为主”。早期的编辑工作主要是根据宣传要求和各个节目的需要，选用报纸上的报道和文章，按照广播口语的要求，做一些简单的文字加工，如将书面语言改为口语，单音词改为双音词，避免同音异义词等。由于北京电台面向北京市民，以工农基本群众为主要宣传对象，而广播宣传又有不受听众文化程度限制的优势，于是，1950年的《工人节目》中出现了时事对话，即编辑将报纸上的时事报道和文章，综合改编成一问一答，由男女播音员对口播出。较之过去选播报纸，编辑加工量大了，每天一大早当天报纸大样到手，编辑立即选材、编写，中午播出，十分紧张，但这种形式口语化、通俗，宣传效果较好。1953年，编辑又尝试赋予对话人物性格，将男播音员设计为知识渊博、政策水平高的老师傅，女播音员设计为勤学好问的青年工人。对话《赵师傅和小刘谈时事》由此脱颖而出。1953年4月，北京电台加强对工人广播节目，《赵师傅和小刘谈时事》单独挂牌播出，成为北京电台名噪一时的名牌节目，直到1953年11月底节目停播。

对话的诞生和发展为北京电台的编辑工作开辟了一条广播编辑自己的道路。除《工人节目》外，《妇女节目》也出现了对话节目《张大妈丁二嫂谈时事》。1954年宪法草案的宣传、1955年第一个五年计划的宣传，北京电台都开设特别节目，组织编辑编写系列对话，播出后获得好评。《第一个五年计划对话》由通俗读物出版社出版成书。对话这一通俗的广播体裁在北京电台各个节目中被广泛使用，编写对话也逐渐成为北京电台编辑的基本功之一。

1955年北京电台学习苏联广播经验，编辑人员研究如何发挥广播声音的优势办好节目，进一步开拓广播编辑的道路。当年11月12日，广播杂志《一周来的北京》开播，这个30分钟的节目于每周日播出，由编辑将一周来发生在北京的新闻事件，择要逐件追述，每件之间插上几秒钟的音乐作间奏，如同读杂志的翻页。编辑在制作中既发挥了选材、综合分类、文字加工等作用，又运用间奏音乐使节目活泼轻松、条理清晰，内容丰富而不显冗长。此后，节目中又出现配乐、配音广播这一新形式，即编辑根据广播稿的内容、情节，配上适当的音乐，或使用自然音响、操作音响，如潺潺的流水声、呼啸的风声、火车的行进声等音响，以抒发感情，烘托气氛，增强收听效果。

实践说明，广播编辑需要具有一定的文字驾驭能力，善于将书面语言变为广播语言，敢于突破既定的新闻体裁，创造出适合广播的新体裁。除文字功夫之外，广播编辑还应学习、掌握一定的音乐、音响知识，创造性地制作广播节目。

1962年下半年，北京电台进行建台以来广播宣传基本总结，探讨广播工作规律，调动了编辑人员钻研业务的积极性。根据“总结”提出的“精办新闻，加强社会教育”的方针，开办教育性、知识性节目，为编辑工作开辟了广阔的天地。

在精办节目的方针下，编辑们精心探索广播语言的规律，对广播稿的通俗口语有了更深层次的理解：通俗口语不是简单的文字译写，除口语之外还有许多规律要掌握。1963年春节《在北京》节目中播出的通讯《哑巴媳妇回娘家》，堪称北京电台编辑探索广播语言规律的成功之作。这篇通讯原为通讯员来稿，编辑根据原稿提供的事实，从听的角度重新布局改写，在事实的表述上、语言的运用上，发扬了民族风格，改变了书面文章的结构、词句。播起来朗朗上口，通顺流畅；听起来通俗口语，生动活泼，条理清晰，层次分明。这个节目在1963年“全国优秀广播节目欣赏会”上受到一致好评。

广播语言的通俗口语要看对象。北京电台在1963年“全国优秀节目欣赏会”上受到好评的对话《谈谈婚姻问题》，就是编辑联系农民生活实际，反映农民思想感情，使用农民语言的典型。

这一时期，北京电台众多的社教节目异彩纷呈，编辑工作精益求精，文字上精细编写，形式上百花齐放，并形成各自的特色。如5分钟的《小常识》，短小精干，通俗讲解一个问题，既给人以知识，又有实用价值。《祖国巡礼》《世界知识》节目编辑博采报刊资料，加工编写成广播稿，或制作成配乐广播，集思想性、知识性、欣赏性于一体。对话这一传统形式在各类节目中被广泛使用，而且又有新的发展，如农村节目将对话内容从过去对具体问题的讲解，扩大到论时政、讲生产、谈思想、介绍先进典型，无所不包；形式上也从两个人的对话，发展为三个人的谈心。此外，编辑又根据农民听众的喜好，将通讯和评论融合改编为夹叙夹议的“说评书”。

除了单个节目的编写、制作，编辑人员在整套节目的编辑上也注意广播特点，扬长避短。如一次节目多个内容时，开始要预报，每个内容结束要回报，重要内容的预报要突出强调，以克服听广播选择性差及一瞬即逝的弱点；又如相关内容之间加以必要的插话，根据内容插播音乐、歌曲，以加强收听效果，等等。

文艺广播的编辑在工作中逐步摸索广播规律，从比较简单地播放现成的文艺节目，到加工制作有广播特点的文艺节目，如京剧艺术名家的演唱艺术介绍、《音乐常识讲座》以及将小说加工制作成广播小说等。“文化大革命”期间，文艺百花凋零，文艺广播只剩下 8 个样板戏和 10 首革命歌曲，文艺编辑的任务只是安排播出节目表。

“文化大革命”结束后，北京电台的文艺广播走上繁荣发展的道路，编辑力量加强，编辑工作有了长足的进步。如1980年开办的《请您录音节目》，就是编辑从广播的特点考虑制作的，尽管是没有任何语言解说的纯音乐作品的组合，但它的构思、选材和编辑组合都是既有专业水平，又有广播特色。而以某一音乐作品为内容的音乐专题节目，编辑不仅在选择、使用音乐素材上下功夫，而且还要对音乐进行细致的分析，写出解说文字稿，融解说于音乐之中，文字与音乐相得益彰。

对于戏曲、话剧、电影等视觉艺术的作品，编辑更要进行大量的案头工作，经过二度创作，才能使其成为听觉艺术的广播节目。如话剧、电影的录音剪辑，编辑要根据听觉艺术的要求，进行剪辑，并加上与剧情、内容风格一致，与情节发展同步的解说稿，使之成为一个完整的广播节目。

在众多的文艺节目中，广播剧的制作最能体现一个电台制作文艺节目的能力和水平。从 1979 年开始，北京电台文艺编辑自己动手编写、制作广播剧，尽管许多广播剧是根据小说原著改编的，但在艺术形式上有了根本的改变。编辑从选材到编写、制作成广播剧，是一个完整的创作过程。编辑除了按戏剧矛盾冲突编写戏剧，还要运用好广播剧的三要素——语言、音乐、音响。由北京电台文艺编辑编写、制作的广播剧《羊脂球》《斯巴达克斯》《大海情》《亲事》等，都曾在全国广播剧评比中获奖。

第三节　通联、听联

人民广播要依靠人民群众办，这是北京电台始终遵循的基本原则之一。发展通讯员，建立通讯网，依靠社会力量广辟节目源，采用多种形式加强与听众的联系，是依靠群众办广播的有效措施。

一、通联工作

北京电台的通联工作在编辑、采访、通联合一的思想指导下，基本上是由各节目组（部）负责。对通联工作的重视程度，直接反映在广播节目中。北京电台从 1949 年 5 月开始，在工厂、机关、学校发展通讯员，各单位的广播通讯员组织称为广播小组，它的第一项任务是组织节目、撰写稿件。到当年 11 月，共发展职工广播小组 16 个，学生广播小组 27 个。这些小组主动向电台提供报道线索，投寄稿件。到 20 世纪 50 年代中期，北京电台在重点厂矿企业、机关团体及学校，普遍发展了通讯员。进入 60 年代后，在各区（县）、各行业及重点单位的支持下，又建立通讯干事制度。1965 年 4 月，北京电台还为重点通讯员建立档案，定期进行考核。70 年代初，电台在调整机构时，增设了通联组，主要负责通讯员的联系和通讯员稿件的处理，同时负责听众联系工作。1979 年通联组被撤销，通联工作仍然由各节目组直接负责。80 年代中期，开始聘请特邀通讯员。特邀通讯员不仅要定期提供稿件，在质量方面也有较高的要求，有时还要完成电台分配的临时报道任务。获得 1983 年度全国好新闻一等奖、全国优秀广播节目一等奖的《赵松伶老人受虐待》连续报道的第一篇稿件，就是根据通讯员来稿，经记者采访制作的。

北京电台在长期的通联工作中将培养、提高通讯员能力作为一项重要内容。经常采用的方法有定期、不定期地召开通讯员座谈会，编发来稿综述或业务刊物，提出报道要求，记者与通讯员共同采访以及讲课等。1975 年 4 月至 9 月，北京电台派出较强的力量，到郊区平谷、怀柔等县“开门办广播”，通过讲课和联合采访，培养和提高基层通讯员的业务能力，并帮助区县广播站办好广播。在通讯员范围内开展评比活动，也是一项较好的措施。1986 年、1988 年，北京电台与有关单位联合举办两届“大观园《北京新闻》杯”评选活动，以区为单位评选出优胜者的同时评选出优秀通讯员。在北京电台新闻编辑部与北京铁路局合办的 1987 年度北京市工交、城建系统“铁道杯”广播好新闻评选中，有 65 名通讯员撰写的稿件获得一、二、三等奖和鼓励奖。通联工作的加强，提高了通讯员的积极性和业务水平。这一时期，《北京新闻》节目中通讯员来稿占整个播出稿的 60% 左右。

发展、培养通讯员，建立通讯网，只是北京电台依靠群众办广播的一部分内容；采用各种形式，发动社会力量参与办广播，也是重要组成部分，如开展征文活动，组织专题广播或专题讨论，与有关单位合办节目等。20 世纪 80 年代中期以后，这类形式应用得更加广泛。

至 1993 年，北京电台及已开播的各专业台，都建有通讯员队伍。他们在电台组织下，为广播宣传提供线索、为节目投稿，积极参与北京电台的各项活动，表现突出者会受到电台的表彰和奖励。

二、听联工作

电台加强与听众的联系，能够及时得到反馈信息，了解听众的需要和呼声，使广播办得更加有的放矢，深入人心。

北京电台建台以来，一直将听联工作与通联工作放在同等的重要位置。20世纪50年代初，群众中拥有的收音机数量很少。为了解决收听问题，首先在厂矿企业、街道、学校组织收音小组，其任务是组织收听广播，并反映听众意见和要求。1950年5月，北京市人民广播电台根据《新闻总署关于建立广播收音网的决定》，制定《北京市人民广播电台收音员条例》，有效地加强了组织收听广播的工作。1952年印发《工人广播手册》，通过它帮助基层开展收音工作，办好广播站。

召开听众座谈会、联谊会，是联系听众、倾听意见的重要途径。1951年1月，北京电台举行广播爱好者联谊会，参加会的有收音员，工厂、学校广播小组的成员，工人广播文工团团员和各界广播爱好者300多人，广播事业局副局长梅益在会上作了“时事宣传与收音员”的讲话。1957年7月，北京电台召开首都广播爱好者座谈会，听众在会上提出很多宝贵意见，建议北京市台应办出地方台的风格。

开展社会调查，是有目的地了解情况和听众意见的又一方法。1961年，北京电台领导和编辑、记者一行4人到昌平调查访问，着重收集对《对郊区农村广播》节目的意见，进一步明确了农村节目的方针。1983年3月，北京电台为改进节目印发征求意见表2000份，收回后了解到听众的很多意见和要求。进入20世纪90年代后，北京电台每年都进行一次全面的听众调查。每次调查后，台总编室和有关部、组都认真进行分析，从中得到许多有价值的材料。除总台调查外，各专业台还根据需要，组织各自的社会调查。社会调查已成为了解听众需求，进行节目调整的重要依据。

处理听众来信，是听联工作中的一项传统内容。北京电台的听众来信，基本上由编辑部（总编室）设专人负责处理。每日来信最多时达上百封，所有来信都分类登记，根据内容或转有关单位，或转台内部、组，或直接处理。

1986年，北京电台通过向社会公开招聘，聘用54名业余监听员，主要任务是听节目、评节目、提意见、提建议，通过电话、信件及时与电台沟通。总编室不定期出版《监听员专辑》。自1991年，监听员的意见选编在电台内部业务刊物《宣传业务》“听众反映”栏目中，1992年，共汇编4期《听众意见专辑》作为《宣传业务》增刊。1993年，定名为《听众反映专辑》单独出刊，为双月刊。经过不断扩充，到1993年年底，北京电台业余监听员队伍发展到100多人。

北京电台还通过开办专门节目，架起电台与广大听众联系的桥梁。听众称赞1993年3月7日开播的《广播之友》节目“把电台和听众紧紧地联系在一起”“是金桥、连心桥”。

第七章 播音与主持

广播以有声语言为传播载体，播音员和节目主持人处于广播的前沿，直接面对听众，其工作质量的优劣，直接表现为广播质量的优劣。

30 多年间，北京电台所有节目文字稿由编辑、记者来编写，专职播音员播送。专职播音员一般都经过专业培训，有良好的声音条件和语言表达能力。北京电台最早的播音组成立于 1950 年。在“对首都广播部”时期，中央人民广播电台的播音员也担负市台的播音任务。北京电台年轻的播音员，是在老一辈播音员延安精神的传帮带下成长起来的。高度的政治责任感和勤奋的求索精神，为北京电台造就了一批优秀的播音员。

进入 20 世纪 80 年代，随着广播改革的进展，北京电台出现了少量主持人节目。至 90 年代初，伴随专业化系列台的建立，除各类新闻节目仍由专职播音员播送外，大量节目改成大板块形式，由集采、编、播于一身的主持人以第一人称主持播出，从形式到操作，都发生显著的变化。主持人节目面世为时不久，就出现一批受听众欢迎的主持人，积累了一些宝贵的经验。

第一节　播音

北京电台的播音工作，经过不断探索，在不同历史时期，形成各具特点的播音风格。

1949 年 2 月 2 日 11 时 40 分，紧随着开始曲《大路歌》，北平新华广播电台的呼号出现在北平上空。这是来自解放区的播音员齐越的声音，是北京电台发出的第一声。齐越用爱憎分明、气势磅礴的声音，反复播送

《中国人民解放军平津前线司令部布告》（“约法八章”）和《以和平方式解决北平战事的经过》等报道和述评。人民的播音员的声音，令北平人民耳目一新。

陕北新华广播电台迁入北平后，两台的播音工作由一个播音组承担。1950 年 4 月，北京电台正式成立自己的播音组，有播音员 6 人。经济台（后改为第二台）和三台、四台的广告和唱片播出，另设播音组。1953 年 11 月，这个组因二台、三台机构的变化而撤销。

北京电台播音组成立初期，成员主要是从中学生中吸收来的。上岗前，除接受短期业务培训外，重要一课是如何继承延安优良传统，用艰苦奋斗精神做好播音工作。播音组的新成员以老一辈播音员为榜样，学习他们那种严肃认真，一丝不苟的工作作风，严格遵守纪律，努力熟悉业务。20 世纪 50 年代的广播全部是直播，播音员值班、播音必须分秒不差。当时物质条件很差，播音员几乎都没有手表，电台也没有配备闹钟。上早班的同志全凭宿舍传达室的旧挂钟，为了不迟到，有时一夜要起来两三次，跨过两个院落，跑到传达室看表。播音员值班放唱片是一项重要内容，而每张唱片上都有不得播出的道白，为了准确无误，播音员除了在唱片上作出标记外，还利用业余时间反复练习放唱片的技巧。当时，播音员少，节目多，每个播音员都担负着很重的任务。台长丁一岚还曾负责直播《学生节目》中每周一次的《国内外大事》节目。

随着广播节目内容逐渐丰富，对象性节目不断增加，面对不同的稿件，不同的对象，不同类型的节目，如何克服播音上的千篇一律问题，被提了出来，并且认识到播音员接触实际、接触群众是解决这一问题的重要途径之一。1951 年，播音员开始在记者、编辑的帮助下，走出播音室，下厂、下乡、到学校、去街道，体验生活，开阔视野，增长知识，还与工厂广播站、铁路列车段的播音员交流播音经验。当时，请编辑走进播音室，和播音员共同播出节目，这种形式也取得了比较好的效果。如《赵师傅和小刘谈时事》就曾采用这种形式，播音员刘桂英（播音名刘露）播得生动、自然。30 多年以后，有的老听众还在打听当时的“小刘”到哪里去了。1955 年 3 月，北京电台并入中央人民广播电台，称“对首都广播部”，播音员也一起并入中央人民广播电台播音组，北京电台的节目由中央人民广播电台播音组统一安排播音员播出。

1957 年 3 月，为适应北京电台的工作需要，“对首都广播部”增加播音组的建制，由中央人民广播电台播音组抽出 6 名播音员组成北京电台的播音组。年底，又由中央人民广播电台播音员训练班分配来 4 名播音员。从此，北京电台的播音任务全部由自己的播音组承担。

随着播音组的重新建立和新成员的不断增加，加强业务学习和建立健全各种工作制度提上议事日程。如对稿、试播制度：规定播音员要在播出前与编辑、记者对稿，新播音员要与老播音员试播后，方能正式播出。又如，播音员值班必须提前半小时到岗核对节目，必须在播出前 5 分钟到播音室门前静候。为了提高时事政策水平，播音员除加强日常学习外，还定期参加时事测验。针对播音中出现的四平八稳、缺乏激情的“四平调”问题，开展向艺术界学习的活动。如学演唱单弦，使其吐字清晰；学西洋发声法，使其声音贯通持久，气息控制自如；排演话剧、广播剧、诗朗诵等，练习如何进入角色，正确运用情、声、气，提高语言的表达力；观摩文艺演出和各种展览，多方汲取营养。通过上述活动，播音员学习业务的积极性高涨，上班前，许多人都自动到庭院里练声、背台词、练绕口令等，班前、班后相互切磋技艺。开展安全播音竞赛活动，使播音的差错明显减少。到1962年，播音的差错率已由万分之一下降到五万分之一。20世纪60年代的播音员绝大部分是“三门干部”（从家门到学校门直到机关门的干部），缺乏社会生活体验。针对这一情况，他们分别深入到工厂、农村，和工人、农民同吃、同住、同劳动。到农村去的播音员，带上有关农村的广播稿，念给农民听，征求意见。到工厂跟班劳动的播音员，还利用业余时间协助厂矿办业余播音员培训班。有的播音员则随记者外出采访，共同采制录音报道。

20世纪60年代初，在精办节目方针的指导下，对播音也提出新的要求。《对郊区农村广播》节目采用了对话、说评书、快板、顺口溜等形式。由于大部分播音员能够坚持深入生活和勤奋学习，都能较好地完成任务。如1962年9月播出的宣传晚婚晚育的三人对话《谈谈婚姻问题》，稿子写得通俗生动，说理深透，经过播音员章虹（播音名章然）等再创作，播出效果很好。1963年，一些兄弟台在全国优秀广播节目欣赏会上听到后，要求翻录，留作参考。又如播音员王一恒（播音名恒山）与编辑密切协作，认真进行再创作，以说评书的形式播出的《沙石峪的变迁》等，受到听众的欢迎。重点的录音报道，播音员则采用随记者采访、事先听录音素材等办法，尽量将解说词播得与实况录音融为一体，使听众有身临其境的感觉。重大活动的实况转播，如国庆、“五一”节焰火晚会的转播，播音员更是事先与记者一起采访，一起做准备工作，以保证实况转播任务的顺利完成。

20世纪60年代中期，北京电台的播音风格已经基本成熟，其特点是爱憎分明，朴实大方，平易近人，略带北京韵味。

1966年，“文化大革命”开始了。1967年1月14日，北京电台“造反派”夺权，并要求一位老播音员在广播中播发夺权宣言，被拒绝；后由其他台播音员播出。“文化大革命”期间，播音组人员变动较大，业务学习基本荒废，对稿、试播制度不再坚持，高调门、大喊大叫的播音腔盛行，就连播节目的开始语，都充满着所谓的战斗气息，整个播音工作进入低谷。

粉碎江青反革命集团特别是中共十一届三中全会以后，北京电台的播音工作和其他工作一样逐步走出低谷。面对社会主义现代化建设的新形势，首先感到“文化大革命”期间那种播音方式必须改变，开始重视播音的降调问题，并在工作中进行符合新时期要求的探索和实践。1980年，北京电台播音组已改为播音部，共有播音员近20名。1981年8月，全国播音经验交流会召开。会议认为"文化大革命"期间的那种高调门喊叫式的播音虽然有所纠正，但仍让人感到严肃有余，亲切不足，提出"大胆创新，百花齐放"的口号。北京电台播音部根据这一精神，制定了"加强学习，加强团结，为进一步提高播音质量而努力"的工作规划。业务学习着重研究如何适应新的历史时期的需要，使播音更加贴近生活，亲切自然。在"全面发展，各有特点"方针的指导下，新老互助，攻其弱点，全面提高播音质量。这一年全体播音员用 3 个月时间，研究《北京新闻》节目的播法。在坚持新闻播音基本原则的基础上，力求做到亲切而不小气、自然而不俗气，从而提高新闻的播音水平。

多年的培养和实践，播音员的专业水平不断提高，有的在播音业务方面达到了较高水平，能够在更加广阔的范围内适应社会需要。1981 年 9 月，北京军区和空军部队举行现代化条件下的军事演习，根据有关部门要求，北京电台选派播音员王辉（播音名孟广嘉）、马家蓉（播音名良静）担任现场实况解说。他们出色地完成任务，受到北京军区司令员秦基伟的表扬。

播音员在努力提高业务水平的同时，也注重文化素质的提高，没有达到大专以上学历的播音员，积极参加业余文化学习，有的还被选送到北京广播学院播音系深造。到 1986 年年底，具有大专以上学历的已占全台播音员总人数的 75% 以上。

1990 年，随着北京经济台的建立，主持人直播节目大量涌现，播音员传统的工作受到冲击。1992 年，北京电台播音部人员除了留一部分人担负新闻、天气预报、节目预告的播出外，其他播音员轮换着到节目部组学习采编业务，担任专题节目的主持工作。播音员们逐渐摆脱念稿的习惯，掌握主持节目的技巧，提高采访、编辑能力，为即将到来的全台节目改革和调整作思想和业务上的准备。1993 年，随着北京电台各专业台的建立，播音部于当年 8 月 6 日正式撤销，播音员配属到各专业台工作，由各专业台管理。新闻台及其他专业台的各类新闻节目仍由播音员播出。

第二节　主持

早在 1950 年，北京电台有的节目就曾经采取过编播合一、固定人物身份的办法播出，产生过较大影响。虽然不是以第一人称播出，但是，那种编播合一、设定身份播出的形式已具有主持人节目的雏形。

1982 年 6 月，北京电台设置第一个主持人节目《生活顾问》。主持人一改过去我播你听的灌输式播法，以第一人称与听众亲切交谈，加之节目内容与听众生活息息相关，吸引了广大听众。节目开办不久，主持人张玉兆、李雅玉的名字即家喻户晓，广大听众把他们当作每天不见面的知心朋友。他们用采、编、播合一的方式，每次节目均有完整的稿子，录音后播出。1984年以后，北京电台在调整节目中，陆续增办了主持人节目，如《听众之声》《体育爱好者》《老年之友》《周末漫谈》《读书与思考》《每周一歌》等。主持人节目的增加，带来了主持人队伍的扩大，一部分播音员转向专职主持人的岗位，一部分播音员做兼职主持人，同时，也有部分编辑、记者担任节目主持人。来自不同岗位的主持人发挥各自的特长，互相取长补短，共同在如何当好主持人的道路上摸索前进。其明显的优势是，缩短了与听众的距离，更加贴近听众。《老年之友》节目的两位主持人都是老播音员，他们直接参与节目的策划、采编，处理听众来信，对老年人喜怒哀乐的体会就深刻得多，感情也深厚得多。因此，听众深有所感，有的听众来信说："两位主持人和老年听众心心相印，息息相通，真好像和老朋友谈知心话。"主持人节目的增加，也推动播音员积极参与各专业组的采编实践，为当好主持人创造条件。这段时间，主持人节目仍采用录播方式，实际是模拟直播。

1990 年 8 月 6 日，北京电台创办的第一个专业台——北京经济台开播。全天节目板块化，基本放弃了传统的录播方式，全部由主持人直播。在部分节目中还开通热线电话，为听众与电台之间架起一座直接沟通的桥梁，听众可以直接参与节目，进行双向交流。直播与热线参与，向主持人提出了更高的要求，除要具备较高的政治、理论、文化和道德修养外，还要具备敏锐的思维、反应和把握节目的能力。在 1991 年中国广播电视学会主持人节目研究会主办的全国广播电视节目主持人"开拓奖"评选中，北京电台节目主持人张玉兆等 2 人获金奖，王一恒、李雅玉获银奖，吴兰、成燕玲、王萍获铜奖。

1992 年 6 月，北京经济台开办《星期三热线办公》专题节目，邀请北京市城区近郊区的区长和部分与市民生活紧密相关的行业、部门领导，定期到经济台共同主持节目。他们采用直播和热线电话相结合的形式，现场接受听众的咨询，回答听众的提问，并尽可能当场解决一些具体问题。

主持人为了更好地驾驭节目，在每次热线办公之前，都到对方单位详细了解他们的工作性质、职责范围、工作成就、面临的困难、热点问题、解决途径、远景规划以及相关的政策法规等，甚至对参加热线办公的领导人的性格、特点、习惯、经历都了然在胸。在节目进行当中，主持人让来宾唱主角，主持人只是穿针引线，营造气氛，多让嘉宾介绍情况、发表观点，但在有些问题上，也客观公正地表明自己的看法。如工商局领导参与热线办公时，有的听众反映，在工商管理人员中有"吃拿卡要"现象。工商局领导介绍了他们抓廉政建设情况后，热诚希望群众监督，发现问题请打监督电话。主持人紧跟着就这一问题讲了一段话，既代表群众说出了他们的希望，又提出群众也要积极配合工商部门执行任务，讲得入情入理，双方都比较满意。节目结束后，领导们会将群众意见带回去研究解决，受到群众赞扬。《星期三热线办公》节目共办 31 期，在社会上引起了强烈反响。1993 年 4 月，经济台与北京市政府“市长电话”值班室合办《热线追踪》节目，每周播出一期，继续发挥“沟通党、政府和人民群众的桥梁”的作用。

1993 年，随着新的专业化系列台——新闻台、音乐台、儿童台和交通台的建立，又有一批编辑、记者和播音员走上主持人岗位。同时，从社会上招聘了一部分主持人，有时还根据节目需要请嘉宾和客座主持。这些主持人在各自主持的节目中各显身手，增加了节目的色彩。

1993 年 3 月，新闻台的《人生热线》节目开播。每天深夜，主持人都通过热线电话与听众探讨人生问题，所涉及的内容十分广泛，如婚恋家庭、社会生活、人际交往等问题。主持人策划组织了一次由 23 条社会心理咨询热线参加的“北京地区热线展播”活动，历时一个月。这项活动打开了许多听众的心扉，一时间热线电话接连不断。

《人生热线》开播 10 个月，就有 3000 多人直接参与到节目中来。一天，一位因弟弟犯罪入狱、父亲又身患癌症而陷入绝望的姐姐在热线中急切地咨询她家今后的出路何在？主持人在请嘉宾晓之以理、动之以情的一番劝慰后，提出了具体建议。时隔两天，这位姐姐又打来电话说：“弟弟万万没想到电台都在关心他，表示一定痛改前非。父亲听了探监的录音后说，没想到我儿子还有救，我死也瞑目了！”

北京电台主持人节目已有十几年的历史，在社会上引起很大反响，主持人队伍迅速壮大。到 1993 年年底，各类主持人已达 90 多名。但总体上主持人节目历史不长，主持人队伍比较年轻，主持人政治、文化水平和整体素质均需进一步提高，以适应广播事业发展和听众的要求。

第八章 资料工作

北京电台的资料工作包括文字资料和音响资料。资料工作担负着收集、整理和向采编人员提供资料的全面任务。

文字资料和音响资料，分别由总编室下设的资料室和胶带室具体管理。1961 年北京电台单独建台以前，没有自己的资料工作，一切资料均由中央人民广播电台资料室负责提供。虽然在 1954 年筹备单独建台时成立过资料组，但不到一年即随着建台计划的停止，并入了中央人民广播电台资料室。北京电台的资料工作实际上是从 1961 年开始的。当时资料组只有几个书架和胶带架，有几百册图书。到 1966 年“文化大革命”前夕，文字资料方面，已收藏各类图书 1.8 万余册，装订报刊剪报资料 100 多册，订有报刊上百种，并收集了中央和北京发行的报刊合订本几十种。“文化大革命”期间，资料工作同广播宣传一样遭到厄运，大量文字资料被销毁。1976 年粉碎江青反革命集团以后，资料工作逐渐得以恢复。中共十一届三中全会以后，资料室得到进一步发展，扩大规模，添置新型书架、报刊架、资料柜等，从中国书店选购一批古旧书籍，到外单位选配多种报刊合订本，使《人民日报》《光明日报》《北京日报》《北京晚报》等中央和北京市的主要报纸合订本配置齐全。到 1991 年，资料室的藏书及报刊合订本达到 5 万多册，剪报资料 10 多万件，成为一个有报刊阅览室、图书借阅处等较完整配套的资料室。从 1992 年起，又陆续添置计算机，建立起图书目录检索数据库，甩掉剪报资料靠剪刀加糨糊的手工操作，为实现剪报资料计算机全文检索打下基础。

音响资料工作实际上是从 1965 年才开展起来。主要是从中央人民广播电台翻录一大批文艺节目原版资料，供文艺编辑制作及编排节目选用。1972 年，成立胶带室，经过几年的努力（包括到中央人民广播电台翻录文艺节目，北京电台编辑外录文艺节目，记者采录到的新闻性音响资料等），到中共十一届三中全会前夕，音响资料录音带达到两万多盘，已初具规模。

第一节　文字资料

文字资料工作的中心任务是为编辑、记者提供准确的信息、节目素材、背景材料甚至半成品。过去，北京电台资料工作中大量而烦琐细致的工作是对剪报资料的分类及管理。

资料室每天要从约 40 种全国性和北京地方报纸上圈选出各种有保存价值的新闻资料 100 多篇，剪贴在统一规格的衬纸上，然后进行分类。剪报资料的分类多种多样，有的按新闻报道的体裁分，如消息、通讯、言论等；有的按报道内容分，如政治、经济、科技、教育、军事等等。在这些一级类目下还有多级类目，如经济类中又按工业、农业、财经、商贸等细分，再按产业或行业分，如工业中冶金、机械、纺织、化工等类别分别存放，查阅时方便快捷。遇到编辑、记者写稿中需要核实一个数字、一个日期、一个名词、一个人名地名时，在最短的时间里为他们提供准确的信息。对于全国和北京市的重点企业，如大庆油田、鞍钢，北京的首钢、燕化、百货大楼等还有知名人物如王铁人、孟泰、陈景润及北京的著名劳动模范倪志福、李瑞环、张百发、韩茶仙、张秉贵或先进集体“毛泽东号机车组”等剪报资料，都单立“户头”存放。

对于贮存的各类资料，要随着历史的变迁，党和国家工作重心或方针政策的转移、调整以及广播宣传的需要，不断进行更迭或增减。对于分类方法、贮存方式也不断改进或变更。1988 年，资料室根据科学与实用相结合、分类与主题相结合的原则，编制的“北京人民广播电台剪报资料分类表”，成为编制全国统一的剪报资料分类表的蓝本之一。

多年来，资料室的工作人员千方百计做好服务工作。他们分别召开编播部门领导和编采人员参加的调研会，了解对资料的需求；他们走出去，请进来，向有经验的专家、同行学习；参加其他新闻单位资料部门举办的业务研讨会，并派人参加全国广播电视系统资料管理研讨培训班，学习有关业务知识。此外，还选送年轻的工作人员参加北京大学图书馆函授班学习。通过这一系列措施，资料人员的水平有了提高，管理工作得到改善，服务功能进一步发挥。20 世纪 90 年代初期，为适应广播改革、广播节目增多的形势要求，在资料服务方面改“坐等查询”为“送资料上门”，开展定向服务。例如，把“老年发挥余热”的资料提供给“老年之友”节目组，把“适度规模经营”的资料提供给农村部，受到编采人员的欢迎。

为进一步做好资料服务工作，还加强了资料编辑工作。除编制“北京人物”“体育人物”“大事记”“编辑日历”等卡片资料外，还编辑各种资料专辑。为配合重大事件、节日、纪念日等宣传，分别汇编了“抗日战争大事记”“抗战八年北平历史故事”“十年改革成就”“北京建设成就”“北京十年改革进程纪事”“亚运专辑”等。此外，还在1988年7月，编印《信息与资料》内部刊物，它不仅为编播服务，还给电台领导决策提供参考。

在保证为编播服务的前提下，资料室在1989年利用现有的资料，完成大型工具书《中国省市自治区资料手册·北京篇》的编写工作；1992年和1993年分别编辑出版工具书《北京实用资料大全》《空中日历：1840—1992中国近现代重大历史事件》，总共约160万字。后来，又陆续编辑了“袖珍百科”系列丛书，其中包括《中国古今大事纵览》《世界古今大事纵览》《中国风景名胜纵览》《世界风景名胜纵览》等。

第二节　音响资料

音响资料主要是指音乐、戏曲等文艺节目的录音带，有的是播出版，有的是原版。另外还有少量的有长期保留价值的新闻性节目的音响资料，如国家领导人的讲话、开国大典的实况录音等。此外，还有一些制作广播剧或配乐广播用的音乐片段及火车鸣笛、鸟叫、鸡鸣等音响效果录音带。音响资料工作主要是对音响资料录音带的管理，不负责采集及加工整理，亦可称之为“胶带库”。

1990年以后，专业化系列台相继问世，大多数广播节目由录播改成直播，音响资料也由开盘带改成盒式带和CD盘，各专业台的音响资料管理工作应运而生，音响资料由集中管理逐渐走向分散管理。从实践看，分散管理音响资料有利有弊。它的好处是适应直播这一广播宣传的方式，编辑、主持人使用方便；缺点是不符合资源共享原则，难以避免内容重复，浪费人力、物力。

第二篇 技术

1985 年，北京人民广播电台启用建国门外大街技术楼主控机房

广播技术是 20 世纪科技进步的产物，北京电台的技术进步与世界科技发展相适应，20 世纪 70 年代以前是电子管时代，70 年代以后为半导体及集成电路技术时代。80 年代，特别是进入 90 年代，北京电台技术设备不断更新、改造，正一步步向世界先进水平靠近。

1949 年 2 月 2 日，北平新华广播电台用中波 850 千赫及中波 770 千赫的频率开始播音。使用的机器设备都是原国民党电台的设施。3 月，陕北新华广播电台迁京后，两台的技术系统合在一起，由中央人民广播电台统筹管理。1949 年年底到 1950 年 10 月间，北京电台第二、三、四台先后建立，这几个台的技术设备，主要利用原私营广播电台的设施，大部分陈旧不堪，播出节目杂音大、音量不稳定。至 1953 年年底，二、三、四台先后停办。

由于北京电台 1955 年归属于中央人民广播电台的一个部，整个 20 世纪 50 年代，没有自己的技术队伍，直至 1961 年北京电台划归北京市领导单独建台后，才建立技术科。北京电台的发射系统设置在日伪时期建立的麻花胡同发射台，发射功率只有 2 千瓦，录播设备使用的是国产 605 型录音机。

1963 年年底，北京市计划委员会批准北京电台在东郊酒仙桥地区兴建总建筑面积为 2630 平方米的发射台，1968 年竣工启用。酒仙桥发射台建有高 129 米及 115.5 米的 2 座中波发射塔，安装有 4 部 7.5 千瓦中波板调式发射机。这期间，北京电台录播设备也作了更新，经过改进定型的国产 635 型电子管录音机逐渐成为录播机房的主力设备，节目的播出质量有了较大的提高。

进入 20 世纪 70 年代，电子技术快速发展，北京电台开始引进国外先进的晶体管录音机及调音台。1979 年 6 月，全台 4 套广播节目平均每天播出时长共计 55.5 小时。

1981 年 4 月，酒仙桥发射台扩建工程竣工，增添了 2 部 50 千瓦板调式发射机和 4 部 10 千瓦脉宽发射机，新建 1 座 147 米高的发射塔。至此，北京电台 4 套节目的发射总功率由原来的 30 千瓦增加到 120 千瓦，脉宽机并机可达 140 千瓦。

1982 年，北京电台引进 2 台便携式双声道立体声录音机。翌年，调频立体声广播开始试播音。1983 年 8 月底，北京电台开办 5 套广播节目，平均每天播出总时长达 61 小时。

1985 年 4 月，北京电台新建技术楼投入使用，新楼机房开始使用高档次的多轨录制系统。至此，北京电台的技术设备开始由电子管时代跨入半导体时代。

1988 年 5 月，调频立体声广播的发射功率由 1 千瓦增至 5 千瓦，覆盖面积扩大到 35 ~ 45 平方千米。至此，北京电台 5 套广播节目平均每天播出总时长逾 71 小时。

20 世纪 80 年代后期，随着专业化系列台的筹办，北京电台的技术设备开始全部使用进口现代化半导体和集成化电路的设备，还添置了部分数字化设备。北京电台的广播技术水平部分已赶上世界先进水平。1993 年 12 月底，北京电台共办有 7 套节目，全天播音时长突破百小时。

第一章 录音制作

第一节　室内录音

北京电台建台之初，节目主要靠直播或转播。20 世纪 50 年代以后，有少数专题节目开始采取录音播出，使用的是从国民党电台接收的美国三型机或 D 型机。

1952 年，从苏联进口了几台 Mr-8 型录音机，这种机器交流音大，技术人员对电源进行改装后，广泛用于录音机房、传音机房、外出录音及转播工作。

1958 年，中央人民广播电台迁入广播大楼，真武庙台址归北京电台使用，共有录音机房 10 个。录音机除苏联生产的 Mr-8 型之外，又引进了民主德国生产的 SJ-100 型录音机，主要用于传音机房。

进入 20 世纪 60 年代，录音节目逐渐增多，1960 年开始使用国产 605 型录音机。

1961 年北京电台建立技术科，下设有录音组。此时，全台共有语言录音机房 10 个，并与中央人民广播电台合用 1 个 300 平方米的大演播室。

1964 年，开始使用国产 635 型录音机。其后，635 型录音机逐渐成为北京电台录音机房和传音机房的主力设备，使用的话筒多为德国生产的 V5B、M6，美国产的铝带式话筒仍继续使用。

1966 年 5 月，北京电台的节目全部改为录音播出，连时效性很强的新闻节目也不例外。为保证录音质量，翌年引进了 3 台瑞士 STUDER 公司生产的 C-37 型录音机。工程技术人员经过调试，启用该机遥控操作系统，并在播音桌上安装了音量表，使播音员播音时可以自己操作录音机，控制录音音量，有效地保障了新闻节目的时效和质量。

1970 年，学习非洲国家编录合一的经验，撤销了录音组，大部分录音员分到各节目组参与节目录制，一部分调去搞战备台。

1975年5月1日重建技术部录音组。为提高节目录音质量，对录音员普遍进行培训。

同年，上海唱片厂在北京电台试用中华412型录音调音台及中华35W监听机组，开始了监听功率放大器晶体管化进程。

1976年，北京电台开始使用上海革新牌磁带，从而逐步实现专业磁带国产化。

1979年，引进3台日本TEAC公司生产的TC-3600系列立体声开盘录音机，2台日本XIBASOKU公司生产的846型音频综合测试仪，实现了录音设备集成化。

1979年年底，北京电台调整机构成立播出部。下设录音科负责录音复制、外出录音和转播，设维修科负责机器维修。

1984年7月，引进的3台瑞士产B-67型录音机和169型调音台安装调试完毕，开始录制立体声开盘带节目。

1985年4月15日，复兴门外真武庙传音（低周）机房迁至建国门外新技术楼，录音、复制机房增至18个，其中有2个演播室面积达44平方米。机房内的主要设备为635型录音机、412型调音台、中华35W监听机及日本索尼C-38B型和奥地利AKG牌D-190型话筒。

1986年，从香港安恒利公司引进高档次的多轨录制系统，包括NEVE调音台及其计算机系统、MTR-70录音机、MTR-20S录音机、综合测试仪及U-87、SM-69、KM-86等高档话筒，价值达32万美元。为了保证这套设备能发挥最好的效能，北京电台派技术人员到英国参加培训，学习使用和维修技术。同年10月，这套设备安装调试完毕，投入使用。有了多轨录制系统，没有大播音室，也能录制中型以上的文艺节目。

1987年，从日本引进一批OTARI5050型录音机、取代原来的635型录音机。其后，635型录音机只做放音使用。

1992年，从香港思德利公司引进3台瑞士产A812型录音机，2台961型调音台，分别安装于外205、内207、209机房，作主录设备使用。

同年8月，北京电台录音制作部成立，负责全台录音、制作、外出录音及转播工作。

第二节　外出录音

20世纪50年代，北京电台技术工作与中央人民广播电台合在一起，设有一个传音科，传音科里有一个机动组。机动组的主要任务是外出录音（包括会议和文艺演出）、扩音和转播等。外出录音使用的是从国民党电台接收的设备，如美国的钢丝录音机、三型机、D型机等；话筒大都是 33D、51 型及奥地利球型动圈话筒。

1952 年，从苏联进口一批 Mr-8 型电子管录音机，立即成为当时录音的主要机种，调音台也是电子管的，因此外出录音时必须有电源，没有电源的场合就无法录音。20 世纪五六十年代记者外出采访需要录音响效果，外出录音组就要搬着沉重的 Mr-8 型录音机、调音台等随同前往。当时，北京电台文艺资料积累很少，为了丰富北京听众的文娱生活，特开辟剧场演出实况转播节目，最盛时几乎天天晚上都有转播。每次转播新戏，都要同时录音，技术员和编辑要抬着两台每台 30 多千克重的录音机和电子管调音台，到街上找三轮车拉到剧场，然后接上电源、安装设备，进行反复调试，程序十分烦琐。

1959 年 10 月 1 日，北京电台转播在天安门广场举行的国庆庆祝晚会实况。转播这样大场面的联欢晚会在北京电台还是首次。技术设备虽然十分落后，但技术人员发挥主观能动性，在观礼台下的小机房内，用电话线往台里传送信号，圆满完成晚会的转播任务。

1963 年，北京电台办公室技术科外出录音组正式成立。

1964 年 6 月，文化部在北京举办全国京剧现代戏观摩演出大会，每天晚上有多台节目同时演出，北京电台文艺组要把绝大部分节目都录下来。技术科经过统筹安排，以外出录音组为主，动员一切可以动员的人员，组成七八个外录小组，奔波于各剧场，最终顺利完成任务。

1964 年 10 月，革命舞蹈史诗《东方红》在人民大会堂演出，北京电台进行实况转播。虽然技术设备差、人员少，如此规模宏大、结构复杂的文艺节目北京电台以往从未转播过，但技术人员全力以赴、精心准备，前一天又进行试转，保证了转播任务圆满完成。

1965 年下半年，为了战备需要，北京电台改装一辆实况转播车。车内设有小播音室、电子管六路增音台、2 台 SJ-100 型录音机、1 套黑白电视摄像机、1 套无线通讯机。该车现场录音使用较多，剧场转播因电视太小播音员看不清，再加上车体较大，许多剧场开不进去，很少使用。进入 20 世纪 70 年代，电子技术飞快发展，北京电台先后引进瑞士生产的 NAGRA-3 和 NAGRA-4.2 录音机及晶体管调音台。从此结束了外出录音使用电子管设备的时代。

1982 年，北京电台引进 2 台 NAGRA-4S 型便携式双声道立体声录音机，开始录制双声道立体声节目。

1988 年 3 月 25 日，外出录音组划归立体声采编部。

1989 年，北京电台引进日本 SONY 公司生产的 TCM2000 型 DAT 录音机，外出开始使用数字录音机录音。

1990 年，由北京电视设备厂安装的价值 30 多万美元的多轨录音车投入使用。这辆录音车装有 28 轨的“声迹”调音台，2 台小谷 MTR-70 型 16 轨录音机及一批附属设备。北京电台用这辆录音车录制的民乐合奏《金沙滩》在中国录音师协会主办的录制技术大奖赛中获一等奖。

第三节　后期制作

北京电台建台之初，播出节目比较简单，对录音的艺术性要求也不高，基本是“录啥放啥”，没什么后期制作任务。后来，为了减轻传音员的工作强度，减少发生播出事故的可能性，开始播前复制工作，即把录制好的两三分钟一盘的音乐或歌曲，加上播音员的介绍词，复制到一大盘上播出。

20 世纪 60 年代，随着广播节目不断增多，质量要求不断提高，后期制作任务也相应地增加。编辑、记者为了发挥广播特点，开始大量制作录音报道、录音讲话、配乐广播等各种形式的节目。由于录制设备的限制，一般都采用 2 部或 3 部录音机进行复制并接。一部机器放音响资料，一部机器放播音员解说词，录音员根据编辑、记者的意图把需要的音响和播音员的话复制到另一部机器上。为了使讲话录音的语气不中断，为了保持音乐的完整性，录音员得反复听录音，一次又一次地试接。有时候需要两种以上的音响配合在一起，还得先把几种音响复制合成后，再与播音员的话复合。制作一个十几分钟的节目往往要花几个小时。

由于技术设备比较落后，节目中需要配特殊效果时，技术人员就用土办法来完成。比如给少年儿童讲童话故事需要把声音变调，技术员就在马达轴上缠上几圈胶条，改变磁带的速度来取得需要的效果。

1979 年，北京电台引进德国 EMI 公司生产的数字混响器及延时器；1986 年又引进了多轨系统的调音台和录音机。在技术人员的努力钻研下，北京电台的节目制作技术提升很快，达到国内先进水平。北京电台录制的许多节目作为 CD 母带和盒式录音带出版，行销国内外。北京电台还曾多次承担中央电视台、北京电视台及外省市电视台春节晚会及节日晚会的录音任务，为多部电视剧录制了主题歌及音乐。在 1991 年中国录音师协会举办的首届录制技术大奖赛上，北京电台录制的节目获得 2 个一等奖。

广播剧最能体现广播的特点。录制广播剧不仅要把演员的对白、音乐、效果认真录好，而且要把各种音响有机地结合在一起，既要具有艺术性，又要给人以真实感。为了录制出广播剧精品，录制人员在实践中不断研究、探讨，提高技术。20 世纪 90 年代初，北京电台已有 10 多名录音师能单独录制高水平的各种类型广播剧。

1992 年，北京电台录制的立体声音乐广播连续剧《刘天华》在中国广播剧研究会全国首届广播剧录制质量评比中获一等奖。评委一致认为，这个剧从录制的角度来说是个难得的精品。

第二章
播出控制

第一节　直接播出

1949 年北京电台刚开始播音时，播音的方式主要靠直接播出（播送军管会及人民政府的布告、法令等）和转播（转播陕北新华广播电台的节目）。机器、设备主要沿用设在西长安街 3 号的原国民党电台的设施，有播音室 5 间，以及电子管增音机、钢丝录音机、电唱机、炭粒式和动圈式话筒等播录音设备。节目传送采用 8 对线的电缆送往发射台。

同年 12 月 5 日，北京市人民广播电台经济台成立，翌年国庆节前又增加 2 个频率。至此，北京电台共有 4 套节目播出，即北京市人民广播电台及北京市人民广播电台第二台、第三台和第四台。第二台、三台、四台以播送广告及直播文艺节目为主，机房、设备主要利用原私营广播电台的设施。

1956 年，北京电台作为中央人民广播电台的首都部与中央人民广播电台一起迁至复兴门外真武庙新址办公，节目播出使用的机房、设备均与中央人民广播电台在一起。

1958 年，中央人民广播电台迁入广播大楼后，真武庙旧址归北京电台使用。除了 1 个 300 平方米的大播音室与中央人民广播电台共同使用外，由北京电台单独使用的播音机房（由 1 个播音室和 1 个小控机房组成）4 个，录音机房 6 个，主控机房 1 个（包括外线室），电力室 1 个。其中主控机房有 1 个可供 4 套节目播出的主控制台和 4 套节目的线路放大器、分路放大器组成的 4 个机柜。外线室有 1 个可供手动控制的水银接点报时钟和塞孔式外线盘，及与中央人民广播电台、北京电视台（中央电视台）联络信号代号为 51 路、52 路、53 路的电缆终端盒。小控机房的主要设备有：北京广播器材厂生产的调音台、电子管放大器立柜、苏联产 Mr-8 型录音机、德国产 SJ-100 型录音机。

1961 年 1 月 1 日，北京电台划归北京市领导。当时北京电台共有 4 套节目，节目播出仍在复兴门外真武庙播控中心进行，机房、设备基本上无变动。这时，国产广播专业录音机试制成功。北京电台开始陆续使用北京广播设备制造厂（当时称“双桥制造厂”）研制生产的 596 型及 605 型电子管录音机；后来，年年都购置该厂经过改进定型的 635 型电子管录音机，从而逐渐建成以国产 635 型电子管录音机为主体的播出机房和录音机房。

这段时间，北京电台除部分专题节目及文艺节目采取录音播出外，新闻、报时、天气预报均为直播，转播的节目除中央人民广播电台的《新闻和报纸摘要》及《各地人民广播电台联播》外，还有在首都召开的重要大会和剧场演出实况。

第二节　录音播出

1966 年“文化大革命”开始，北京电台全部节目由直接播出改为录音播出。为此，除了加强节目录制机房和设备维修工作外，对播出机房和设备也做了相应调整，以保证节目安全播出。

1970 年 8 月，北京电台开展技术革新活动，对播音机房的设备全部进行改造，电子管设备更换为晶体管设备。播音机房的增音设备用的是杭州无线电厂生产的 6 路半导体前级放大器。同时，试用广播节目不经过主控，从播音机房直送发射台的方式进行播出。既节省维修成本，又减少停播时间。

1970 年 12 月，经过大量的试验和测试，改用慢速录音，即把录音机的带速从 38.1 厘米 / 秒降为 19.05 厘米 / 秒，减少录音磁带的使用量。这一改革一直沿用至 20 世纪 90 年代，既保证了播出质量，又为国家节约了大量资金。

1976 年，低周（传音科）技术人员利用 635 录音机遥控电路设计晶体管逻辑控制电路，在外语讲座节目成功地进行了历时两年的半自动化播出试验。

1976 年，北京电台与中央人民广播电台控制室的技术人员一起完成对东北尚志县电子仪器厂生产的第一套集成电路石英钟和抚顺电子仪器厂研制的半导体线路放大器的鉴定。1978 年，北京电台主控系统全部更新为抚顺制造的半导体线路放大器和分路放大器，同时在主控机房装备了国产报时钟。

1978 年到 1980 年，北京电台配合中国唱片厂研制出半导体 T−4014 型调音台，并一次性地把晶体管 6 路前级全部更新为 T−4014 型调音台。

1983 年 11 月，建国门外大街技术楼建成。技术楼总建筑面积为 4892 平方米，陆续安装有 4 个带播音室的播出机房、1 个主控机房、12 个录制机房、6 个复制机房。技术人员研究制定播出、录制、主控系统设备的工艺设计和安装方案。除使用复兴门外真武庙 2 条 4 号各机房原有的设备外，又添置一部分半导体 T-4014B 型调音台及 635 型录音机。1985 年 4 月，分两次将 4 套节目的全部设备搬迁至建外技术楼，分别于 4 月 15 日和 23 日开始在新楼机房播出。

至此，北京电台的节目播出、播控、录制、传送系统的全部设备，除 635 型录音机外，已由电子管时代跨入半导体时代。

第三节　热线直播

为适应广播改革的新形势，北京电台 1990 年 5 月底投入 80 万元将原有的中波 1026 千赫传音机房进行改造，使之成为适用于主持人节目播出方式的一主一备具有热线电话的直播室。

当年 8 月 6 日，北京电台经济台开始播音。经济台改变过去录音播出的形式，采用主持人直接播出方式。新建的两个热线直播式机房均经过声学处理装饰，达到声学要求；使用进口的现代化半导体和集成化电路设备，达到广播级标准。

1992 年，北京电台对原有的调频 94.5 兆赫和中波 828 千赫的机房进行改造，配置新设备，为音乐台及新闻台的开播创造条件。音乐台的播音室设在新业务楼 20 层，有一个 70 平方米的大演播厅和两个 15 平方米的直播室，均进行了声学处理，达到广播级标准。各专业台机房除可做热线直播，也可做一般直播和录播。

第四节　播控机房

1955 年至 1984 年，北京电台位于复兴门外真武庙的播控机房及设备情况如下：

表 2-1　1955—1984 年北京电台机房一览表

名称	数量	面积	备注
节目播出机房控制室	4 个	每个机房约 16 平方米	每个机房与播音室相配，信号从播音室传出至机房再送到主控室外线盘
播音室	4 个	2 个 16 平方米，2 个 25 平方米	均经过声学处理，有地毯、播音桌、话筒
大型播音室	1 个	300 平方米（40 平方米控制室）	经过声学处理，有地毯及播音用的设备（归中央人民广播电台负责管理，北京电台需要时借用）

续表 2-1

名称	数量	面积	备注
录音机房	6 个	每个机房约 16 ~ 20 平方米	每个机房内配有录音机、调音台、话筒、电源等
主控机房	1 个	约 60 平方米	配有调音台、线路放大器等
外线室	1 个	40 平方米	配有外线盘

表 2-2　1961—1971 年 6 月北京电台主控机房设备一览表

名称	型号	数量	备注
主控室控制台	机电式（元器件是继电器、波段开关、扳键等）	1 台	可完成 4 套节目的切换
线路放大器立柜	电子管	5 个	其中 4 套立柜各负担 1 套节目的放大功能，放大器一正一备，电源一正一备，另 1 个立柜具有 4 个放大器，可做备机或其他用途
外线塞孔盘		1 个	做节目交换及线路交换
水银接点报时钟		1 个	1978 年报废

表 2-3　1961—1971 年 6 月北京电台播出机房控制室设备一览表

名称	型号	数量	备注
增音设备 6 路调音台 电子管放大立柜	北京广播器材厂生产	1 台 1 个	2 路话筒输入 4 路机械输入 2 路输出
放音机（录音机）	苏制电子管 Mr-8 型 德制 SJ-100 型 国产 596 型 国产 605 型 国产 635 型	少量 较少量 大量	70 年代至 90 年代初是传音、录音机房的主用机器

表 2-4　1972—1984 年北京电台机房设备一览表

名称	型号	数量	备注
录音调音台	上海产 412 型（半导体）	20 台	这些设备于 20 世纪 90 年代初开始逐渐淘汰
传音调音台	上海产 T-4014 型	8 台	
录音机	国产 635 型（电子管）	120 台	

1985 年，北京电台位于建国门外大街的技术楼启用，全台播控机房设置如下：

表 2-5　1985—1989 年北京电台播控机房一览表

名称	数量	面积	特点
新闻节目机房（中波 828 千赫）	1 个	20 平方米	配有 1 间约 15 平方米的播音室，机房与播音室之间有观察窗，播音室采用四面吊装，并经声学处理
文艺节目机房（中波 927 千赫）	1 个	20 平方米	同上。但播音室面积为 24 平方米
经济节目机房（中波 1026 千赫）	1 个	20 平方米	同上
教育节目机房（中波 1476 千赫）	1 个	20 平方米	同上。播音室面积为 15 平方米
主控机房	1 个	80 平方米	主控机房内设主控台，报时立柜、线路放大、分路放大柜，另有 12 平方米的外线盘室。主控机房可控制、监示各机房的节目传送、电平、播出情况。相互可电话联络
皂君庙调频节目机房（调频 94.5 兆赫）	1 个	40 平方米	设有上海产 T-4014 调音台，开盘录音机、激光唱机、电唱机、监听放大及扬声器，均为进口设备

1990 年开始，北京电台为各专业广播的开播做准备，陆续对相关机房进行改造，使之适应热线直播方式。1993 年，北京电台各节目机房概况如下：

表 2-6　1993 年北京电台播出机房一览表

名称	数量	面积	特点	备注
中波 828 千赫机房	1 个	40 平方米	可供热线直播	技术楼三层
交通台机房（中波 927 千赫）	1 个	60 平方米	同上	同上
经济台机房（中波 1026 千赫）	1 个	60 平方米	同上	同上
教学节目机房（中波 603 千赫）	1 个	40 平方米	同上	同上
音乐台机房（调频 94.5 兆赫，1993 年 8 月改用调频 97.4 兆赫）大播音室	1 个 1 个	80 平方米 120 平方米	同上	业务楼 20 层
文艺台（筹备中）机房（调频 87.6 兆赫）	1 个	40 平方米	同上	业务楼 21 层
儿童台机房（调频 97.4 兆赫副信道）	1 个	30 平方米	同上	同上
微波机房	1 个	120 平方米	1. 对中央广播电视塔用 STL 小微波及光缆传送 2 套调频立体声节目 2. 对 804 发射台用国产数字微波机及电缆传送 4 套中波节目	同上
小型线路交换室	1 个	20 平方米	与技术楼主控室联系，进行节目交换、接收天线信号	同上

第三章
信号传输

第一节　广播中心向中波发射台传送

北京电台节目的传送是随着社会的需要和技术的进步而逐渐发展起来的。

一、采用电缆传送节目

1949 年 2 月 2 日 11 时 40 分“北平新华广播电台”开始播音时，使用原已铺设的从西长安街 3 号经过西什库胡同到麻花胡同发射台的电缆进行节目传送。

1954 年 7 月，北京电台在西城区石碑胡同（现育德胡同）8 号建设新台时，铺设了由石碑胡同至麻花胡同发射台，以及从石碑胡同至赵登禹路政协礼堂并由政协礼堂至复兴门外真武庙的两条地下电缆。由于新台未启用，地下电缆也暂未使用。

1956 年 2 月，北京电台迁至真武庙办公后，启用真武庙至政协礼堂至石碑胡同至麻花胡同发射台的地下电缆进行节目传送。

北京电台酒仙桥发射台建成后，为保证广播节目的传送，1972 年 7 月开始铺设从复兴门外真武庙播控中心至酒仙桥发射台全长 19.3 千米的传音电缆，其中从真武庙至亮马桥的 14.2 千米系使用电信管道，从亮马桥至酒仙桥发射台的 5.1 千米为地下直埋。采用的电缆是上海电缆厂生产的铠装铅包传音电缆，型号为 HEQE2 4×2P×1.4+15×4×0.8。电缆内有 4 对音频隔离线用于节目传送，节目信号电平是按标准输入 +17 分贝，满足输出 0 分贝的要求；有 30 对通话信号线供通讯联络用。电缆的两端安装 2 套充气设备，以保证电缆的绝缘良好。1973 年 7 月 1 日，这条电缆启用。此后，北京电台的节目传送均以这条电缆为主，以微波作备用，调频发射接收机停止使用。然而由于北京城市建设施工需要改线，传音电缆常被挖断，维修人员每次都及时赶赴现场抢修，保证了电缆安全运行，使北京电台节目得以正常播出。1981 年 2 月，北京电台建国门外大街 14 号技术楼动工兴建。为保证真武庙 2 条的播控中心顺利迁入新楼，当年 4 月从建国门外日坛路口到新楼用 1 个电信管道孔眼铺设 2 条铅皮传音电缆，长度均为 435 米，并将原铺设的从真武庙至建国门外的传音电缆割断，与新铺设的电缆相接。1985 年新建技术楼启用，这 2 条电缆以新楼的主控机房为中心，一条从主控机房通至复兴门外与中央人民广播电台电缆接通，用于向广播电视部大楼 10 楼微波机房传送信号和回传中央人民广播电台新闻、报时信号；另一条从主控机房至酒仙桥发射台传送北京电台 4 套节目信号。传音电缆改接后，保证原节目电平和电气指标不变，仍以电缆为主传送节目，微波作备用。

1990 年 9 月，北京电台将原来直埋在地下的从亮马桥到酒仙桥发射台长 5.1 千米的传音电缆改为走电信管道，加强了这段电缆的安全性。

二、采用调频机传送节目

1968 年 10 月，酒仙桥发射台建成之初，使用调频机进行收、发传送北京电台节目。该调频机为 25W4 路特高频收发讯机，是杭州邮电器材厂的产品，型号为 WR004A/WT004A。从复兴门外真武庙播控中心至酒仙桥发射台，使用 4 部调频机，安装在播控中心主控机房内，向酒仙桥发射台传送节目，发射天线安装在真武庙院内 5 层宿舍楼的楼顶上（播控中心主控机房内另有 2 部调频机向 5 号发射台传送节目）。同时，在酒仙桥发射台的机房内安装 4 部调频机，机房顶上安装调频接收天线，接收从真武庙播控中心传送过来的节目信号。1973 年 7 月，复外真武庙至酒仙桥传音电缆铺设完毕，并投入运行，该调频机即停止使用。

1980—1984 年，酒仙桥发射台利用 10 千瓦 TPE- Ⅱ型调频发射机向怀柔 5 号战备发射台传送北京电台第一套节目，频率为调频 103.2 兆赫。由于对外干扰严重，1984 年 12 月停用。

三、采用微波传送节目

1968 年 5 月，北京电台从广播科学研究所购进 4 套微波机，每套功率为 1 瓦；2 套安装在广播大楼微波机房内作发射用（1 套主用，1 套备用），其中 1 套亦可作回传用。北京电台 4 套节目从真武庙播控中心经传音电缆送至广播大楼微波机房再经过微波传送到酒仙桥发射台。微波使用频率为发射 6560 兆赫和 6720 兆赫，接收 6820 兆赫。在酒仙桥发射台微波机房安装 2 套接收微波机，其中 1 套亦可作发射微波机。院内矗立着从麻花胡同发射台移来的自立式铁塔，塔上安装微波天线，通过天线将从广播大楼传送过来的节目信号接收下来，送至微波机房，其频率为接收 6560 兆赫和 6720 兆赫，发射 6820 兆赫。1970 年 8 月，微波机正常运转后，原来使用的调频机改为备用。

1990 年 5 月，北京电台在建国门外业务楼 21 层安装 2 套数字式微波机，替代原设在广播大楼微波机房的旧微波机。新微波机是由北京电台和北京电子工程学院、北京邮电器材厂联合设计与生产的，发射功率为 1 瓦，频率为发射 6700 兆赫和 6500 兆赫，接收 6840 兆赫。业务楼楼顶安装微波发射天线向酒仙桥发射台传送节目。在酒仙桥发射台的新微波机房，亦安装 2 套数字微波机，频率为接收 6700 兆赫和 6500 兆赫，发射 6840 兆赫，在 50 米高自立式铁塔顶上安装微波天线，接收从建外播控中心传送过来的节目信号。1991 年 10 月 1 日，新安装的数字式微波机正式启用后，原安装在广播大楼微波机房的旧微波机停止使用。

第二节　广播中心向调频发射台传送

1983 年 2 月 12 日，北京电台调频立体声节目开始试播音。当时由于条件所限，只能采用录播的方式进行，即把要播出节目的磁带或唱片由编辑部门送至设在燕京饭店的发射机房（后迁至海淀区皂君庙甲 2 号）进行播出。直至 1992 年，节目传送的条件才有所改善。

一、用小微波系统 STL 传送节目

1992 年 3 月，北京电台从美国 TFT 公司购置一套发射功率为 7 瓦的 STL 小微波系统，安装在建国门外大街业务楼 21 层的微波机房和皂君庙发射机房，用于调频 94.5 兆赫立体声节目的传送。同年 10 月又购进一套 STL 系统，安装在建国门外大街业务楼 21 层微波机房和新建的中央广播电视塔内，从业务楼向中央广播电视塔传送节目。1993 年 8 月 16 日，北京音乐台调频 94.5 兆赫在中央广播电视塔试播出。

二、采用光缆传送节目

1993 年 10 月 6 日，建国门外大街业务楼至中央广播电视塔的光缆敷设工程开工，12 月 11 日完工。这条光缆是向中央广播电视塔传送节目的主要设备，是由北京电台总工办组织北京长途电信线路局负责施工，在电信管道内铺设了从建外大街到中央电视塔长度为 16 千米的光缆。该光缆是从澳大利亚引进的八芯单膜波纹钢带光缆，光缆全程连接后的衰耗仅有 6 分贝左右，光缆两端配有由德国飞利浦公司引进的 DIGAS 光端机系统。此套设备可同时传送 4 路立体声和 4 路数据信号，光缆两端分别配有 2 套光端机，1 套作主用，1 套作备用。安装在建国门外

大街业务楼 21 层微波机房内的光端机作为发端，其输入电平为 0 分贝 /600 欧姆平衡式，装在中央电视塔上的光端机作为收端，其输出电平为 +6 分贝。采用光缆传送节目不仅增大了传输量，提高了传送节目的质量，而且安全、可靠。

第三节　现场实况向播控中心回传

演出实况转播是北京电台 20 世纪 50 年代至 60 年代具有特色的节目之一。当时，北京电台和中央人民广播电台、国际广播编辑部（中国国际广播电台前身）在全市 30 余个剧场和体育场馆长期租用北京电信局所属各有关分局的电话专用线以进行实况转播（北京电台租用4条，需要时，可用另 2 条租用的线路）。转播用的设备有接收自国民党电台的旧式 4 路电子管转播专用增音机、新置备的增音机、4 个美国产的舒尔 −51 型话筒、2 部老式摇缸电话机、苏联产的 Mr−8 型录音机及波兰、联邦德国产的手提式录音机、调音台等。进行实况转播时，由技术人员提前将机器设备运到转播场地现场安装、调试，将实况信号通过电话线送到真武庙播控中心再向发射台传送。

1965 年 9 月到 12 月，北京电台自行设计安装实况转播车。实况转播车具有转播、录音、扩音及剧场监视功能。此后，只要将车开到现场，接上电源，摆好话筒即可进行实况转播，在转播的同时，还可以把实况全部录音保存。

至 20 世纪 70 年代末，为保证播出节目的质量，现场实况转播基本上由实况录音替代。偶有重大集会或演出必须进行现场转播的，一般都租用电话线进行，并同时进行录音，以备重播。

1988 年到 1989 年，北京电台自行设计，由北京电视设备厂安装调试完成一辆价值 30 多万美元的多功能转播录音车。该车不仅具有实况转播和多轨立体声录音的功能，还可进行编辑和制作节目。车内装有 1 台飞利浦 100 瓦调频发射机，使用频率为 103.2 兆赫，向建国门外播控中心传送节目，进行实况转播。

第四章 广播覆盖

第一节 中波发射

一、新中国成立初期的发射系统

1949 年 2 月 2 日，“北平新华广播电台”开始播音，利用麻花胡同发射台，使用频率为中波 850 千赫和中波 770 千赫，发射功率 600 瓦和 250 瓦。10 月，北京军事管制委员会查封“中国”“民生”“军友”3 家私营广播电台，这几家电台的部分发射机运至麻花胡同发射台，并于 12 月建立了以播送广告和文艺节目为主的经济台（翌年改称“北京市人民广播电台第二台”），使用中波 920 千赫播出。

1950 年国庆节前，北京市人民广播电台第三台（中波 750 千赫）、第四台（中波 1200 千赫）先后建立。至此，北京电台共拥有 5 个频率发射，即中波 670 千赫、中波 750 千赫、中波 850 千赫、中波 920 千赫、中波 1200 千赫。

1952 年北京市人民政府收购了北京最后一家私营电台“华声广播电台”。“华声广播电台”的机构与北京电台第二台、第三台、第四台合并，重新组建北京电台第二台（中波 1320 千赫）和第三台（中波 750 千赫）。1953 年，第二、三台和“北京人民广播电台”（使用频率为中波 850 千赫、1080 千赫）每天播音总时长 34 小时（两个频率合并播音按一套节目时间计算）。1953 年年底第二台、第三台划归中央人民广播电台。

1955 年 3 月 8 日，北京电台并入中央人民广播电台，麻花胡同发射台亦随之划归广播事业局无线管理处。1959 年 12 月北京电台教育台建立，广播频率为中波 1500 千赫，发射功率为 20 千瓦，采用一主一备 2 部 20 千瓦的发射机，安装在广播事业局双桥发射台丙机房。

1961 年北京电台从广播事业局分出，归北京市委直接领导，麻花胡同发射台亦随之划归北京电台使用，播出北京电台 3 套节目，频率分别为中波 820 千赫、中波 1210 千赫和中波 1350 千赫，发射总功率 6 千瓦。教育台（中波 1500 千赫）的节目仍由双桥发射台代播。4 套节目每天播音总时长约 42 小时。

1963 年 6 月，麻花胡同发射台动工改建高 50 米的轻型拉线式发射塔，翌年 3 月完工投入使用。由于增高了塔身，发射覆盖率随之扩大。1963 年 8 月，根据广播事业局统一安排，北京教育台的频率由中波 1500 千赫改为中波 1480 千赫。

随着广播事业的发展，北京电台的节目量不断增长。为了增强发射功率、扩大广播覆盖率，1963 年 12 月 26 日北京市计划委员会批准北京电台在东郊酒仙桥地区兴建发射台，总面积为 2630 平方米，投资 271 万元。

1965 年 4 月 20 日，北京电台在顺义县张喜庄筹建 4 号战备发射台，7 月 1 日建成试播，频率为中波 1350 千赫，使用北京广播器材厂生产的板调式发射机，发射功率 1 千瓦；除由当地供电局供电外，还备有交流发电机，以确保战备需要。同年 8 月，在怀柔县黄土梁修建 6505 号战备发射台（即 5 号发射台），1966 年洞体工程基本完成，使用 1 台 7.5 千瓦发射机，供电情况与 4 号发射台相同（几年后，战备发射台工作人员撤离。1979 年年底，“5 号”划归北京市广播事业局）。

1966 年前后，北京电台中波 820 千赫、1210 千赫、1350 千赫 3 套节目均由麻花胡同发射台各用 2 部北京广播器材厂生产的 1 千瓦板调式中波发射机并机发射，使用的发射天线 1 副是自立式塔天线、1 副是倒“L”形天线、1 副是斜天线。麻花发射台的 12 名工作人员实行值检合一、包机维修，人人按计划认真、精细地维护、保养机器，从而使 6 部机器都能达到甲级指标。中波 1480 千赫（教育台）的节目，仍由双桥发射台发射，北京电台派技术员参加值班工作。1966 年春，北京电台 4 套节目每天播音总时长约 45 小时。

1967 年 4 月 4 日，根据广播事业局指示，北京电台第一套节目中波 820 千赫改为 845 千赫，发射功率等情况无变动。

二、酒仙桥 804 发射台

1966 年 7 月 1 日，酒仙桥发射台基建工程开始，1968 年年初竣工。发射台建有 2 座中波发射塔，一座高 129 米（北塔），另一座高 115.5 米（中塔），机房内安装 4 部北京广播器材厂生产的 7.5 千瓦中波板调式发射机。

1968 年 7 月 1 日，北京电台中波 845 千赫、中波 1480 千赫开始用酒仙桥发射台试播，10 月 1 日正式启用。为了做到北京电台的 4 套节目（即中波 845 千赫、1480 千赫、1210 千赫、

1350千赫）均由酒仙桥发射台的4部7.5千瓦发射机播出，工程技术人员成功完成两机并塔发射试验（即由1个发射塔发射2个不同频率的节目）。这项先进技术当时在国内很少应用。1210千赫、1350千赫分别于1970年8月15日及9月25日正式使用酒仙桥发射台播出。至此，麻花胡同发射台不再使用，留作备份。1970年6月，为保证节目传送质量，将麻花胡同发射台的自立式塔迁至酒仙桥发射台，作为接收广播大楼微波信号的接收塔。

1971年11月15日，北京电台中波1350千赫改为1030千赫，中波1210千赫改为930千赫。翌年5月，由于中波845千赫受同频干扰，改为800千赫。

酒仙桥发射台启用后，由于使用的都是新发射机，机器一直不稳定，经常发生停播事故。1972年4月，技术部门对4部7.5千瓦发射机轮流进行彻底检修，对三大件进行吊芯检查，对发射机的晶体振荡电路进行改造。同时，将发射机原用的水银整流管改为硅堆整流，减少原机电源部分的故障率。经过3个月的努力，于7月底全部检修完毕，发射机的频率稳定度达到甲级水平，停播率普遍下降。1973年9月，对怀柔县5号战备发射台的7.5千瓦发射机也进行全面检修和改造，使其与酒仙桥发射台的机器保持一致。

1974年12月30日，因中波800千赫受同频干扰杂音过大，改为中波830千赫，发射机功率未变。

为解决远郊广播覆盖问题，1976年4月开始，北京电台陆续在京郊房山县霞云岭、门头沟区斋堂及延庆县东关建立3个收转台。但一直未投入使用。

唐山大地震发生后，为保证安全播出，将麻花胡同发射台的一部旧机器安装在酒仙桥发射台院内，作为临时备机。1976年11月，北京电台4套节目每天播音总时长为53.5小时。

1977年年底，酒仙桥发射台安装4部1千瓦脉宽调制发射机作为4部7.5千瓦发射机的备机。翌年3月，开始安装调试TPF－Ⅱ型10千瓦调频发射机，并在50米自立式铁塔上安装蝙蝠翼天线。1978年11月23日，根据中央广播事业局关于“国际广联”实行间隔频率为9千赫要求的统一规定，北京电台4套节目的频率分别改为中波828千赫、中波927千赫、中波1026千赫、中波1476千赫。

1979年4月，酒仙桥发射台进行扩建；1981年4月22日全面竣工。扩建总建筑面积为1629.95平方米（其中发射机房1139平方米、发电机房147平方米、天线调配室52平方米），投资226万元。同时，增添50千瓦板调发射机2部，10千瓦脉宽发射机4部，新建1座147米高的发射塔（南塔）。1981年8月，开始调试新安装的50千瓦和10千瓦发射机。

1984年3月16日，酒仙桥发射台由北京广播电视局技术处领导改为由北京电台直接领导。同年5月，2部50千瓦发射机进行共塔试播，10月正式启用。1985年9月，锦州777厂来人帮助将4部脉宽调制10千瓦发射机的末级电子管由FU－7501改为FU－832。这4部发射机分别于1984年10月8日及1985年1月7日启用，原来的4部7.5千瓦发射机作为备机。至此，北京电台4套节目的发射总功率由原来的30千瓦增至120千瓦（脉宽机并机可达140千瓦）。

1989年10月14日，因147米高的铁塔底座绝缘子有裂纹，由广播电影电视部大修队帮助更换底座，并将塔体重新维修、刷漆。同时，根据与东风农场的协议，经北京市广播电视局批准，将原来的北塔拆除。为此，将中波828千赫和1026千赫的发射机输出阻抗由230欧姆改成75欧姆，馈线由6线式改为75欧姆的同轴电缆，与50千瓦发射机共塔发射。

1991年5月，由保定无线电设备厂对酒仙桥发射台10千瓦发射机用的发射塔（中塔）进行换拉线大修和刷漆。

1992年8月，在福建海峡之声广播电台的协助下，将2部50千瓦发射机末级电子管由“倒装锅”改为“正装锅”，并对发射机的蒸发冷却散热系统和补水系统进行全面改造，加装了大储水罐，对冷却余热进行利用，从而改善了散热循环系统，收到较好效果。

1992年9月13日晨，10千瓦发射塔下匹配间的元器件及地线被盗，使中波927千赫和中波1476千赫停播。后由广电部无线局582台代播3天，于9月16日全部恢复播音。

1993年，酒仙桥发射台安装上海市广播科研所研制的10千瓦全固态中波发射机1台，该机可转换为北京电台的4个频率，起到“1备4”的作用，逐步取代4部老化的7.5千瓦发射机，进一步保证安全播音（见表2-7）。

表2-7　酒仙桥发射台应用设备情况表

型号	名称	发射功率	数量	生产厂家	使用情况
GZ-7.5-1	中波板调发射机	7.5千瓦	4部	北京广播器材厂	用于4套节目发射 1968—1985年，之后作备机
TPF-Ⅱ	调频发射机	10千瓦	2部	中央广播事业局广播设备制造厂	传送节目 1978—1984年
MZF-1	脉宽调制中波调幅发射机	1千瓦	4部	中央广播事业局广播设备制造厂	用做4部7.5千瓦发射机备机 1978—1985年
GZ-10-3	脉宽调制中波调幅发射机	10千瓦	4部	陕西七六二厂	应用中波927千赫、1476千赫 1985年—
GZ-50-1	中波板调发射机	50千瓦	2部	陕西七六二厂	应用中波828千赫、1026千赫 1985年—

第二节　调频发射

1983年2月12日北京电台开始试播调频立体声节目，使用频率为调频94.5兆赫，发射功率为1千瓦（德国R/S公司生产的全固态发射机2部），使用1副双十字天线架设在位于复兴门外的燕京饭店顶层，发射总高度约为70米，覆盖半径6千米（实际收听效果可达10千米左右），发射机房租用燕京饭店顶层1间小房子，另租1套客房作为低周机房。调频立体声开播之初，归北京市广播事业局技术处直接领导，1984年9月17日，移交北京电台播出部。播出节目使用的是3台日本生产的TEAC开盘录音机和1台上海唱片厂生产的T-4014型调音台。

1986年11月，开始在海淀区皂君庙甲2号（北京电视台）院内筹备安装正规的调频立体声节目播出和发射机房。只用了半年时间，完成安装调试工作。为了做到搬迁机房节目不停播，技术人员利用播音结束后的有限时间，肩扛手提连夜把全部设备从燕京饭店搬至皂君庙机房进行安装，保证第二天正常播音。1987年6月10日，皂君庙调频立体声发射机房启用。节目发射利用电视发射铁塔，天线高度由原来的70米增至140米，且使用联邦德国R/S公司生产的5千瓦全国态调频发射机，覆盖半径由原来的6千米扩大到15～25千米。迁入新机房后，传音增加了2部瑞士产思德利专业激光唱机播出节目（原使用日本先锋牌和索尼牌民用型唱机），质量有很大提高。

1988年3月，北京电台技术人员自行安装调试第2台R/S公司生产的5千瓦调频发射机，改变了原来以1部1千瓦发射机作备用的情况，达到主机和备机均为5千瓦发射机，保证在任何情况下都能保持5千瓦的发射功率。1988年5月，北京电台调频主体声节目覆盖半径由原15～25千米扩大到35～45千米，节目播出时间由6小时增至12小时。同年7月，将原使用的日本产TEAC录音机更换为日本OTARI牌5050开盘式录音机，立体声效果得到进一步提高。

为了保证调频发射机房温度的恒定，减少污染、降低噪声，1991年8月，对发射机房的通风进行改良，增加风循环管道（改为强迫进风与排风的循环系统），克服了夏季空调不足的困难，保证发射机的正常运行。北京电台调频立体声节目在发射覆盖、播出质量等方面不断加强和改善，不仅受到广大群众的欢迎，连中央人民广播电台技术部门的领导和技术员也数次亲临皂君庙机房了解减少杂音、提高音质的措施。

1993年1月23日，调频立体声节目传音机房由皂君庙迁至建国门外业务楼，使用TFT公司制作的STL小微波传送，94.5兆赫调频立体声节目开始24小时全天候播音。同年8月，按照广播电影电视部统一安排，将原安装在皂君庙的德国R/S公司生产的5千瓦发射机和1千瓦发射机各1部及新购的北京广播器材厂2部TBV411型调频发射机安装在新建的中央广播电视发射塔上。至此，北京电台的调频立体声节目由1套发展为3套（音乐台、儿童台和筹建中的文艺台）。北京音乐台频率于1993年8月23日由调频94.5兆赫改为调频97.4兆赫，以10千瓦发射机作主机、5千瓦发射机作备机播出。由于发射高度达320米，北京音乐台的覆盖面积大为增加。

第三篇 管理

1956 年 2 月，北京人民广播电台迁至复兴门外真武庙办公

第一章
体制

第一节 体制与机构

北京电台是面向北京市的地方台，但由于和中央广播事业局（即后来的广播电视部、广播电影电视部、国家广播电影电视总局）、中央人民广播电台同在首都，因而与其他地方台相比有其特殊性，在体制与机构上反映尤为突出。

北京电台自 1949 年 2 月诞生至 1961 年 1 月，隶属关系多次更迭，既曾隶属中央广播事业局，又曾归属过北京市，甚而并入中央人民广播电台成为其中一个编辑部。1961 年单独建台，归属北京市，但 5 年后“文化大革命”开始，又由中央广播事业局代管了近 8 年。因此，北京电台的体制长时期不稳定，内部机构也长时期不健全。1974 年，北京电台结束了中央广播事业局的代管，隶属北京市的关系从此稳定，组织机构也得以逐步健全。1979 年 9 月北京市广播事业局成立，北京电台作为北京市广播事业局所属事业单位，在改革开放中事业迅速发展，组织机构也不断充实扩大和完善。

一、隶属关系反复更迭的 12 年（1949 年 2 月至 1961 年 1 月）

北京电台 1949 年 2 月 2 日诞生时称“北平新华广播电台”，当年先后改名为“北平人民广播电台”“北平新华广播电台第二台”“北京新华广播电台第二台”“北京市人民广播电台”。1951 年 3 月 11 日定名为“北京人民广播电台”，简称北京电台。

北京电台建台初期属新华总社语言广播部与中共北平市委领导，但事实上新华总社语言广播部领导时期市委并未参与对电台的领导。北京电台建台伊始，负责人为新华总社语言广播部管委会成员石西民，机构仅有一个12名编辑组成的编辑小组，负责编发稿件；传输、发射等技术工作以及行政工作均由北平新华广播电台（中央人民广播电台）有关部门承担。1949年6月，新华总社语言广播部扩大为中央广播事业管理处，新中国成立后改组为“广播事业局”，北京电台的隶属关系与机构未曾改变，只是编辑小组于1949年12月改为市台编辑科，丁一岚任科长（1950年始称北京市台台长）。

1950年3月，根据政务院新闻总署广播事业局的建议，北京市人民广播电台划归北京市人民政府建制，播出的重要稿件由中共北京市委宣传部审查，办公经费由市政府拨给，但日常编播及行政、技术等工作仍由广播事业局管理。1951年年底，北京电台的建制又转回广播事业局，宣传业务则由广播事业局编委会和北京市委共同领导。1953年7月，北京电台编辑科改称编辑部。

为解决统一领导问题，中央广播事业局与北京市委反复研究，决定1954年北京电台脱离广播事业局，单独建台，归属北京市，由北京市委宣传部领导。这是北京电台第二次归属北京市。由于明确了单独建台，北京市作出建设北京电台的规划，并于当年4月由市财政拨款，选定平安里石碑胡同（现育德胡同）8号一处平房大院为新台址，动手改建，准备将北京电台迁出西长安街3号。

正当北京电台建台工作顺利进行之时，1954年9月，广播事业局派出代表团赴苏联访问，了解到对莫斯科广播的莫斯科台隶属苏联国家广播委员会，即莫斯科台和苏联中央台对外呼号是两个台，对内莫斯科台只是苏联中央台的一个部。于是，在全国上下学习苏联经验的热潮中，1955年按照苏联模式北京电台再次划归广播事业局，进而并入中央人民广播电台，成为中央人民广播电台的“对首都广播部”。

这次北京电台的体制变动，与1954年11月第二次全国广播工作会议精神相一致。这次会议确定“以中央台为基础，地方台为补充”“地方台少办、精办节目，多转播中央台节目”的方针。

1955年3月8日，北京电台正式并入中央人民广播电台，对外播出“北京人民广播电台”呼号不变，对内北京电台的机构不复存在，由北京电台30名编采人员组成的对首都广播部（简称“首都部”），与中央人民广播电台各编辑部平行，受中央人民广播电台编委会领导，负责采编北京电台播出的北京地区新闻性节目。北京电台刚组建不久的文艺组、播音组、资料组、服务部及行政、技术部门，分别并入中央人民广播电台和广播事业局有关部门；正在改建的石碑胡同新台址交广播事业局另作他用。在北京电台的历史上，由此开始直至1960年12月近6年的时间，可以称作“首都部时期”。

首都部时期，北京电台播出的节目仍按照地方台的要求面向北京地区。由于不少节目由中央人民广播电台各编辑部按照各自的意图提供，节目缺乏整体规划和全面安排，难以体现北京地方特色。此外，北京电台长期存在的发射功率不足、覆盖面过小等问题，也提不上中央人民广播电台的议事日程。随着北京各项事业的发展，听众对广播的要求越来越高，而北京电台的广播却越来越不能满足听众的要求。

在此期间，形势又发生变化。1956 年 4 月，毛泽东关于“十大关系”的论述中，提出要充分发挥地方的积极性。1956 年 7 月，第四次全国广播工作会议提出，地方台特别是大城市台应多办节目，以满足听众多方面的要求。于是，北京电台是否应单独建台、北京电台采取何种体制才能适应形势发展的需要，便再次被提出。

从 1956 年开始，首都部就对上述问题，多次向广播事业局和北京市委领导反映，并要求对北京广播建立统一、全面的领导。经广播事业局和北京市委研究决定：1961 年 1 月 1 日撤销首都部，恢复北京电台机构，北京电台单独建台，划归北京市领导。

二、单独建台后的 5 年（1961 年 1 月至 1966 年 5 月）

1961 年 1 月 1 日，撤销了近 6 年的北京电台机构宣告恢复，单独建台工作开始。中央人民广播电台首都部的 51 名工作人员全部调北京电台，供北京电台使用的麻花胡同发射台设备及人员全部移交北京电台。北京电台的行政关系划归北京市文化局，宣传业务由中共北京市委宣传部领导。北京市委宣传部副部长罗清兼任台长，原首都部主任汪小为任副台长。从此，北京电台与其他地方台一样，在事业方面受广播事业局指导；在宣传业务方面作为中央人民广播电台的集体记者，和中央人民广播电台保持密切联系。

北京电台单独建台后，建立起必要的组织机构，并逐步调整充实。

1961 年 1 月建立编委会。编委会作为全台领导机构，下设编辑部、办公室。编辑部设工业组、农村组、文教组、编辑组、文艺组、播音组、节目组；办公室设行政科、技术科。

1962 年 4 月，编辑部增设资料组和文艺胶带室。

1963 年 1 月，随着节目变动，编辑部调整机构，工业组、文教组合并为新闻组。另设编辑组编采新闻性、知识性专题节目。

1964 年 7 月，台长罗清调离。8 月，撤销编委会，成立中共北京电台委员会，党委书记朱峰到职。北京电台实行党委领导下的台长负责制；增设政治处，与编辑部、办公室同属台党委领导。1966 年 4 月，北京电台的组织机构如下：政治处、编辑部、办公室。编辑部下设：新闻组、工业组、文教组、农村组、文艺组、播音组、资料组、节目组。办公室下设：技术科、行政科。

三、“文化大革命”时期，中央广播事业局代管近 8 年（1966 年 5 月至 1973 年 12 月）

1966 年 5 月“文化大革命”开始，中共北京市委受到冲击。5 月 14 日周恩来总理指示：（中央）广播事业局代管北京电台。广播事业局党组实行代管的安排要点指出：北京电台的宣传要“独立思考”，有事随时请示广播事业局党组及华北局工作组（“文化大革命”开始后临时派驻电台）；北京电台的广播宣传、政治思想工作，即日起归广播事业局直接领导，党团关系可不转移，财务关系也不变动，安全保卫工作由广播事业局统一部署。

1967年1月14日，北京电台“造反派”夺权，成立宣传领导小组，台内机构全部瘫痪。同年12月27日，中央广播事业局军管小组派军代表进驻北京电台，实行军管。

1968年2月，北京电台成立“革命委员会”，领导全台工作。“革委会”下设组织组、宣传组、技术组。

1971年1月16日，北京电台恢复党委会的领导，新党委成立。党委书记为军代表梁冠智，朱峰任副书记。

1974年1月1日，经中央批示，北京电台恢复由中共北京市委领导，结束中央广播事业局的代管。

四、调整、充实、健康发展的20年（1974年1月至1993年12月）

1974年1月1日，中央广播事业局结束对北京电台的代管，北京市恢复对北京电台的领导。2月11日，中共北京市委派联络组进驻北京电台。12月28日，改选台党委，联络组组长赵正晶任党委书记。

1975年5月，北京电台调整组织机构，恢复编辑部、办公室、政治处，成立技术部。

1979年9月，北京市广播事业局成立，北京电台为局属事业单位。11月，局党组代书记、代局长赵正晶兼北京电台台长。12月，台内调整机构，设一室七部：总编室、新闻部、文艺部、科教部、农村部、广告部、播音部、播出部。

1982年5月，北京电台改设二室八部：在原有机构基础上增设办公室、专题部，原科教部改为社教部。11月，李完璞、田月华、龙新民、陈志昂被任命为副台长。1983年5月，于云先被任命为台长。1984年3月，804发射台从北京市广播电视局划归北京电台领导。

1985年4月，设立总工程师办公室，与总编室、办公室等平行，属台长领导。总工程师办公室下设技术管理科、计算机科、器材科。同年11月，电台成立政治工作办公室。

1986年8月，李克威被任命为台长。11月，经北京市机构编制委员会批准，北京电台内部机构设四室、十部、一台。四室为总编室、办公室、政工办公室、总工程师办公室；十部为新闻部、采通部、专题部、文艺部、农村部、社教部、播音部、广告部、播出部、录音制作部；一台为804发射台。

1987年3月，北京电台定为副局级单位；新闻部更名为新闻编辑部；录音制作部更名为立体声节目采编部。

1988 年 1 月，广告部改名为经济信息部。5 月，撤销政工办公室，建立党委办公室和人事保卫部。

1989 年 4 月，北京电台成立计划财务部。9 月，北京市委宣传部通知，为加强宣传领导，北京电台实行在台长领导下的宣传工作总编辑负责制。12 月，周溥雄被任命为总编辑。1990 年 5 月，北京电台实有副局级干部 1 人，台级正处 4 人，部门正处级干部 12 人，副处级干部 33 人。1990 年 8 月，经济台开播。为此，北京电台增加编制 45 人。

1992 年，北京电台副局级干部增至 2 人（台长、总编辑）。

1992 年 8 月，北京电台采通部撤销；播出部录音科与立体声采编部采录组合并，成立录音制作部，担负全台录音制作任务。

1993 年 3 月，新闻台、音乐台开播。

新闻台对外呼号为“北京人民广播电台 828 千赫”，每天播出 16.5 小时。

音乐台对外呼号为“北京音乐台”，频率为调频 94.5 兆赫，1993 年 8 月改用调频 97.4 兆赫。音乐台全天 24 小时播出。

1993 年 9 月，儿童台开播。儿童台是广播电影电视部批准成立的全国首家儿童台，对外呼号为“北京儿童台”，使用频率为调频 97.4 兆赫副信道。儿童台全天播出 6 小时 20 分钟。

1993 年 12 月，交通台开播。交通台由北京电台主办，北京市公安交通管理局协办，对外呼号为“北京交通台”，使用频率为中波 927 千赫。交通台全天播出 12 小时。

到 1993 年年底，北京电台的机构设置为：宣传部门为新闻台、经济台、音乐台、交通台、文艺部、社教部、儿童台；技术部门为播出部、录制部、804 发射台；职能部门为办公室、总编室、总工程师办公室、人事保卫部、党委办公室、计财部和广告部。

第二节　职工队伍

一、队伍组成

北京电台的职工队伍，44 年间发展了约 30 倍，最高曾突破 500 人。

1949 年开台之初，北京电台只有编播人员 12 名，一部分来自解放区，一部分为北平地下党员。1950 年 11 月，北京电台共有工作人员 42 人。20 世纪 50 年代，经由广播事业局陆续分配来一批大学生，并从工厂企业中选拔来一批工人通讯员，充实编采队伍。到 1961 年年初，北京电台划归北京市时，中央人民广播电台将对首都广播部编采人员 51 人全部移交北京电台，并调给高周低周技术员工20余人。1961年8月，加上发射台工作人员，北京电台共有120人。中共北京市委陆续从北京市抽调来中层干部10多人，从北京广播学院、北京邮电学院、中国人民大学等院校陆续对口分配来几批大学生，又从高中毕业生中成批吸收进数十人。至1965年12月，北京电台职工达188人。

“文化大革命”开始后，人员冻结，不进不出。直至1971年，才从北京郊区和城区招收进十几名高中、初中毕业生。1972年，从北京师范大学挑选10名在校大学毕业生。1975年，又从北京市委学习班分配一批干部。1978年年底，全台职工达331人。

1979年，北京电视台和北京市广播事业局相继成立，北京电台派出一批干部支援新建单位，年底，在编人员缩减到256人。

中共十一届三中全会以后，广播事业健康发展，北京电台人员陆续增加。1983年12月，全台职工328人。1985年，全台职工401人。1987年，根据国务院规定，实行专业技术职务聘任制，北京电台在7个职称系列中，共评聘正高级职称3名，副高级职称27名，中级职称135名，助理级146名，技术员级15名。1990年年底，全台职工总数为503人。

1993年年底，全台职工493人。其中有正高级职称4人，副高级职称30人，中级职称188人，助理级140人，技术员级9人（见表3-1~表3-3）。

二、队伍素质

北京电台初建时人员很少，但队伍精干，政治素质较高。绝大部分是来自解放区和北平地下党组织的青年知识分子，他们经受过一定的革命锻炼，工作热情很高，在当时物质条件极其困难的情况下，发扬艰苦奋斗的精神，较好地完成了新中国成立初期的各项宣传任务。

此后，陆续补充的人员，继承和发扬革命传统，努力钻研广播业务。一往直前的工作精神，脚踏实地的工作态度，艰苦朴素的工作作风，在北京电台已经形成风气。一支政治业务素质较好的广播队伍在北京电台茁壮成长，并经受了种种考验。

1976年7月28日凌晨，唐山至丰南一带发生的大地震，对北京电台全体职工是一次严峻的考验。

冒着余震的危险，北京电台工作人员纷纷赶往电台。编辑们在临时搭建的简易防震棚里编稿，播音员按时进入播音室播音，记者们深入京郊震区采访，机务人员坚守各自的岗位。在余震不断的日日夜夜，大家临危不惧，在大灾面前不退缩，没有发生脱岗、停播事故。

1989年夏季，在那场涉及全国的政治风波中，北京电台全体职工顾全大局，遵守纪律。在交通阻隔、社会动荡、供应困难、信息不灵的特殊情况下，从6月初到6月中旬，以台长李克威为首的领导班子成员与数以百计的值守人员在一起，以台为家，坚守阵地，坚持播音，度过了十多个极其困难的日日夜夜。6 月 3 日晚，有关部门发出的《解放军部队奉命入城执行戒严任务，号召全市人民自觉维护首都秩序》的通知和紧急通告，在北京电台的几套节目中连续反复播出 80 多次。在这场关系共和国命运的斗争中，北京电台经受了严峻的考验，自始至终坚持正确的舆论导向，受到党中央、国务院的表扬和人民群众的好评。

表 3-1　**1989—1993 年北京电台职工性别、工种、职称统计表**　单位：人

年份	职工总数	性别		工种			职称					当年离退休
		男	女	编播	技术	行政	正高	副高	中级	初级	员级	
1989	462	249	213	215	132	115	1	14	133	134	16	7
1990	503	270	233	243	130	130	1	14	133	134	16	5
1991	480	253	227	239	133	108	2	22	156	162	—	1
1992	478	246	232	247	159	72	2	22	154	149	9	2
1993	493	253	240	246	126	121	4	30	188	140	9	2

表 3-2　**1979 年、1989 年、1993 年北京电台职工文化程度统计表**

年份	职工总数	研究生		本科生		大专生		中专生		高中生		初中生	
		人数	比重	人数	比重	人数	比重	人数	比重	人数	比重	人数	比重
1979	256	1	0.4%	60	23.4%	18	7%	3	1.2%	63	24.6%	110	42.9%
1989	462	—	—	141	30.5%	118	25.5%	31	6.7%	107	23%	65	14%
1993	493	4	0.8%	171	34.7%	172	34.9%	24	4.8%	86	17.4%	36	7.3%

表 3-3　**北京电台历任台领导一览表**

姓名	职务	任职时间	备注
丁一岚	台长	1949 年 12 月—1954 年 10 日	
汪小为	对首都广播部主任	1955 年 3 月—1961 年 1 月	1955 年 3 月—1960 年 12 月，北京电台并入中央人民广播电台，称“对首都广播部”
章　敬	对首都广播部副主任	1955 年 3 月—1959 年	
罗　清	台长	1961 年 1 月—1964 年 7 月	北京市委宣传部副部长兼
汪小为	副台长	1961 年 1 月—1966 年 5 月	
朱　峰	党委书记	1964 年 8 月—1966 年 5 月	
朱　峰	革命委员会主任	1968 年 2 月—1971 年 1 月	
梁冠智	革命委员会副主任	1968 年 2 月—1971 年 1 月	
董兴文	革命委员会副主任	1968 年 2 月—1971 年 1 月	
许书彬	革命委员会副主任	1968 年 2 月—1971 年 1 月	

续表 3-3

姓名	职务	任职时间	备注
梁冠智	党委书记	1971 年 1 月—1974 年 2 月	
朱　峰	党委副书记	1971 年 1 月—1974 年 2 月	
赵正晶	党委书记	1974 年 12 月—1979 年 11 月	1974 年 2 月作为中共北京市委联络组副组长到台
朱　峰	党委副书记	1974 年 12 月—1979 年 11 月	
王　茁	党委副书记	1974 年 12 月—1979 年 11 月	
肖远烈	党委副书记	1977 年 11 月—1978 年 8 月	
于云先	党委副书记	1978 年 8 月—1979 年 11 月	
赵正晶	台长	1979 年 11 月—1983 年 5 月	北京市广播事业局代局长（1980 年 4 月起任副局长）兼
邢银楚	副总编辑	1980 年 8 月—1982 年 11 月	
李完璞	副台长	1982 年 11 月—1983 年 12 月	
田月华	副台长	1982 年 11 月—1989 年 7 月	
龙新民	副台长	1982 年 11 月—1984 年 3 月	
陈志昂	副台长	1982 年 11 月—1984 年 3 月	
于云先	台长	1983 年 5 月—1986 年 8 月	北京市广播事业局（后改名为北京市广播电视局）副局长兼
周溥雄	副台长	1984 年 3 月—1989 年 12 月	
马文蔚	副台长	1984 年 3 月—1987 年 1 月	
陈洪桐	副台长	1984 年 3 月—1990 年 8 月	
李克威	台长	1986 年 8 月—1990 年 6 月	
许禹嵩	副台长	1987 年 1 月—1990 年 7 月	
吕浩材	副台长	1989 年 7 月—1990 年 6 月	
周溥雄	总编辑	1989 年 12 月—1993 年 12 月	
吕浩材	台长	1990 年 6 月—1998 年 3 月	
刘　敏	副台长	1990 年 6 月—1991 年 12 月	
许禹嵩	副总编辑	1990 年 7 月—1993 年 4 月	
马仕存	副总编辑	1990 年 12 月—	
白福义	副总编辑	1992 年 5 月—	
李厚恺	总工程师	1992 年 5 月—	
李元珉	副台长	1992 年 7 月—	
张　志	党委副书记	1992 年 12 月—	
尤士成	副台长	1993 年 3 月—	
刘　敏	总编辑	1993 年 12 月—	

三、先进名录

1. 先进个人

全国先进生产者：1956 年　张洙曾

北京市先进工作者：1960 年 2 月　丁　图　张凤梧　李素芬

北京市优秀新闻工作者：

1981—1982 年度　江洁红　于　卓　马家芳　朱安琪

1983—1984 年度　余　鞠　曹丽霞　杨　艺　洪　虹　郭淑珉　汪　良

1985—1986 年度　杨大明　张礼栓　亢亚志　欧阳成　刘剑平　黄凤海

1987—1988 年度　王　庆　章　虹　苏京平　刘德新　陈建勋

1989—1990 年度　亢亚志　李建华　杨佑民　陈晓海　黎瑞祥

1991—1992 年度　汪　良　张娜依

全国优秀新闻工作者：1982 年 2 月　江洁红

1991 年 1 月　张礼栓

北京市三八红旗手：1990 年 3 月　张锦芳

1992 年 3 月　孟　立　李清华

首都精神文明建设奖章：1991 年 3 月　王筱然　亢亚志

范长江新闻奖提名奖：1991 年 7 月　张礼栓

全国广播电影电视系统劳动模范：1991 年 12 月　张礼栓

全国广播电影电视系统优秀工作者：1985 年 12 月　王筱然

韬奋新闻奖提名奖：1993 年 11 月　洪　虹

北京市优秀政治思想工作者：1991 年 3 月　李元珉

北京市优秀党务工作者：1989 年 7 月　安　莉

北京市先进少年儿童工作者：1987 年 5 月　傅兰芳

享受政府特殊津贴者：1993 年 3 月　张礼栓等 2 人

2. 先进集体

北京市先进集体：1960 年 2 月　播音组

1981 年度北京市文明集体：1982 年 2 月　农村部

北京市先进文明单位：1982 年 4 月　北京人民广播电台

1982 年度北京市文明集体标兵：1983 年 2 月　农村部

1982 年度北京市新闻系统先进集体：农村部

北京市文明集体标兵：1984 年 12 月　农村部

1983—1984 年度北京市新闻工作先进集体：农村部

1986 年度北京市先进党支部：农村部

1985—1986 年度北京市新闻工作先进集体：《听众之声》节目组

1987—1988 年度北京市新闻工作先进集体：立体声采编部

1989—1990 年度北京市先进新闻集体：总编室

北京市思想政治工作优秀单位：1991 年 3 月　中共北京人民广播电台委员会

北京市先进基层党组织：1991 年 6 月　中共北京人民广播电台委员会

1991—1992 年度北京市新闻工作先进集体：经济台《北京早晨》节目组

第二章 管理

第一节 宣传管理

广播电台的中心工作是宣传，宣传管理在广播的全部管理工作中占有重要的、核心的位置。宣传管理涉及采访、编辑、播音、录制等各个环节，但集中体现在节目管理上。不仅要办好节目，还要做好与宣传有着直接关系的其他方面的管理工作，如听众联系、节目评奖、业务研究等。

北京电台的宣传管理是随着事业的发展而不断健全和完善起来的。

一、节目管理

节目管理主要包括节目设置、宣传计划的制订、节目审定、节目监听等 4 项任务。

1. 节目设置

节目设置是节目管理的首要任务。广播节目是随着形势的发展和宣传任务的需要而不断进行调整的，开设什么新节目、撤销什么节目，都有严格的审批程序。

北京电台建台初期是只有十几名工作人员组成的编辑科，办的节目也少。节目设置由集体讨论、台长审定。

从 1953 年 7 月成立编辑部到 1989 年 9 月（“文化大革命”期间除外），北京电台一直实行台长（含首都部主任）负责制。这期间，一般节目调整，首先由节目部（组）提出意见（包括撤销节目的理由、新节目的方针等），报编辑部（1979 年成立总编室后报总编室）审核，由台长审定；重大调整报台务会审定。

1989 年 9 月北京电台实行台长领导下的宣传工作总编辑负责制以后，

局部性的节目调整由编务会审批，重大调整报台长审批，全面调整节目还要报台务会审批。

北京电台从建台初期到20世纪80年代中期，对节目设置的管理十分严格，工作人员按照审定的节目方针办节目形成良好的传统。从80年代中期开始，伴随着国家改革开放的深入发展，宣传改革提到了议事日程，北京电台出现了与机关、团体和企事业单位合办节目以及在节目中开展征文、知识竞赛活动，随着这类活动越来越多，出现了滥开新节目和不按节目方针办节目的现象。北京电台于1990年年初制定了《关于加强节目管理的规定》和《关于开展社会宣传活动的管理办法》。两个文件的核心内容强调，“不经编务会批准，任何节目部和个人不得滥开新节目”“各节目部在节目中举办征文和知识竞赛等社会活动，所宣传的内容必须符合原有节目的节目方针”。自此以后，滥开新节目和不按节目方针办节目现象有了明显好转。

20世纪90年代，北京电台进一步加大宣传改革的力度，于1990年创办第一个专业台——北京经济台。经过两年多的摸索，在总结经验的基础上，于1992年提出了“以建立专业化系列台为龙头，把全台改革推向深入”的奋斗目标。专业化系列台的建立，给广播宣传带来生机与活力，同时也给节目管理提出了许多新的课题。其中最突出的是由于受创收的影响，出现了什么节目能挣钱就开办什么节目、哪个企业给钱就宣传哪个企业的现象。

2. 宣传计划的制订

节目设定之后，宣传什么，怎样宣传，需要有明确的宣传计划，这是节目管理中的一项重要内容。为了使各节目部、组在制定节目宣传计划时有所遵循，北京电台建台40多年来，一般年初都要制订年度宣传计划。年度宣传计划的内容包括总的指导思想、宣传重点、需要注意的问题等。有时还要制订半年宣传计划和季度宣传计划。各节目部、组根据全台宣传计划的要求，制订各自节目的宣传计划，着重明确一个时期的宣传重点，并且确定必要的报道选题。遇有重大新闻事件、重要活动或重要会议，如“逢五”“逢十”的国庆节、在北京举行的重大体育赛事、一年一度的人代会和政协会议等，电台都要制订比较详细的宣传报道计划。

为了使各节目部、组及时了解和掌握宣传精神，调整好宣传计划，北京电台还建立起必要的会议制度。从建台初期到1989年的40年间，采用召开不定期编务会的形式，及时传达上级有关宣传精神。1989年以后，固定每周召开一次编前会，传达上级宣传精神，总结上一周宣传情况，布置下周（或一个阶段）的宣传任务。参加编前会的有台长、正副总编辑、各专业台台长、全台各部（室）主任，会议由总编辑主持。会后，各专业台及各部（室）再向员工传达编前会精神。

3. 节目审定

广播的特点是没有边际，影响面大，为了保证安全播音，北京电台在20世纪50年代就形成一套节目审定制度，即记者采写的稿件首先送组长审改后才能送节目组待播；责任编辑经过编辑组合后的节目，还要送节目组长审改、经上一级主管领导审定后才能播出。60年代，北京电台明确节目重播、重审制度。80年代初，提出了评论须送主管台长审批的规定。90年代初，由于播出的时间大量增加，许多节目录播改为直播，为了适应新形势下宣传工作的需要，北京电台制定《关于审定稿件的规定》和《关于编播部门安全播音的规定》，规定明确提出北京电台实行部主任、专业台长、总编辑三级审稿制度。规定还提出，直播节目如无稿件，必须写出详细主持提纲送审。上述规定的执行，对把握正确的宣传舆论导向、确保安全播音发挥了重要作用。

4. 节目监听

节目监听是节目管理的重要环节。监听有两种形式，从20世纪50年代开始，直到80年代末，北京电台一直实行试播的做法，特别是重要专题节目，播音员在正式录音之前，首先要试播，撰稿记者面对面进行监听，目的是指导播音员确切地表达出稿件中所要表达的感情。无论是专题节目还是新闻节目，播音员正式录音时，责任编辑都要在录音机房进行监听，以便及时纠正播音员在播音时出现的差错。经过责任编辑监听确认无误的节目带才能送传音机房进行播出。90年代以后，由于专业化系列台的建立，大量节目由录播改为直播，只有少量录播节目仍坚持节目监听制度。

二、听众意见

听联工作是电台了解听众对广播宣传的反映、听取听众意见和呼声的重要渠道。

北京电台早在1949年5月就开始在工厂、机关、学校组织广播小组。广播小组的任务有三条，其中第二条、第三条分别为“组织收听广播”“向电台反映意见”。到当年11月，广播小组发展到43个。后来由于加重了听众负担，也影响工作和生产，广播小组停止了活动，电台的听联工作改由各节目组直接负责。1979年，总编室成立后，设专人处理听众来信，不定期编发《听众反映简报》。1986年，北京电台通过公开招聘，在社会各界招聘54名业余监听员，主要任务是听节目、评节目、提意见、提建议，通过信件、电话及时与电台沟通。电台总编室把监听员意见不定期编辑成《监听员专辑》，发给各节目部（组），作为了解听众对节目的意见和改进工作的参考。1991年，北京电台在台内业务刊物《宣传业务》开辟“听众反映”专栏。1992年，听众意见被汇编成4期《听众意见专辑》作为《宣传业务》增刊。1993年，定名为《听众反映专辑》，为双月刊，每期刊登30篇到50篇听众来信摘要。这些来信多是监听员写来的，也有听众自发写来的。来稿内容有评析节目的，有表扬某个节目或某次节目的，也有批评和建议。到1993年年底，这支业余监听员队伍已经发展到100多人。

三、业务研究

广播宣传是一门专业性很强的工作，它要求编采播人员既要熟悉党的理论、路线、方针、政策，又要具备熟练的业务能力。因此，开展经常性的业务研究，是宣传管理中一项十分重要的工作。

北京电台自建台到1990年的40多年间，经常性的业务研究工作主要有以下几种形式：一是各节目部（组）针对各自的工作特点、人员状况及存在的问题，召开小型研讨会。这种研讨会形式多样，不拘一格：或针对当前形势，研究如何使报道更加深入；或针对节目中存在的问题，研讨如何改进工作；或把已经播出的某一个节目拿来，大家一起听，然后进行评析。二是举行业务交流会。三是组织业务报告会。

1991年1月，为了进一步活跃业务研讨气氛，北京电台创办内部刊物《宣传业务》半月刊。到1993年年底，共刊登编辑、记者、节目主持人和其他业务人员撰写的业务研究论文、经验总结、调查报告150多篇，成为电台进行业务交流和研讨的重要平台。

四、节目评奖

1981年7月、8月间，北京电台对上半年播出节目进行评选，并向优秀节目、稿件的作者颁发奖金和证书。这是北京电台建台以来的第一次评奖活动。自此以后，每年进行一次。20世纪80年代，随着各级各类新闻、广播电视奖项的设立，北京电台开始推荐优秀作品参评北京市及全国的评奖活动，并多有斩获。1990年，北京电台开展“编播业务最佳单项评选”，最终由台内、社会投票和专家评议相结合评出最佳单项奖6个：最佳录音新闻奖、最佳录音专访奖、最佳女播音员奖、最佳女节目主持人奖、最佳男节目主持人奖、最佳广告奖。此活动一年一次，年中进行，每年设立奖项不同。例如1992年设立4个奖项：最佳现场短新闻奖、最佳评论奖、最佳录音报道奖和最佳编辑奖。1993年此项评选更名为“隆福杯”评选，这一年设立7个单项奖：最佳录音新闻奖、最佳录音报道奖、最佳男（女）播音员奖、最佳男（女）主持人奖、最佳广告奖等。这项活动自开始以来，受到全台编播人员的重视，成为电台评奖活动的一项重要工作。

为了鼓励大家研究、探讨业务，提高节目质量，北京电台1990年制定《关于奖励在全国获奖节目、论文的奖励办法（试行）》，对在中国广播电视学会和中国新闻学会组织的“全国广播优秀节目、优秀论文评选”“全国好新闻、优秀论文评选”中获得特等奖的节目、论文奖励150元，获得一等奖的节目、论文奖励100元，获得二等奖的节目、论文奖励50元；连续3年获得二等奖以上的节目、论文的作者电台予以记功1次，并奖励300元。1990年12月，按照此办法（试行）的规定，张礼栓、邵平东分别获得“三连冠特别奖”证书和奖金。

1992 年此办法修订为《关于在全国获奖稿件（节目）的奖励办法》，奖励金额大幅提高：获中国新闻奖一等奖、全国优秀广播节目特等奖、全国现场短新闻特等奖的奖励提高到 800 元，获中国新闻奖二等奖、全国优秀广播节目一等奖、全国现场短新闻一等奖的奖励提高到 500 元，获全国优秀广播节目二等奖、全国现场短新闻二等奖的奖励 300 元；连续 3 年获得中国新闻奖二等奖以上（其中须有 1 个一等奖）的作者，奖励 10000 元，连续 3 年获得全国优秀广播节目或全国现场短新闻二等奖以上（其中须有 1 个一等奖）的作者，奖励 5000 元。每年，北京电台都有节目在全国获得大奖（见表 3-4~ 表 3-7）。

表 3-4　1990—1993 年度北京电台获得中国新闻奖作品一览表

届次（年度）	标题	主创人员	参评项目	奖次
首届（1990）	我为亚运做什么	艾力、楚钊、常慧云、叶小静、景兵	广播专题	二
第二届（1991）	走遍天下的劣质鞋	陈晓海	广播专题	二
	三个“没想到”	楚钊	广播消息	三
第三届（1992）	大检查之后	李捷、陈晓海、张礼栓、洪新、许向东	广播专题	二
	北京的名牌产品为什么纷纷落马	赵介岐	广播评论	二
第四届（1993）	挖墙脚的人们	张礼栓	广播专题	一
	隆福大厦火灾目击记	梁晋、张友信	广播消息	二

表 3-5　1988—1993 年度北京电台获得中国广播奖（新闻、社教）作品一览表

年度	标题	主创人员	参评项目	奖次
1988	重油泄漏引起的着火事故责任由谁负	王欣等	消息	二
	护城河畔的难题	张礼栓	专题	二
	北医大附属第一医院出院处服务作风差	林燕南等	听众信箱	三
1989	平暴后的第一个星期天	邵平东、刘爱勤、周燕玲、李旭厷	消息	一
	再敲铁饭碗	张礼栓	专题	二
	希望在他们心中	孔剑清	专题	三
	关于体育人才外流的思考	梁晋	评论	三
	立国之本　强国之路	理论组	理论节目	三
	人生预测大家谈	林超、康雪	理论节目	三

续表 3-5

年度	标题	主创人员	参评项目	奖次
1990	我为亚运做什么	艾力、楚钊、常慧云、叶小静、景兵	消息	一
	小格子里的大世界——北京个体经济见闻	张礼栓	专题	二
	魂系亚运，别无他求——访为亚运会捐款 10 万元的周振声、徐丽萍两位老人	苏京平	专题	二
	机关干部效能违章，市委领导受罚站岗	艾力	口头报道	三
1991	走遍天下的劣质鞋	陈晓海	专题	二
	三个“没想到”	楚钊	消息	二
	谢军获冠	梁晋、李轩	消息	二
	来自抗洪救灾第一线的报道	曹丽霞、肖立雄、童淑苓、隋红跃、赵继刚、赵敬申、高浦林、张友信、张红兵	系列（连续）报道	三
	钢铁大军会战凉水河	黎瑞祥、肖朝阳	对农节目	三
	歌声・笑声・心声	苏京平	专题	三
	无照者	张礼栓	专题	三
1992	中央领导和北京市民同为首都播种绿色	张娜依、肖朝阳	消息	一
	大检查之后	李捷、陈晓海、张礼栓、洪新、许向东	专题	二
	北京的名牌产品为什么纷纷落马	赵介岐	评论	二
	走马观花温州鞋	张欲立	经济类	二
	小朋友，手拉手	李洋	少儿类	二
	人大代表谈回扣	叶小静	消息	三
	老树发新枝——介绍景泰蓝艺术的现代新工艺	李娜	科技类	三
1993	隆福大厦火灾目击记	梁晋、张友信	消息	一
	打开康居之门	陈建勋、范晓茜	消息	二
	困惑的新闻界	李捷	专题	二
	“走”进电脑的毛泽东	李宏伟	科技类	二
	火热的中国心	黄永红	消息	三
	挖墙角的人们	张礼栓	专题	三

表 3-6　1992—1993 年度北京电台获得中国广播文艺奖作品一览表

届次（年度）	标题	作者	参评项目	奖次
首届（1992—1993）	快板艺术的一代宗师	张红	曲艺专题	二
	北京颂	于万海、张红	广播文艺新作编采奖（二）广播曲艺优秀新作品	二

表 3-7 1989—1993 年度北京电台获得中国广播剧奖作品一览表

届次	剧目	主创人员	参评项目	奖次
首届	林巧稚	杨雪	连续剧	二
第二届	地火	李健	单本剧	三
第三届	刘天华	李健	连续剧	二
第四届	过年	李健	短剧	一
	除夕夜车	李健	单本剧	二

说明：首届至第三届全国广播剧评选名为“蜀秀杯”广播剧评选，第四届名为“黑龙杯”广播剧评奖

第二节 技术管理

北京电台 1961 年以前没有自己的技术部门，传音、录音、发射等工作全部由中央人民广播电台承担。1961 年单独建台时，从中央人民广播电台分出少数技术人员，又从北京市电化教育馆调来一批青年机务人员，组成北京电台的技术队伍，并成立了技术管理部门——技术科。

单独建台后，技术管理工作的中心任务是不断提高播出质量，减少播出事故，降低停播率，以保障安全播音。根据这一要求和队伍初建的情况，技术科采取了四项措施：

一是对技术人员进行经常性的思想教育工作，强化他们的喉舌意识，以增强责任感和工作积极性。

二是制定各种规章制度，包括设备运行指标、维修方法和周期、各类技术人员值班制度、维修人员守则等，使每个人职责分明，每项工作有章可循。

三是举办定期的业务学习。由于有经验、有基础的技术人员很少，从北京电化教育馆调来的大部分机务员多为初中毕业生，急需进行专业培训，于是采取边工作、边学习的办法，由有经验的维修人员定期给他们讲业务课，结合工作既讲理论知识，又有实际设备分析和操作，还经常组织“故障演习”，利用播音休息时间，在备用机房设置一些常见的故障，让他们去处理。通过学习和训练，一批年轻的机务员掌握了基础知识，提高了处理故障的能力，基本上能够适应工作的需要。

四是开展技术革新、修旧利废活动。北京电台单独建台时技术设备陈旧落后，在资金不足的情况下，为保证广播正常运行，技术部门开展技术革新和修旧利废活动。如对播出机房的主要放音设备——苏联生产的 Mr-8 型机进行大修，将其机械部分全部进行清洗，并对其布线全部更新再组装，从而提高机器的可靠性，改善性能，提高技术指标。通过这一活动，维修人员的技术水平也得到提高。

1963 年和 1964 年，从北京邮电学院和山东工学院等院校先后分来 10 名大学毕业生和 4 名中专毕业生，分配在传音、录音、发射、维修等岗位上，加强了北京电台的技术力量。

1964 年，技术科在坚持上述管理措施的基础上，发动传音组、发射台开展无事故、无劣播、停播为零秒的“优质零秒竞赛”活动。1965 年，制定并实行《北京电台技术人员守则》。至 1966 年年底，北京电台未出现 3 分钟以上的人为和技术性事故，许多人做到 3 年安全播出无事故。传音组在主控室外墙上挂出竞赛表格，列出全体人员的姓名和当月的成绩。1966 年 3 月 28 日周恩来总理视察北京电台时对此甚感兴趣，对竞赛给予肯定和鼓励。

随后，北京电台又陆续调进了一些大学和高中毕业生、复员军人、转业技术干部，使技术队伍不断充实、扩大。至 1985 年，技术部门人员已达到 140 人。

改革开放以后，广播电台的技术工作实行总工程师负责制。北京电台于 1985 年 4 月成立总工程师办公室，作为北京电台的一个职能部门负责全台的安全播出和技术管理。按照北京电台对职能部门要求的“计划、管理、服务、监督、参谋”十字方针，总工办不仅加强日常技术管理工作，而且在处理重大技术问题上，在规划、实施电台的技术和事业发展上，都发挥了重要作用。

在日常技术管理工作上，总工办于 1986 年重新制定并实行了较前更为完善的技术维修制度和管理办法，作为保证各项技术工作正常进行的依据，并以此规范各类技术人员的职责。同时，恢复“文化大革命”前行之有效的竞赛活动，组织播出部和发射台开展“百日安全无事故竞赛”，由此许多人取得连续百日、三百日、五百日甚至一千个工作日无播出事故的优秀成绩，有力地推动了安全播音，有人因此得到提前晋级、学习深造等奖励。总工办于 1989 年制定并实行《北京电台关于安全播音竞赛、技术设备管理及技术进步奖励办法》，进一步调动技术人员学习知识、钻研业务。为了对安全播音常抓不懈，总工办还联合台总编室每周发布“安全播音情况简报”，向全台通报上一周播音情况。此外，总工办每年都要进行广播覆盖的测试，并且按月、按季收集传音和发射设备运行的技术指标，整理上报北京市广播电视局和广播电影电视部。

总工办对过去因技术力量薄弱而难以解决的重大技术问题，加大力量处理解决。其中最重大的一件事是北京电台第四套节目更改频率。这套节目频率为中波 1476 千赫，长期有干扰，杂音大，听众反映强烈。总工办成立后即组织力量对收听和覆盖情况进行收测，经过研究分析进行改进，但问题仍不能解决。1990 年总工办向广播电影电视部和北京市广播电视局写报告，要求更换频率。全国各台的广播频率都是由广电部的频率规划确定的，不可轻易更改。但总工办锲而不舍，继续进行多种内容的测试和试验，为更换频率做充分的准备。

为使北京电台的技术和事业发展跟上首都现代化建设的步伐，总工办于 1991 年制定《北京人民广播电台技术和事业发展十年规划和“八五”计划纲要》（以下简称“纲要”），既对现有节目设置和播出情况以及技术设备和存在的问题作具体分析，又提出了到 20 世纪末和

“八五”期间奋斗目标以及实现目标的具体措施。此后，技术部门每年的工作计划和申报设备的专项经费，都以此《纲要》为依据。《纲要》的制定和实施，使北京电台的技术事业发展步入稳妥、快速的轨道。如原 804 中波发射台使用的国产电子管发射机，设备陈旧落后，稳定性差，故障率高，耗电量也大,《纲要》将更新 804 发射台设备作为重要内容列入。

随着广播事业和科学技术的发展，北京电台的技术管理已不局限于对广播技术的工作管理，总工办成为全台的技术管理部。计算机技术已逐步应用到各部门，总工办提出“八五”期间争取完成计算机的信息管理和实时控制两大系统、20 世纪末全台实现计算机化的目标。从 1990 年起建立专业台，节目播出形式从录播改为直播为主，播出一线的工作人员由技术人员扩展到不懂技术、不熟悉设备的编播人员和节目主持人，致使安全播音无保障。1992 年 12 月，北京电台首次使用延时器，用于经济台直播节目，以防突发事件。总工办还着手制定安全播出制度，对节目主持人采取技术培训和考核等措施。

第三节　经济管理

北京电台自 1949 年 2 月成立，至 1961 年 1 月单独建台，其间隶属关系反复更迭，经济管理长时期由广播事业局负责，事业投入和行政经费作为广播事业局的开支，由国家财政负担。其中，1951 年与 1954 年，北京电台曾两度短暂划归北京市，这两年的经费开支由北京市财政局拨款。

1952 年 12 月以前，北京电台有少量广告收入，但实行的是收支两条线的管理办法，广告收入全部上缴。从 1953 年起，取消广告，实行全额预算管理办法，开支全靠政府财政拨款。

1961 年 1 月 1 日，北京电台从广播事业局分出，单独建台，行政归口北京市文化局。此后，北京电台经费（人员工资、办公费、业务费）由北京市财政局每年预算拨款给北京市文化局，北京电台作为文化局的报销单位，每月开支和年终决算均上报文化局。1961 年全台编制 130 人，市财政经费预算拨款 36 万元；1965 年人员增至 180 人，经费预算拨款增至 70 万元。本着精打细算、节约开支的原则，每年都争取节余上缴。除经费预算拨款外，事业发展和基本建设投入，则根据需要及市财政情况专项拨款。单独建台伊始，正值国家经济困难时期，北京市财政仍作了几次专项拨款。1963 年，北京电台的麻花胡同发射台经改建后仍不能适应广播发展需要，北京市计划委员会批准兴建酒仙桥 804 发射台，投资 271 万元。1965 年，在顺义县和怀柔县建立两处战备发射台，市财政分别拨款 20 万元和 40 万元。

北京电台从 1966 年 5 月起由中央广播事业局代管将近 8 年，每年经费预算拨款仍由北京市财政局拨给市文化局掌握使用。1966年的经费预算拨款为70万元，因受“文化大革命”影响，人员、工资冻结，每年经费预算基本没有变动，这种状况延续了5年之久。1971年开始松动，当年调进40人，全台人员增至221人，经费预算相应增至80万元。1974年1月1日，广播事业局结束对北京电台的代管，电台重归北京市委领导。此后，北京电台的经费仍由市财政拨款向文化局报销。为扩大广播覆盖面，1975年在延庆、房山、门头沟建立3个收转台，投资27万元。1979年为加强发射功率开始扩建酒仙桥发射台机房，工程为期两年，投资226万元，建成后发射功率扩大4.5倍。

1979年9月，北京市广播事业局成立，局设计财处，北京电台所需经费列入局经费开支。直至1983年6月，北京电台定编为二级财务单位，成立财务科，实行独立核算。北京电台的经济管理自此进入新的阶段。

1984年建国门外北京电台技术楼建成，人员增加，设施更新，开支猛增，当年经费预算拨款140万元，仍捉襟见肘。1984年7月开始，北京电台将广开门路、经营创收列为改革的重要内容，当年就创收62万元，弥补经费的不足。此后，经营创收逐年增加，创收所得不仅用于增加固定资产，而且补贴了1985年工资改革后历年超出预算外的工资部分，使每年全台工资由预算外补贴达40%。1988年，北京市财政拨款289万元，电台经营创收达327万元，经营创收已成为北京电台的重要经济来源。

1989年4月，北京电台成立了集“计划、管理、服务、监督、参谋”于一体的职能部门——计财部，使北京电台的经济管理工作更趋适应改革开放的需要。

从1983年到1992年的10年间，北京电台的国家财政拨款每年平均增长20%，经营创收每年平均增长49%，固定资产每年平均增长73%。自20世纪80年代中期，企事业单位投资与北京电台合办节目，合办节目的价格逐年递增。进入90年代，随着北京电台各专业台的开播，合办节目成为电台除广告之外的又一收入来源。广播是一项高投入、高消耗的事业。在市场经济条件下，广播的产业功能得以开发，增强了北京电台的自我发展能力。1990年，北京电台广告收入在大陆广播电台中排在上海人民广播电台、中央人民广播电台、广东人民广播电台、广州人民广播电台之后，位居第五。

1993年，北京电台实施以宣传为中心、以建立专业化系列台为龙头的改革方案，把经济管理作为重要的配套措施，试行财务管理向企业管理靠拢：在统一管理的前提下，下放经营管理权，分别核算权，实行分配与效益挂钩的办法。把电台的处级单位分为三类：“自收自支”的各专业台等宣传部门，以广告和信息服务以及合办节目为主自行创收；“差额管理”的技术部门（总工办、录制部、播出部、发射台），除保障电台技术服务外，向社会开展有偿服务；“预算管理”的行政部门（电台领导、总编室、办公室、人事保卫部、党委办公室、计财部）人员奖金，不能突破全台上年度的平均数。电台经营创收的余额分配与员工个人收入直接挂钩，调动起全台人员的工作积极性。1993 年，北京电台合办节目的收入由上年度的 321 万元增加到 880 万元，全年经营创收达到 1525 万元（见表 3–8、表 3–9），既满足当年经费需求，也为下一年的深化改革奠定经济基础。

1993 年，经济信息部撤销，广告部恢复。作为北京电台职能部门之一，广告部负责全台广告的审批与管理。广告由各专业台自主经营，各专业台的广告业务人员在业务上由广告部指导，行政上归各专业台领导。

表 3–8 1983—1993 年北京电台收入及资产一览表 单位：万元

年度	总收入	财政拨款	经营创收	固定资产	总资产
1983	123	100	18	10.7	75
1984	235	140	62	40.6	113
1985	262	157	88	89.4	148
1986	311	208	94	116	243
1987	431	214	210	188	400
1988	623	289	327	707	1017
1989	683	424	204	846	1099
1990	835	403	351	1200	1514
1991	794	273	441	1308	1607
1992	1354	507	654	1517	2229
1993	2250	644	1525	2164	3003

表 3–9 1990 年北京电台广告价格一览表

广告类别	频率和时间	价格
广告与天气	中波 828 千赫 6:20—6:25	150 元 /30 秒
	中波 828 千赫 6:27—6:30	150 元 /20 秒
	中波 927 千赫 6:55—6:58	120 元 /20 秒
北京早新闻后插播	中波 828 千赫 7:00 8:00 9:00	300 元 /20 秒（每日 4 次）
	中波 927 千赫 7:30	
报时广告	根据不同时间定价	（40 ~ 100）元 /10 秒
插播	各节目尾	60 元 /30 秒
信息服务	中波 927 千赫 6:50	200 元 /30 秒（每日 4 次）
	中波 828 千赫 7:40、12:25 21:40	

续表 3-9

广告类别	频率和时间	价格
首都市场	中波 828 千赫　11:05 中波 927 千赫　7:00、17:45	150 元 /60 秒 （每日 3 次）
企业之声	中波 828 千赫　13:00 中波 927 千赫　7:10、12:00	全年（800 ~ 2500 元）
普通广告	具体时间见分类时间表	50 元 /60 秒
经济台试播期间插播广告价格	中波 1026 千赫　6:00—9:00 中波 1026 千赫　11:00—14:00 18:00—19:00　19:00—23:00	（60~100）元 /30 秒
外商广告	结算形式外汇人民币	按正常广告的 5 倍收费

第四节　队伍管理

1949 年 6 月，北京电台由中央广播事业管理处管理，11 月由广播事业局直接管理，局人事处负责北京市台的人员调配、干部任免、工资等级的评定以及职工奖惩的执行等。广播事业局人事处以政务院（国务院）有关人事政策为依据，围绕广播宣传的需要进行工作。

1961 年 1 月，北京电台正式划归北京市领导，其机构设置、人员编制均纳入北京市编制委员会计划；干部任免、人员调动分别由中共北京市委、市委宣传部及北京市人事局分级审批、调度。电台内部设两名干事管理干部档案及日常调进调出。“文化大革命”开始后，正常的队伍管理被打乱，大批干部经受了重重审查。

“文化大革命”结束后，拨乱反正；特别是改革开放以来，随着广播事业的发展、人员的扩充，北京电台的人事工作、队伍管理逐步走上正轨。1988 年，台内设人事保卫部，队伍管理的改革适应并推动了广播的改革和发展。

广播质量的高低，取决于广播队伍的素质及其积极性、主动性的发挥。北京电台的队伍管理主要抓了以下几件事。

一、培训干部

队伍管理的重要一环，是培训干部，从政治、理论、文化、业务不断提高干部的素质。20 世纪 50 年代，广播事业局设理论学习室，设专职理论教员，系统开展社会发展史、政治经济学等马克思列宁主义课程的学习。这种学习为建设一支年轻的广播队伍打下良好基础。

在北京电台的广播队伍中，有大学毕业生，也有高中毕业生甚至初中毕业生。从 20 世纪 50 年代开始，北京电台就选送在职人员报考大专院校。60 年代以后至 90 年代初，参加电视大学、函授大学、业余大学，或参加成人高等教育自学考试的员工，先后达 106 人。其中，从大专院校进修毕业的 15 人，从电视大学毕业的 70 人，函授大学毕业的 3 人，业余大学毕业的 9 人，市委党校干部培训班毕业的 3 人，通过成人高考毕业的 6 人。此外，电台还多次自办各种类型的短期培训班，开展对新闻业务、广播业务的探讨和学习，开展在职人员的继续教育。北京电台在 1986 年制定《关于在职工作人员培训的暂行规定》，1991 年加以修订，强调以岗位专业培训和提高技术水平为重点，继续采取定向深造、专业补习、岗位培训等方式进一步提高干部素质。

二、严格考核，择优录用

改革开放以后，北京电台在抓职工培训的同时，重视把竞争机制引入队伍管理工作，有效地调动全台员工的工作主动性和积极性，加强了责任心和事业心。

1984 年 11 月，电台首次向社会大批招考录用编辑、记者，从 500 多名应试者中，经严格的考核，择优录用 14 名具大专学历和一定社会工作经历的应聘者。这种敞开渠道、广招人才、严格考核、平等竞争的进人方式，杜绝不正之风，保证进人的质量，满足业务部门的需要。这批新人不久成为编采骨干，有些已经走上中层领导岗位。经过这次实践，后来举凡成批或个别进人，都要经过严格考核，择优录用，基本上把住进人质量这一关。

三、竞争上岗

干部竞争上岗也改变了以往论资排辈、能上不能下的弊端。北京电台在 1988 年对经济信息部进行干部聘任制试点，台长聘部主任，部主任聘副主任和科组长。由于职责分明，收效较好。1993 年 8 月，北京电台在全台范围实行干部聘任制、职工聘用制。在定员定编的基础上，干部实行逐级聘任，职工实行双向选择。1993 年年底全部聘任、聘用工作完毕。全台免去 17 名处级干部的职务，占处级干部总数的 30.4%；提拔了 11 名处级干部；免去 13 名科级干部的职务，提拔了 44 名科级干部。处级干部的平均年龄由 47.8 岁下降到 43.1 岁，科级干部的平均年龄由 42 岁下降到 39.4 岁。落聘的职工，实行编外待业，经过培训做些力所能及的工作。实行聘任制和编外待业的办法，使干部职工普遍增强了危机感和责任感，促进了事业的发展。从 1993 年开始，电台在交通台试点，将新招聘人员的档案关系存在北京市人才交流服务中心，北京电台首次出现事业体制外的聘用人员。正式工、合同工和计时工多种形式相结合，不同的用工形式使“人”这一生产力的主要因素处在动态中，不断激发出新的生机。

四、严格奖惩

奖罚分明，激励先进，鞭策落后，是队伍管理中的重要原则。北京电台历来重视推荐优秀职工和部组参评北京市和全国先进工作者和先进集体。“文化大革命”结束以后，特别是20世纪80年代以后，电台坚持每年年终评选先进工作者和先进单位，颁发荣誉证书，并给予适当的物质奖励。全台每年评选先进工作者50人左右，先进单位5～6个。从1991年开始，根据北京市人事局文件精神，每年给3%的优秀干部、职工奖励晋级。对表现差的（如违反党的宣传纪律、不遵守电台规章制度的），分别给予批评，作出处理。1980年至1993年，电台共处分职工27人，因触犯法律被判刑、开除公职的5人。

专业化系列台建成后，各专业台重视激励机制，对节目创优和经营创收有突出贡献的员工，给予丰厚的奖励，效果显著。

第四篇 对外交往及其他

1990 年 12 月，北京人民广播电台启用建国门外大街 14 号办公大楼

第一章 对外交往

北京电台自1949年2月建台直至20世纪80年代初的30余年中，对外交往很少。中共十一届三中全会后，在改革开放政策的指引下，对外交往才逐渐增多。从1985年到1993年，领导和记者出国考察、采访，工程技术人员出国进行技术援助或接受技术培训等交往活动近百人次；外国友人来台访问也接连不断。对外交往的增多使北京电台的编播技术人员开阔视野，了解外部世界，对于办好广播起到积极的作用。

现按友好往来、友好合作和记者采访三个方面分述如下。

第一节 友好往来

1954年，北京电台台长丁一岚随广播事业局访苏代表团到苏联访问。1955年、1957年北京电台播音员闫小云、章虹、笪吉珠、吴俊德先后被广播事业局派往莫斯科、河内，在莫斯科广播电台、越南之声广播电台任华语播音员。

1985年4月，北京市广播电视局副局长兼北京电台台长于云先率北京市广播友好访问团访问日本，和日本长野放送建立友好关系。同年10月，日本长野放送友好访华团一行4人到台访问，台长于云先、副台长周溥雄等接待访华团。

1986年，北京电台副台长田月华、音乐编辑降巩民应美国政府“国际访问者计划”的邀请，赴美进行为期一个多月的业务考察访问。同年，美国新闻总署官员苏萨德、美国之音中文部主任夏立奇、新闻与英语部主任爱德华·德方泰恩到台访问。

1986年9月至1987年7月，北京电台总工程师办公室副主任何永安前往非洲科摩罗伊斯兰联邦共和国进行技术援助工作。

1993年5月，美国联邦传播公司汤容肃女士，以及新加坡职工总会心电台总经理张育树，先后到北京电台访问，就两台之间节目交流、人员互访等问题进行洽谈。截至1993年年底，北京电台出国进行友好交往达40多人次，并有8个国家的友好人士到台访问。

第二节　友好合作

1987年6月，北京电台和加拿大国际广播电台签署《关于联合举办英语讲座协议书》。1988年10月，北京电台开始播出加拿大电台编辑制作的《每日英语》广播讲座，讲座分为一、二册，每个周期为6个月，首次播出时加方赠送教材8万册，因供不应求，征得加方同意后，又在北京增印15万册。1989年10月，《每日英语》讲座第一期结束，同时开办的1000人面授班也结束授课。经对学员进行答题竞赛后，评选出20名成绩优异者，11月5日在北京召开颁奖大会。加拿大国际广播电台台长安德鲁·西蒙和节目台长艾伦·范美利专程到北京参加颁奖大会，加拿大驻华使馆文化处官员也到会祝贺。

1990年底，北京电台与加拿大国际广播电台达成两项协议：(1) 加方负责《每日英语》续集教材编写和录制工作。(2) 北京电台负责安排节目播出、教材印刷及教材、录音磁带的发行等工作。1991年11月，《每日英语续集》讲座试播，1992年3月正式播出，适合中级英语水平的听众收听。9月，在全国总工会会议厅举行《每日英语续集》大奖赛颁奖大会，加拿大驻华使馆文化处一秘查尔斯·伯顿、北京电台总编辑周溥雄参加大会，向61名获奖者颁奖。

1992年8月至次年8月，北京电台为新加坡丽的呼声电台提供了约480小时的文艺节目，新加坡的《影视周刊》《联合早报》均对此做了报道。

1992年10月，北京电台台长吕浩材应新加坡职工总会心电台邀请，赴新加坡访问。访问期间，吕浩材接受心电台主持人的采访，向新加坡听众介绍北京电台的宣传及事业发展情况，并与心电台签订加强友好往来和节目交流协议书。

1993年10月，北京电台和加拿大国际广播电台协商次年合办《英语2000》教学节目等事宜。

1993年，北京电台为新加坡职工总会心电台提供《空中笑林》相声节目。

第三节 记者采访

一、北京电台记者赴国外采访

1984 年 8 月，任宝山作为“北京青年友好之船”随团记者赴日本采访，这是北京电台首次派记者出国采访。

从 1986 年开始，北京电台每年都有记者出国采访国际体育比赛。如第 24 届汉城奥运会、第 39 届至第 42 届世界乒乓球锦标赛、日本尤尼克斯羽毛球公开赛等。至 1993 年年底，北京电台记者共出国采访国际体育比赛 13 次。

1993 年 9 月 23 日，北京电台记者刘爱勤、姚钢随北京奥申代表团赴摩纳哥蒙特卡洛采访，用长途电话随时发回奥申代表团的工作及会议情况。

至 1993 年年底，北京电台赴美国、芬兰、泰国、马来西亚、土耳其、巴基斯坦、新加坡等国家采访的记者达 55 人次。

二、外国记者来北京电台采访

北京电台地处首都，外国记者对北京电台播出的节目很关注。

1983 年 11 月，北京电台播出赵松伶老人受儿女冷落的报道后，美联社、美国广播公司等多家新闻单位先后到台了解情况，并报道这一事件的始末。

1993 年，北京电台相继成立了新闻台、音乐台、儿童台和交通台，节目作了较大调整。从 5 月至年底，先后有美联社、美国之音、加拿大电视网、日本读卖新闻、葡萄牙新闻社、英国《金融时报》、英国广播公司、法国《费加罗报》等 10 个国家和地区的 20 多个新闻机构对此进行了采访。新开办的新闻台《人生热线》和经济台《悄悄话》两个主持人热线直播节目是外国记者采访的热点。

第二章
书刊编辑出版

北京电台在办好广播的同时，根据听众的需要和出版社的约请，编辑、出版了不少书刊和录音磁带。其中一部分是广播教材，另一部分是优秀广播稿件和资料汇编。从 1949 年至 1993 年年底，累计出版书籍 130 余种、盒式录音磁带 60 盒、编辑内部出版的书籍 9 种、刊物 15 种。

第一节　正式出版的部分书籍

正式出版的书籍（部分）见表 4-1。

表 4-1　正式出版的书籍一览表

书名	作者、编者	出版单位	出版时间
《广播俄文讲座教材》1 ~ 3 册	龚人放	五十年代出版社	1949 年
《广播俄语讲座教材初级班》	龚人放	北京市中苏友好协会、北京市人民广播电台	1950 年
《广播俄语讲座教材中级班》1 ~ 2 册	龚人放	同上	1951 年
《电影歌选》（创刊集）	北京人民广播电台第二、三台	三联、中华、商务、开明、联营	1951 年 12 月
《初级俄语读本》	刘光杰	五十年代出版社	1952 年
《中级俄语读本》	刘光杰	五十年代出版社	1952 年
《俄语读本》1 ~ 2 册	刘光杰	五十年代出版社	1953—1954 年
《第一个五年计划对话》	北京人民广播电台编辑部	通俗读物出版社	1955 年
《欢乐的五年》	关同	通俗读物出版社	1956 年
《大寨——农业战线上的一面红旗》	张钰	农业出版社	1964 年
《英语》（北京市业余外语广播讲座）1 ~ 9 册	北京市业余外语广播教材编写组	北京人民出版社	1972 年 9 月—1973 年 12 月

续表 4-1

书名	作者、编者	出版单位	出版时间
《英语初级班》(北京市业余外语广播讲座)上、中、下3册	北京市业余外语广播教材编写组	北京人民出版社	1974年2月—1975年6月
《商品·货币·小生产(通俗对话)》	北京人民广播电台编辑部	农村读物出版社	1975年
《英语》中级班(北京市业余外语广播讲座)1～4册	北京人民广播电台业余英语广播讲座教材编写组	北京人民出版社	1975年5月—1977年1月
《学一点政治经济学》	北京人民广播电台编辑部	北京人民出版社	1976年
《日语》(北京市业余外语广播讲座)初级班3册中级班2册	北京第二外国语学院、北京人民广播电台业余日语广播讲座教材编写组	北京人民出版社	1976年5月—1978年6月
《法语》初级班(北京市业余外语广播讲座)1～3册	北京大学、北京人民广播电台业余法语广播讲座教材编写组	北京人民出版社	1976—1977年
《社会发展简史通俗对话》	北京人民广播电台编辑部	人民教育出版社	1977年
《法语》中级班(北京市业余外语广播讲座)1～2册	同上	北京出版社	1978—1979年
《英语》中级班(北京市业余外语广播讲座)1～3册	北京外国语学院英语系业余英语广播讲座教材编写组	同上	1978年7月—1979年4月
《英语科普文选》1～5集	索恩利、京广英(英语组笔名)	科学普及出版社	1979年12月—1984年4月
《日语》(北京市外语广播讲座)1～6册	北京第二外国语学院日语广播讲座组	北京出版社	1979年
《英语时文选读》1～3册	葆青	人民教育出版社	1980年4月—1982年11月
《科学养猪常识》	北京市昌平县畜牧水产局、北京人民广播电台农村部	北京出版社	1980年10月
《法语》(北京市外语广播讲座)1～5册	北京大学法语广播讲座教材编写组	北京出版社	1981—1982年
《扬起科学的风帆》	北京人民广播电台科教部	广播出版社	1981年1月
《中国近代史知识》	北京人民广播电台编辑部	外译教学与研究出版社	1981年1月
《怎样使农村富裕起来》	北京人民广播电台农村部	广播出版社	1981年6月
《农村生活与生产顾问》	北京人民广播电台农村部	中国农业机械出版社	1981年9月
《幼儿英语》1～3册	方碧辉、京广英(英语组笔名)	中国少年儿童出版社	1981年11月—1982年12月
《社会主义经济建设的若干基本原理》	王珏等(理论组广播稿)	北京出版社	1982年8月

续表 4-1

书名	作者、编者	出版单位	出版时间
《法国文学选读》（北京市外语广播讲座）上、下册	桂裕芳、袁树仁	北京出版社	1983—1984 年
《中国古代诗歌十二讲》	北京人民广播电台文艺部	北京出版社	1983 年 1 月
《高中语文讲稿选编》	北京教育学院语文教研室、北京人民广播电台社教部	广播出版社	1983 年 4 月
《小学语文讲稿选编》	同上	广播出版社	1983 年 4 月
《初中语文讲稿选编》	北京教育学院语文教研室、北京人民广播电台社教部	广播出版社	1983 年 5 月
《〈邓小平文选〉辅导讲座》	王珏（理论组广播稿）	新华出版社	1983 年 9 月
《社会主义经济基础建立的若干基本原则》	王珏（理论组广播稿）	北京出版社	1983 年 10 月
《学习〈政府工作报告〉辅导讲座》	北京人民广播电台理论组	中国广播电视出版社	1984 年 9 月
《〈陈云文选〉辅导讲座》	北京人民广播电台理论组	新华出版社	1984 年 10 月
《生活顾问》第 1 集	北京人民广播电台科技组	中国广播电视出版社	1984 年 10 月
《科技日语》（北京市外语广播讲座）	孙明久	科学普及出版社	1984 年 12 月
《出国人员实用英语会话》录音带（5 个盒号）		北京音像公司	1985 年
《广播京剧唱腔选》1 ~ 3 辑	北京人民广播电台文艺部	中国戏剧出版社	1985 年 5 月—1990 年 10 月
《俄语》（北京市外语广播讲座）1 ~ 3 册	刘光杰等	北京出版社	1985 年 7 月—1986 年 7 月
《大力发展第三产业广播讲座》	北京人民广播电台理论组	宇航出版社	1985 年 8 月
《幼儿卫生知识》	北京人民广播电台社教部	中国广播电视出版社	1985 年 8 月
《出国人员实用英语会话》	丁图、张大祯、亢亚志	中国新闻出版社	1985 年 9 月
《关于“七五”计划建议的问答》	北京人民广播电台理论组	新华出版社	1985 年 10 月
《中国古代小说十五讲》	董兴文等	北京出版社	1985 年 10 月
《儿童英语入门》1 ~ 3 册	外语组	人民日报出版社	1986 年
《儿童英语入门》录音带（6 个盒号）		北京音像公司	1986 年
《出国人员实用英语会话》教学录音带（5 个盒号）		北京音像公司	1986 年
《日语会话》1 ~ 2 册	陈常好	北京出版社	1986—1987 年
《中国古代戏曲十九讲》	董兴文、张燕瑾、周续赓	北京出版社	1986 年 2 月
《幼儿心理知识》	北京人民广播电台社教部	中国广播电视出版社	1986 年 4 月
《为胜利实现“七五”计划而奋斗》	国务院办公厅调研室	中国经济出版社	1986 年 5 月
《出国人员实用英语会话辅导画册》	潘秋叶、陈世铮	地震出版社	1986 年 10 月

续表 4-1

书名	作者、编者	出版单位	出版时间
《学习〈中共中央关于社会主义精神文明建设指导方针的决议〉问题解答》		辽宁人民出版社	1986 年 11 月
《幼儿教育知识》	北京人民广播电台社教部	中国广播电视出版社	1987 年 1 月
《中国古代散文九讲》	董兴文、李景华等	北京出版社	1987 年 2 月
《出国人员实用英语会话辅导手册》	亢亚志、张大祯	商务印书馆	1987 年 6 月
《笑谈相声》	于万海、王决	宝文堂书店	1987 年 7 月
《〈建设有中国特色的社会主义〉(增订本)辅导讲座》	北京人民广播电台理论组	新华出版社	1987 年 7 月
《中国珍稀野生动物》	郭新华	中国林业出版社	1987 年 7 月
《加快改革　振兴中国——学习党的十三大报告》		红旗出版社	1987 年 11 月
《每日英语》录音带(4 个盒号)		北京音像公司	1988 年
《英语听力集锦》(初、中级)	亢亚志、张大祯、王京莉	中国广播电视出版社	1988—1989 年
《多音字读音手册》	蔡伟等	北京出版社	1988 年 2 月
《以改革总揽全局　推动社会经济发展——七届人大一次会议〈政府工作报告〉学习辅导材料》	国务院办公厅调研室	中国财政经济出版社	1988 年 4 月
《民国风云》	田战义、沈永年、于万海	新华出版社	1988 年 8 月
《小说播讲艺术》		北京广播学院出版社	1988 年 9 月
《英语听力集锦》录音带(4 个盒号)		中国广播电视出版社	1989 年
《每日英语辅导手册》(一)	张大祯、亢亚志、王京莉	中国新闻出版社	1989 年 1 月
《日语》(上、下册)	陈常好等	中国新闻出版社	1989 年 7 月
《每日英语辅导手册》(二)	张大祯、亢亚志、王京莉	中国广播电视出版社	1989 年 9 月
《立国之本　强国之路:学习江泽民同志国庆讲话广播讲座》	北京人民广播电台理论组	中国广播电视出版社	1989 年 11 月
《民族魂》	陈漱瑜、董兴文	浙江文艺出版社	1990 年
《相声艺术讲座》	于万海、王决	中国戏剧出版社	1990 年
《英语听力集锦辅导手册》	李孚声	中国广播电视出版社	1990 年
《英语听力集锦手册》录音带(1 个盒号)		中国广播电视出版社	1990 年
《百句英语迎亚运》	亢亚志、张大祯、王京莉	中国广播电视出版社	1990 年
《百句英语迎亚运》录音带(1 个盒号)		中国广播电视出版社	1990 年
《百句英语迎亚运》教学录音带(14 个盒号)		中国广播电视出版社	1990 年

续表 4-1

书名	作者、编者	出版单位	出版时间
《中学生英语口语入门》(1)(2)	黄源深	华东师范大学出版社	1990 年
《广播日语听力教材》	马秀兰	中国广播电视版社	1990 年 1 月
《广播日语听力单词手册》	王庆等	中国广播电视出版社	1990 年 1 月
《学习七届人大三次会议〈政府工作报告〉问答》	北京人民广播电台理论部	北京师范大学出版社	1990 年 4 月
《社会主义好》	北京人民广播电台农村部	北京出版社	1990 年 6 月
《燕京传说》	王瑞年	农业出版社	1990 年 8 月
《英语听说》(上、下册)	张道真	清华大学出版社	1991 年
《英语听说》录音带（5 个盒号）		中国广播电视出版社	1991 年
《初学英语入门》录音带（3 个盒号）		中国广播电视出版社	1991 年
《每日英语续集》(上下册)	亢亚志等	中国广播电视出版社	1991 年
《每日英语续集上册》录音（3 个盒号）		中国广播电视出版社	1991 年
《广播法语》	桂裕芳、万美君	中国广播电视出版社	1991 年 1 月
《日语》(上下册)	陈常好等	中国广播电视出版社	1991 年 2 月
《科普日语》	陈常好、王庆	科学出版社	1991 年 5 月
《初学英语入门》	夏祖煃	中国广播电视出版社	1991 年 8 月
《每日英语续集辅导手册》	亢亚志	中国广播电视出版社	1991 年 12 月
《每日英语续集下册》录音带（2 个盒号）		中国广播电视出版社	1992 年
《高级英语听力集锦广播讲义》	李孚声	旅游教育出版社	1992 年
《高级英语听力集锦》录音带（4 个盒号）		中国广播电视出版社	1992 年
《新编俄语》	赵作英等	中国广播电视出版社	1992 年 2 月
《北京实用资料大全》	北京人民广播电台资料室	改革出版社	1992 年 2 月
《高级英语听力集锦》	李孚声	旅游教育出版社	1992 年 8 月
《卡通儿童英语》录音带（3 个盒号）		中国广播电视出版社	1993 年
《北京的大街小巷》	王瑞年	农业出版社	1993 年 5 月
《拯救心灵》	董兴文、鲁龙光	中国华侨出版社	1993 年 7 月
《卡通儿童英语》	亢亚志	人民体育出版社	1993 年 9 月
《空中日历——中国近现代重大历史事件》	北京人民广播电台资料室	改革出版社	1993 年 11 月
《心海罗盘》(1 ~ 2 册)	北京经济台星期天特别节目室	中国友谊出版公司	1993 年 12 月

第二节　编印的部分内部书籍

部分内部书籍见表 4–2。

表 4–2　部分内部书籍一览表

书名	编者	主要内容	出版时间
《学习无产阶级专政理论广播讲座》	北京电台编辑部	广播稿	1975 年
《学习〈毛泽东选集（第五卷）〉辅导材料》	编辑部理论组	广播稿	1978 年
《京郊三十五年》	北京电台农村部	新中国成立 35 周年北京农村建设成就专题广播文章	1984 年 10 月
《北京人民广播电台三十五年纪念》	北京电台总编室	1949—1984 年有重要意义的照片	1984 年
《北京人民广播电台 1949—1989》	北京电台办公室	1949—1989 年各阶段有重要意义的照片	1989 年
《北京人民广播电台广播稿选 1989》	北京电台总编室	1949—1989 年优秀广播稿件	1989 年
《北京人民广播电台广播稿选 1990—1993》	北京电台总编室	1990—1993 年优秀广播稿件	1993 年 11 月
《北京人民广播电台广播文选》	北京电台总编室	1949—1993 年优秀论文	1993 年 11 月
《北京人民广播电台大事记 1949—1993》	北京电台大事记编写组	1949—1993 年大事记	1993 年 12 月

第三节　编印的部分内部刊物

部分内部刊物见表 4–3。

表 4–3　部分内部刊物一览表

刊名	主要内容	编印者	出刊时间	期数
《北京广播》月刊	加强与通讯员和听众的联系	北京市人民广播电台	1950 年 4 月	37 期
《工人通讯员》	对通讯员讲业务知识	北京电台编辑部	1953 年	12 期
《业务汇报》	有关编、采、播工作的汇报	北京电台编辑部	1953 年 11 月—1955 年 3 月	62 期

续表 4-3

刊名	主要内容	编印者	出刊时间	期数
《来稿综述》(《通联工作简报》《来稿情况简报》)	评述来稿中问题，以提高通讯员写作水平	北京电台编辑部	1956 年 11 月—1957 年 7 月	9 期
《情况简报》	关于编采播工作的内部通报	北京电台编辑部	1959 年 11 月—1960 年 7 月	10 期
《工作简报》	关于编采播工作的内部通报	北京人民广播电台	1961 年 11 月—1963 年 1 月	24 期
《内部情况简报》(内部情况)	宣传方面的内部情况及应注意的问题	北京电台编辑部	1962 年 2—11 月	11 期
《通讯工作》	宣传方面的方针政策及来稿评述	北京人民广播电台、北京日报、北京晚报合办	1963 年 8 月—1965 年	30 期
《情况简报》	记录宣传方面有关情况，供领导参考	北京电台总编室	1965 年 3—12 月	14 期
《听众反映简报》	摘录听众对北京电台节目的意见、建议和要求	北京电台总编室	1979 年 8 月—1989 年	每月一期
《安全播音简报》	记录安全播音情况及问题	北京电台总编室、总工办	1983 年 1 月—	每周一期
《信息与资料》	各省市自治区新闻单位改革经验及有关资料	北京电台总编室资料室	1987 年 4 月—1988 年 9 月	33 期
《北京广播》	刊登电台近期大事	北京电台办公室	1987—1993 年 12 月	月刊
《听众反映专辑》(原名《听众反映简报》)	摘编听众对电台节目反映的来信	北京电台总编室	1989 年—	不定期改为双月刊
《宣传业务》	刊登有关宣传精神、业务研究论文、经验总结、调查报告及文章	北京电台总编室	1991 年—	半月刊

第三章 附属企事业单位

北京电台的附属企事业单位为数不多。1952 年曾开设“北京人民广播电台服务部”，经营收音机、扩音机等组装修理业务，但是其资产及经济收入均属中央广播事业局直接管理，后更名为广播事业局服务部。

进入 20 世纪 80 年代，在改革开放进程中，伴随着广播事业的发展，北京电台围绕着广播事业，陆续兴办了一些企事业单位。

在广播教学节目不断增多的情况下，为满足听众、学员的要求，增强广播教学效果，负责办教学节目的社教部，在举办面授辅导班的基础上，于 1985 年开办北京电台外语学校，使广播教学与面授辅导相结合，受到听众欢迎。招收的学员少则几十个班，多则近百个班，利用晚上时间上课。教学地点主要在北京市第 24 中学和月坛中学。平均每年入学学员有 2500 人次，到 1993 年年底已有 1.2 万多人获取结业证书。这个学校取得了一定的社会效益和经济效益。在开办外语学校的同时，还开辟了外语讲座教材和录音磁带的自办发行工作，为开办音像书店作准备。1993 年 5 月 8 日，北京播知音像书店在北京电台东门外开业，成为全面发行北京、中央广播电视机构播出的各种教学讲座教材、录音带、录像带的专业音像书店，同时还代售其他教材和工具书等。播知音像书店不仅成为电台联系听众的一个窗口，其创收还弥补了外语广播讲座经费的不足。

1989 年北京电台开办墨岚画馆。画馆以展示中国当代著名画家作品为主，到 1993 年年底已举办各类画展 32 次，接待几十个国家的外宾千余人次。

1992 年 11 月，北京电台成立集团型企业化公司——北京广播发展总公司，注册资金 150 万元。1993 年 3 月 18 日，北京广播发展总公司开业。

这家公司以发挥广播优势、开发广播资源、为社会服务为宗旨，主要业务是经营广播电视器材、开展经济信息咨询服务、进行调频立体声副信道的技术开发工作及广告设计制作、广播器材维修等。从业人员22人，编制归北京电台。公司实行独立核算，自主经营。

附录

附录一
1962 年 12 月北京电台广播宣传基本总结

北京人民广播电台广播宣传基本总结

北京人民广播电台成立十三年来，在北京市委和广播局的领导下，本着为政治服务、为生产服务、为群众服务的方针，在宣传党的方针政策方面，在进行社会主义、爱国主义、国际主义教育方面，在满足群众文化需要方面，进行了大量的工作，在社会主义革命和社会主义建设事业中，起了一定程度的作用。十三年来，北京台的政治方向是正确的，成绩是很大的。

一

主要成绩可以概括成以下几个方面：

一、根据党在各个时期的中心任务，宣传了党的方针和路线，反映了人民群众的政治斗争、生产劳动和实际生活。

解放初期，在国民经济恢复时期，北京台配合全市开展的民主改革、镇压反革命、“三反”“五反”等政治运动，在新闻节目、市政之声节目和对职工、学生、妇女的对象节目中，正面讲解了有关政策、法令，反映了各项方针政策的贯彻执行情况。1951 年 3 月，反复播送了北京市、区人民代表讨论惩治反革命罪犯问题的实况录音，全市几十万人民收听了这一广播。他们纷纷打电话或写信给电台，认为各界人民代表的控诉和揭露，使他们看到反动派血淋淋的罪恶事实，激发了他们痛恨旧制度、热爱新社会的心情。在抗美援朝运动中，北京台举行了“提前缴纳爱国捐款”的广播大会。大会进行中，工商界和其他各界就来电台缴纳了捐款20多亿元（旧币）。

在第一个五年计划时期，党提出了过渡时期总路线，政府公布了第一个五年计划，随后又公布了农业发展纲要（草案）等重要文件。北京台都拿出主要力量，做了系统的通俗的讲解。许多单位把收听总路线讲话节目，当作学习的材料。在第一个五年计划期间，北京台的新闻报道工作有了加强，除本市新闻节目以外，增设了《首都生活》节目。这两个节目集中报道了过渡时期首都各项建设事业的进展和成就，介绍了工农业生产中的先进经验、先进人物和先进思想。对于社会主义改造高潮的报道工作，也做得有声有色。

1958年，党提出了社会主义建设总路线，全国出现了轰轰烈烈的生产建设“大跃进”的新局面和农村人民公社化的高潮。北京台的广播节目，满腔热情地歌颂了三面红旗的伟大胜利，反映了广大群众响应党的号召，多快好省地建设社会主义的革命干劲，迅速地反映了工农业生产的成就和社会上出现的新气象，宣传了人民群众的创造精神、革命气概和精神面貌的变化。

二、对群众进行了经常性的爱国主义和国际主义、社会主义、共产主义思想教育。

北京电台成立之初，就组织了“新民主主义学习讲座”“社会发展史讲座”等系统的革命基础知识讲解，并且通过日常的对职工、对学生、对妇女为对象的节目，进行经常的阶级教育和爱国主义教育。对学生广播的《国内外大事》、对职工广播的《赵师傅和小刘谈时事》、对妇女广播的《张大妈丁二嫂谈时事》等节目，都对群众进行了一系列的爱国主义教育。《国内外大事》节目，从1951年举办到1957年停办的8年中，在中学作为一节正规的课外活动，经常有二三十万学生收听。《赵师傅和小刘谈时事》节目，从1951年起一共办了3年，由于它的内容通俗易懂，所以拥有不同年龄、不同职业和不同文化程度的大量听众；直到最近，许多老听众还对这个节目念念不忘，建议继续举办。1961年举办的《发扬革命传统》节目，经常收到不少听众来信，感谢这一节目对他们的教育。不少单位把这个节目当作对本单位群众进行教育的好材料。1961年广播的孙大德（小说《林海雪原》中飞毛腿的模特）的讲话和1962年广播的宋振书（《红岩》中小萝卜头的姐姐）“读《红岩》忆亲人”对国民党反动派的控诉，都是深受听众欢迎的节目。这两个讲话节目一再被要求重播，播出后，不少单位要求复制讲话录音，以便广泛放送。

此外，在日常的新闻节目、文艺节目中，也通过大量新人、新事、新思想的报道和宣传，进行了活生生的社会主义和共产主义教育。

三、根据群众需要，在扩大群众科学文化知识领域方面，取得了良好的成绩。

北京电台成立不久，就根据群众需要和中苏友好协会北京市分会合办了广播俄语讲座，满足群众学习俄语的热烈愿望。这个空中大课堂，十多年来，为数以万计的学员打下了学习俄语的基础，其中，不少人成了外语翻译或俄语教学人员，分布在不同岗位上，为社会主义建设事业服务。

北京电台和北京市教育局合办的三种教师进修讲座，六年多来，为提高北京市中小学教师教学质量做出了一定的贡献。这个节目在唐山、石家庄等地也拥有听众。

1962 年 9 月举办了广播函授学校，11 月又办了《对中学生时事广播》节目，单是讲座节目就占用了两个波长（1500、1350 千周）。

北京电台还先后举办过有关无线电使用、妇婴卫生、儿童教育等方面的知识性节目，这些节目都收到了一定的效果。1962 年举办的《小常识》节目，每天只播 5 分钟，由于它选材比较广泛，对人民群众的衣、食、住、行有直接帮助，而且可以增长知识，因而受到广大听众的欢迎。听众提出许多迫切的问题，要求《小常识》节目给予广播答复。除此以外，在广播中还经常播送一些跟主要报道有关的革命历史知识、祖国文化传统知识、国际知识、气象知识、农业生产知识和文艺知识等内容。这些知识性的内容，既服务于报道主题，也切合群众需要。

四、在文艺广播方面，给群众提供了正当的文化娱乐，丰富了群众文化生活。

以上成绩的取得，是广播事业局和北京市委加强对北京台广播工作领导的结果，也是全台工作人员，在党的教育下，不断提高政治觉悟，发挥了积极性和创造性，努力钻研广播业务，重视联系群众的结果。

二

北京电台十三年来的宣传工作，成绩是第一位的，主要的。但是也存在着一些缺点，出现过一些错误。

一、对党的方针政策学习与钻研得不够，宣传中有肤浅、简单化的缺点，还出现过一些偏差。

北京电台对党的方针政策的研究，一般说是重视的，但不经常、不深入，这就使大量的新闻报道缺乏生动的说服力量。不少稿件只提到某些政策的条文，如：“贯彻了按劳分配的原则”“在等价交换的原则下……”“在以农业为基础，大力支援农业的思想指导下……”等等，很少深入地、生动地通过典型事实的报道阐发党的政策的贯彻过程中的各种实质问题和其丰富的内容。这种简单化的报道，一方面是由于主观上对政策钻研得不够，另一方面也是由于新闻发稿量比较大，编辑部人力比较单薄，采访不能深入，对实际缺乏感性知识所致。

比较严重的是“大跃进”时期的宣传报道。那个时期宣传报道上的缺点和错误概括起来是：强调了共产主义因素，忽视了社会主义原则；强调了主观能动性，忽视了客观条件；强调了不断革命论，忽视了革命发展阶段论；强调了政治挂帅，忽视了物质利益。同时，又缺乏实事求是、调查研究的工作作风，这就不能不助长了社会上的浮夸风、共产风、命令风等。

二、对广播宣传联系实际认识不够全面，在宣传报道中起过一些不良作用。

建台初期，曾经有过这样的规定："加强和政府各机关团体的联系，紧密配合各机关团体各个时期的中心工作进行宣传。"这一方针是在党的宣传工作必须密切联系实际、指导实际的思想下制订的，起过积极的作用，但是，也产生过联系得过细、过专、过具体的缺点。这一阶段，有些对象节目办得有点像某一机关团体的业务刊物。

1954 年撤销对象节目，加强新闻节目，建立《首都生活》节目，明确了以全体听众为对象，配合全市性的重大中心工作进行宣传的方针。这是一个长足的进步，跳出了狭隘地配合各机关团体具体业务的圈子。但是，在某些干部中，又产生了要不要正面、直接配合具体工作的问题。他们过分强调了广播宣传潜移默化的作用，忽略了配合和推动实际工作的作用；主张把广播办得杂一些，而不重视对实际工作和具体政策的宣传。

经过 1957 年整风反右，以上片面观点得到澄清。在"大跃进"的年代，广播宣传紧密地、主动地、积极地为中心工作、为大跃进服务，反映了群众鼓足干劲、力争上游、多快好省地建设社会主义的英姿；但是，这一时期有不少宣传内容在联系实际方面走过了头，甚至想使宣传工作代替业务行政部门直接指挥生产，这就造成了瞎指挥的错误。如 1959 年 4 月举行的一次防霜防冻特别广播就是一例。这次广播直接指挥郊区各社连夜点火熏烟，预防霜冻。事后了解，因郊区面积大，地势不一，气候差距很大，有些地区没有出现霜冻，然而由于广播宣传的瞎指挥，浪费了大量人力，烧掉了大量柴火。

三、对广播这一工具的性能理解不深，没有充分发挥这一工具的应有作用。

1953 年以前，广播宣传的品种比较多。除新闻性节目和文艺节目以外，在对职工、学生、妇女的对象节目中，还有一部分教育性和知识性的节目，如通俗的时事谈话、通俗的政策讲解等等。

1954 年以来，随着收听工具的逐步普及，分阶层组织收听已不必要，同时，由于对广播规律的不断探索，认识到广播宣传应以广大听众为对象，应该着重举办适合于各种对象共同关心的节目。因而，各种对象节目逐渐撤销了，办起了以全体听众为对象的《首都生活》节目，并且加强了新闻节目。

加强新闻性的节目（新闻和《首都生活》节目）是正确的，必要的。有些对象节目也应该撤销。但是，针对不同对象举办的通俗时事政策讲解以及在各个对象节目中进行社会教育的一部分内容，也减少取消了则是不妥当的。从 1954 年到 1960 年这段时期，北京台的政治广播部分基本上就剩下了单一的新闻性节目，因此，编辑部在配合中心工作进行宣传报道时，总是运用新闻、通讯这一种消息报道或综合报道形式，其他形式由于跟节目要求不太符合则很少考虑和运用。这样做，对中心工作的宣传来说，由于手段单一，难以深透，对于听众来说，由于广播品种单一，也难以满足各方面的需要。同时，新闻节目由于发稿量大，记者人力单薄，长期以来，采访不易深入，节目质量也不够理想。

1961 年，根据市委的指示，增办了《发扬革命传统》节目，随后，又增设了《小常识》节目。这两个节目的增设，由于切合群众的需要，受到听众的欢迎。1957 年设置的《对农村广播》节目也由比较单一的新闻形式，逐渐增加了些解说性的知识性的内容，更加切合农民需要，受到欢迎。

从以上情况看来，广播的路子应该是比较广阔的，群众也要求广播办得更丰富些，但是，我们对于广播这一工具所提供的最大可能性，认识还不深刻，在较长的时期里，路子走得窄了，这不能不是一个损失。

三

从上述主要成绩、主要缺点和错误中，应该吸取些什么教训呢？第一，广播必须正确地宣传党的方针政策；第二，根据形势需要和群众需要办节目；第三，必须按照广播特点办广播。

第一，广播必须正确地宣传党的方针政策。

党的方针政策的宣传，是广播宣传的灵魂，也是检验广播宣传工作好坏的主要标志。党的方针政策只许正确地宣传，不能有丝毫歪曲。为此，必须：

1. 要认真钻研党的路线、方针政策，不能以主观愿望代替党的政策。

2. 既要宣传具体的个别的工作路线和政策，也要宣传党的总路线和总政策，忘记总路线总政策，就会迷失方向，左右摇摆。

3. 对新生事物，必须热情地支持，但又需要有严格的科学分析的方法，要冷热结合。

4. 要积极地宣传成就，又要持实事求是的态度，不片面，不浮夸。

5. 在一个时期内，讲什么，不讲什么，强调什么，不强调什么，既要从实际情况出发，又要有全局观点。

6. 要善于根据政策要求，区别内外，掌握时机，注意分寸，一切从有利于对敌斗争，有利于团结广大人民进行社会主义建设出发。

7. 必须严格遵守组织纪律，重大问题的宣传报道，要请示报告，不能自作主张。

总之，广播宣传，应该当促进派，站在社会主义建设的最前线，但是，必须严格地以党的路线、方针政策为依据，必须持实事求是的态度、科学分析的方法，并且，要善于从政治上、政策思想上进行宣传报道，避免过多过碎地干预具体业务。北京台建立十三年来的经验，完全证明了这一点。

今年9月，党的八届十中全会向全国人民提出了当前的迫切任务，这就是："贯彻执行毛泽东同志提出的以农业为基础、以工业为主导发展国民经济的方针，把发展农业放在首要地位，正确地处理农业和工业的关系，坚决地把工业部门的工作转移到以农业为基础的轨道上来"。根据这一任务，广播宣传必须坚决地、正确地按这一精神进行工作，更高地举起三面红旗，把发展农业的宣传报道放在首要地位，同时，还应加强阶级斗争的教育，使听众牢记"在无产阶级革命和无产阶级专政的整个历史时期，在由资本主义过渡到共产主义的整个历史时期，存在着无产阶级和资产阶级之间的阶级斗争，存在着社会主义和资本主义两条道路的斗争"。

根据上述任务，今后：

甲、新闻报道必须根据八届十中全会的精神，紧紧地围绕党的中心工作，及时而又正确地进行宣传报道。新闻报道的任务是通过事实的报道，宣传贯彻党的政策，传播先进思想，反映群众斗争，反映群众生活，并为群众服务。因而，新闻报道不是有闻必录，也不能采取客观主义的态度去对待，它只能在有利于对敌斗争、鼓舞教育听众、指导实际工作、沟通情况、传播知识的情况下，挑选生活中有典型意义、有积极作用的事实，进行正面教育。

乙、《对郊区农村广播》要继续办好。今后必须按照八届十中全会提出的农业方面的任务，进行宣传，这就是：

①继续深入地宣传农村人民公社的各项政策，反映集体经济的进一步巩固，反映农民集体生产的积极性。

②大力宣传人民公社优先发展粮食生产的同时，努力发展棉花、油料等经济作物，发展畜牧业、水产业、林业和其他副业。

③大力宣传各行各业在物质方面、技术方面、财政方面，在组织领导方面、人才方面，给予人民公社的积极的支援。

④及时地宣传各地、各部队因地制宜的实现农业技术改革。

⑤介绍农业生产和农业技术知识。

⑥有计划地、深入浅出地而又通俗易懂地向农民进行时事政策教育。

丙、《对中学生时事广播》，也要按八届十中全会的精神，根据中学生的水平，通俗地宣传党在国际斗争和国内建设方面的方针政策。在国际宣传方面，要高举十中全会指出的四面旗帜，做日常的宣传；在国内问题方面，应着重宣传以农业为基础、以工业为主导的发展国民经济的总方针，帮助中学生认清形势辨明方向。

丁、《发扬革命传统》节目，也要坚持办好，以便通过这个节目，进一步加强阶级教育，加强党的光荣传统的教育。

戊、知识性节目和服务性节目，必须在适应形势需要和中心任务的前提下，尽可能地给群众以知识，并为满足群众需要服务。

己、文艺广播，必须坚持为工农兵服务的方向，在照顾地方特点的前提下，贯彻百花齐放、推陈出新的方针，为社会主义建设服务，为阶级斗争服务。为此，必须重视现代题材的戏曲广播、介绍，同时，也注意对传统剧目和外国的作品广播，以满足听众多方面的要求。

第二，根据形势需要和群众需要办广播。

广播宣传，属于意识形态范畴，是上层建筑。它反映经济基础，又反作用于经济基础。因此，必须正确地发挥广播宣传的这一作用。

广播，同党的其他宣传工具一样，必须服从于政治形势，满足群众的需要。政治形势，这是确定广播宣传方针与任务的根据，广播宣传只有符合了形势的需要，密切联系当前的实际斗争和群众的思想，才能受到群众的欢迎，反之，则脱离实际、脱离群众，不仅有害于社会主义建设，违犯党的方针政策，也会给群众思想造成一定的混乱。

建台 13 年来的经验证明了这一点，如前所述，1951 年搞的“提前缴纳爱国捐款”广播大会之所以在群众中产生良好的效果，原因之一是符合了形势的要求，为群众所需要。1958 年，在新闻性节目中，大插红旗，大树标兵，并且成龙配套的进行编排，对于直接鼓舞和组织群众投入“大跃进”的洪流，有着良好的作用。究其原因，也是因为这种做法反映了“大跃进”形势之故。1962 年春节在文艺节目中搞的猜谜晚会，因为内容符合形势要求，适合群众需要，同样得到了群众的好评。反之，像脱离实际、脱离群众的某些高指标、瞎指挥的广播大会，以及其他一些不切实际的报道与宣传，则产生了相反的效果。

我们应当吸取这一经验教训，在新的形势下努力改进广播宣传工作：

1. 广播宣传是反映实际、指导实际的。实际生活包括了各个方面，除了生产和工作以外，社会上还有许许多多的活动，这些活动通过广播宣传以后，有的可以提高人们的政治觉悟，加强对党的方针、政策的认识，有的可以移风易俗和培养人们的高尚情操，有的可以加强人们之间的了解和联系，有的可以提供正当的娱乐，有的可以增加人们的知识。因此，广播宣传只仅仅注意从实际工作方面而忽视从其他方面来宣传、教育人们，就会把本来是丰富多彩的实际生活理解狭窄了，就不能最大限度地发挥广播宣传的作用。

2. 广播宣传是党的政治工作，它主要是从政策上、思想上来指导工作和鼓舞教育人民，而不是主要从业务上技术上来指导。所谓从政策上、思想上来指导，就是要求宣传报道的事情，能针对当前实际工作和群众思想中存在的问题，用党的观点和政策思想，来向群众进行教育。因此，我们的广播宣传必须紧密地结合形势、关心同群众切身利益有关的各种问题、注意了解群众的思想动向和要求，并善于从社会生活的各方面去发掘对群众有指导作用、教育意义的主题和题材。

3. 广播宣传必须面向广大听众，根据党的利益和群众利益一致的原则办广播。为此：

甲、必须努力提高政策思想水平，认清形势，制订切合实际需要的宣传方针和任务。

乙、必须坚持从群众中来到群众中去的群众路线的工作方法，加强群众观点，站在群众之中考虑问题，研究群众的呼声，从群众的爱憎出发，向群众学习，为群众着想。

丙、加强调查研究工作。广播宣传工作者同其他新闻工作者一样，都不直接参加工农业生产，不直接从事被宣传报道的实际工作，而且，除了现场采访、录制节目外，宣传报道的材料都是事后别人提供的。因此，要如实地反映实际，必须加强调查研究工作。我们的调查研究的目的，应该是为了写出或录制出具有宣传价值的广播稿件和节目，同时，也应尽可能地提供具有参考价值的内部参考稿。我们调查研究的特点，主要是为了制作广播节目。

4. 尽可能地扩大和丰富适合形势需要、又为群众欢迎的宣传报道内容和花色品种，在这方面：

地方新闻报道应进一步加强，采用集中力量打歼灭战的方法来提高质量，同时也重视广泛取得稿源。学会从多种角度，特别是群众角度来写新闻，新闻节目既要关心生产，也要关心群众生活。

除地方新闻节目以外，还应有其他相应的节目，满足群众多方面的需要。在这方面：教育性节目（包括发扬革命传统、时事政策讲话、小常识节目等）应充实其内容，同时，还应考虑增办直接为群众服务的节目。对郊区农村广播是当前对农村宣传最直接最广泛的工具。应该使对郊区农村广播节目，成为最生动的宣传党在农村各项政策、调动社员生产积极性的有力武器。对郊区农村广播主要应从政治思想方面教育农民提高觉悟，不应过多地就生产谈生产。为了解决青年升学和自学的愿望，我们已经决定举办广播函授学校，这一工作一定要予以重视。

文艺广播，应该办得更加丰富多彩，更多地向人民提供积极的、有教育意义的文娱节目，以满足各行各业的听众正当的文化娱乐活动的要求。

第三，必须按照广播特点办广播。

广播是党的宣传教育工具之一。它应该采取适合它的特点的形式和方法进行工作。广播的主要特点是声音、迅速和广泛的群众性。前两个特点，具有明显的技术特征，易于被人们理解和重视，而广泛的群众性这一特点，往往被忽视了。

由于广播是用声音传达内容的，它的听众不受文化水平的限制；由于广播是用电波传达声音的，它不受空间的限制；由于收音机和听众朝夕共处，它能够随时为听众服务。由于这些独特的便利条件，加上收听工具在城乡的逐步普及，今天，无线电广播已经深入人民生活，它的服务对象，比其他宣传教育工具都较为广泛，它为群众服务比其他宣传工具具有更多的方便条件。因此，它在宣传党的政策方面、服务群众方面，也比其他宣传教育工具具有更宽广的范围。

一、广播宣传具有广泛群众性这一重要特点，决定了广播应该以广大听众（不仅是干部或知识阶层）为对象；决定了广播节目要照顾到广泛阶层的需要；决定了广播不仅要成为群众政治上的导师，也要成为群众生活上的知心朋友、服务员（市台更应如此）。

广播不仅是迅速传达消息的最有力工具，不仅是真实传播一切声音艺术提供文化娱乐的独特工具，也还是向全社会进行经常的多样的思想政治教育、文化知识教育的重要工具。

广播的性质决定了广播的任务：广播应该是“没有距离的报纸”，是“不用纸张的大课堂”，是“空中俱乐部”。因此，它可以通过各种节目，为阶级斗争服务，为社会主义建设服务，为群众生活服务。

北京台在这方面积累了不少经验：新闻性节目和文艺节目是一直受到重视的，除此以外，还先后举办过通俗讲解的“总路线讲话”“时事讲话”、形象性思想教育的《发扬革命传统》节目以及知识性教育性的《俄语讲座》《小常识》等节目，这些节目都是具有广泛影响和显著效果的节目。

但是，这方面的经验，没有系统地总结，有一些适合广播特点而又深受听众欢迎的社会教育性的节目，没有坚持下来，不断改进提高。目前，除《发扬革命传统》节目和《小常识》节目以外，可供进行社会教育的节目数量太少了、题材太窄了。这就需要在精办新闻性节目的同时，把社会教育性的节目也加强起来，充实起来，使广播更好地发挥它的独特功能，更好地为党的中心工作服务，更好地进行社会主义、爱国主义的教育，更好地丰富人们的科学文化知识。

二、充分发扬声音的特征。

广播是用声音传达内容的，声音比文字有更丰富的表现能力。

一篇文字稿，可以说明问题，但经过播音员的再创造，可以使文字稿的重点更突出，感情更突出。如果经过当事人的讲述，还能给人更大的真实感，缩短听众与作者的距离。一篇录音报道，不仅可以叙述事件，而且可以重现现场声响，给人以最逼真的真实感。配乐广播更是借助于音乐语言，可以强化稿件的思想感情，给人以更大的感染力。

这些方面，我们都有一些经验，但是也应该指出：在运用录音报道、配乐广播、广播讲话等广播独特形式方面，近年来有所忽视，应该重视起来，加强起来。

但是这几种形式的运用，也各有其自己的规律，不是一切都可以做录音报道、做配乐广播，不是任何口才的人都可以做广播讲话的。条件不具备，强搞录音报道、配乐广播或广播讲话，都反不如播送文字稿效果更好。

三、必须认识广播的局限性。

广播用电波传达声音，有“一瞬即逝”的弱点。因此，广播不宜于做长篇的艰深的文绉绉的宣传。广播稿件必须短小精悍，主题必须明朗单一，内容力求生动形象，语言力求通俗口语。

根据这些要求来看，照样播送理论性较强的文章，一般说是不合适的，除了重要的社论、文告以外，一般应争取通俗加工；技术性过强的纯业务问题，也是不宜广播，或者必须经过摘要解释后才能播送的。当然，一般的报纸、新闻、通讯等，也大部分需要经过压缩提炼然后广播。

以上是按我们的实践来检验是否适合广播特点的。此外，北京台办广播还必须照顾到北京台的特点：1. 是市台；2. 地处首都；3. 大量文艺节目与中央台交叉编排。因此北京台除了要紧密配合北京市的中心工作，满足北京市听众的要求，为北京市听众办一些服务性节目以外，还要重视首都重大政治活动的报道（报道不等于采访，除极少数事件与中央台协同采访或做补充采访外，一般可用中央台稿件，应力求及时，口径与中央台一致）。文艺节目在内容、风格和播音时间方面，在考虑地方特点的基础上，要注意和中央台的分工，并作为它的补充。

根据以上回顾和几个问题的探索，北京台当前的宣传亟待改进，新闻节目必须精办，社会教育性的节目应该加强，文艺节目也应该提高质量。为办好以上各类节目，扩大广播影响，还应该更好地联系群众，加强通联工作和听众联系工作。

北京台当前的方针任务，应进一步明确为：

甲、根据党的方针政策，结合北京市的中心工作，传播新闻；

乙、高举三面红旗，向城乡广大人民进行经常的社会主义、爱国主义和国际主义教育；

丙、根据群众需要，传播文化科学知识；

丁、给群众提供有益的文化娱乐。

四

根据以上精神，今后打算：

一、继续转播中央台的《新闻和首都报纸摘要》节目、《各地人民广播电台联播》节目和《国际新闻》节目。

二、举办五次新闻节目（内本市新闻三次）。

三、撤销综合性的《首都生活》节目。其中原新闻性的通讯特写并入《本市新闻》；其他时间性不强的通讯特写，另归其他节目。

四、继续办好《对郊区农村广播》节目。

五、新设《对中学生时事广播》。

六、继续办好《发扬革命传统》节目（每周二次）。

七、新办《在北京》《祖国巡礼》《世界知识》三个知识性的专栏节目（其中,《在北京》每周各二次，其余各一次）进行爱国主义、国际主义教育，并适当传播知识。

八、新办《听众信箱》节目（每周一次），服务群众，加强群众联系。

（6~8 项各节目，各 15 分钟，在同一时间轮回播出）

九、继续办好《小常识》节目（每天三次；新播一次，重播二次）进行科学知识教育，为群众服务。

十、和有关单位一起，继续办好《广播函授学校》《教师广播进修学院》《工农文化业余讲座》《广播中文系》和《俄语广播学校》。

十一、文艺节目方面，增办《革命歌曲》（每天 10 分钟），增办《评书》节目（每天半小时），增办《相声和轻音乐》（每晚半小时），同时继续办好《剧场实况转播》《文艺晚会》《听众点播的文艺节目》以及其他知识性和欣赏性的文艺节目。

根据上述节目安排，重新拟定新的节目时间表。

附录二 1985年7月北京电台节目方针汇编

北京人民广播电台节目方针汇编

党的十一届三中全会以来，从拨乱反正到全面改革，这是我党历史发展上的一个极为重要的时期。作为思想战线重要组成部分的广播宣传工作，必须适应新形势发展的需要，成为“教育、鼓舞全党、全军和全国各族人民建设社会主义物质文明、精神文明的最强大的现代化工具。”为此，北京电台从1979年6月到1985年7月，对广播节目进行了四次较大规模的调整和改革。经过调整和改革，不仅使节目设置、布局和时间安排逐渐趋于合理，更重要的是为提高广播宣传的思想性、知识性、艺术性、趣味性提供了有利条件。

目前，北京电台办有新闻性节目和专题对象节目17个，它们是:《北京新闻》《简明新闻》《对郊区农村广播》《话说北京》《北京人物》《听众之声》《大众科学》《卫生与健康》《生活顾问》《老年之友》《体育爱好者》《报刊文摘》《对中学生时事广播》《伟大祖国》《世界知识》《学习园地》《信息与广告》。文艺挂牌节目20个，它们是:《小说连续广播》《广播剧欣赏》《每周一歌》《戏曲选段介绍》《百灵鸟》《请您录音节目》《外语歌曲》《文艺点滴》等。英、日、法、俄等4个语种的外语讲座，电大中文专业、电视中专等教育节目。

现将新闻性节目和专题对象节目的节目方针汇编如下。

《北京新闻》节目方针

一、指导思想：

《北京新闻》节目，是北京市委和市政府“发布新闻，传达政令”的重要阵地，必须以中央和市委、市政府各个时期的中心工作为报道重点，充分反映各条战线贯彻党的路线、方针、政策，坚持改革所取得的成就，教育、鼓舞广大干部和群众，为首都的社会主义物质文明建设和精神文明建设做贡献。

《北京新闻》节目，以正面宣传为主（表扬为主）。对不正之风、坏人坏事，也要进行批评和揭露，但要慎重选择，实事求是。

重要新闻要配有自己的言论。

二、节目内容：

市委、市政府的重要决定、指示、通知和会议。

市委、市政府以及有关部门领导人的广播讲话。

首都各条战线的新人新事、新成就、新经验、新动向、新做法、新问题。

首都各界知名人士、先进人物、劳动模范典型事迹。

本台言论。

综合性或专题性简讯（如《市场简讯》《文化简讯》《教育简讯》《体育简讯》等）。

群众来信，包括表扬和批评。

三、编辑原则：

1. 充分体现“扬独家之优势，汇天下之精华”的精神，以编发本台消息为主，广泛选用首都各报有关北京的报道。

2. 早、中、晚各发一套节目。三套节目要各有侧重和分工。早新闻 15 分钟，听众最多，重要报道、言论，都要在这次节目中播出，并适当选用一些群众来信。午新闻 10 分钟，以发当天上午的消息为主，同时选播一些早新闻中的重要消息。晚新闻 15 分钟，由消息与专题组成。当天发生的重大事情，均要在这次节目中播出，尽量多用录音新闻、口头报道等形式，选播新闻性和思想性较强的小通讯、新闻故事等。

3. 所有新闻都要保证真实、准确。

4. 各次新闻，都要力求发挥广播特点，做到新、短、快。

5. 为增加信息量，力求每次发一组简讯。15 分钟的新闻发 12 条以上，10 分钟新闻发 8 条以上。

6. 注意广播新闻稿件的口语化、通俗化。多运用音响。

《简明新闻》节目方针

一、指导思想：

北京是首都，是全国政治、文化中心，是在向现代化迈进的大城市。电台要充分发挥广播优势，适应社会生活节奏不断加快的形势，尽早尽快地向首都广大听众提供重要新闻信息，满足不同作息时间的听众的需要。

二、节目内容：

国内外要闻。包括：1. 党和国家的重大决策和政策法令；2. 党和国家领导人的重要活动；3. 改革中的重要消息；4. 政治、经济、科技、文化等领域的重要事件；5. 具有较大新闻价值的社会新闻；6. 国际要闻；7. 其他为群众普遍关心的大事。

三、编辑原则：

1. 准确、及时地通报党和国家的各项方针政策；

2. 真正做到“简明”，不求面面俱到；

3. 强调可听性，选编听众普遍感兴趣和关心的新闻；

4. 保持一定的信息量，力争每次发 8 条以上。

《学习园地》节目方针

一、指导思想：

按照理论与实际相结合的原则，有计划地向广大干部、群众普及马列主义、毛泽东思想的基本原理；根据市委的中心工作，结合干部、群众的思想实际，从理论角度阐述党的路线、方针和政策，调动广大干部、群众建设“四化”的积极性。

面向区、县、局以及公社、厂矿企业的理论宣传干部，区、县、局以下的基层干部，兼顾具有中学以上文化水平的职工群众。

二、节目内容：

马克思主义哲学、政治经济学、科学社会主义的基本原理，中共党史、党的学说和党的建设，中外近代史，社会主义精神文明和物质文明建设，法制建设等。

三、节目形式：

采用讲座、文章、讲话、对话、名词解释、专题座谈、学习信箱、问题解答、小资料等多种形式。

四、编辑原则：

1. 坚持四项基本原则和中央书记处对首都建设方针的四项指示的精神，和党中央在政治上保持一致。

2. 宣传马克思列宁主义、毛泽东思想力求完整、准确、系统，不能断章取义或为我所用。

3. 坚持理论联系实际的原则，宣传要有针对性，不搞无的放矢。

4. 理论宣传要做到深入浅出，通俗易懂；力求语言简洁生动，内容丰富充实；不摆架子，以理服人。

5. 坚决执行“内部讨论无禁区，公开宣传有纪律”的原则，对于内部争论的理论问题，凡规定不公开的，一律不得公开宣传。

《对郊区农村广播》节目方针

一、指导思想：

《对郊区农村广播》是新闻性、综合性的专题对象节目。它的主要任务是，向郊区的广大社员和基层干部宣传党的路线、方针和政策，传播科学技术知识，为郊区农村“两个文明”建设服务。

二、节目内容：

每次节目编发一定数量的新闻，并设 6 个栏目。这 6 个栏目是：

“农村政策问答”，主要是对党有关农村的政策进行通俗讲解，回答听众有关政策、法律等方面的询问，帮助农民群众更好地熟悉和掌握政策。

“说长道短”，是一个言论性的小栏目，它通过一事一议、一题一议等方法，进行评论，力求在理想、道德、纪律和“五讲四美三热爱”的教育方面做文章。

“农村科技”，介绍农村科学技术和生活常识等方面的知识。

“灵通大叔谈信息”，适应农村经济逐步放开、搞活，商品生产不断发展的新形势，一方面根据有关指导性计划以及市场动态、供求状况，及时给农民沟通、传递信息；另一方面向社会介绍郊区生产的各种名优产品和新产品，帮助农民开拓致富门路，扩大产品销售市场。

“农村俱乐部”，除了安排农民喜闻乐听的文艺节目之外，还将介绍有关文艺方面的知识和农村搞好各种文化活动的新鲜经验，同时适当选播农民自己的优秀作品。

“外地农村”，主要编发发生在外地农村的新人新事新经验，以开阔人们的眼界，广泛吸取他人之长。

三、编辑要求：

根据北京是大城市小郊区的特点，每次节目要保持 5 分钟左右的消息量。注重调查研究，使节目有较强的针对性。强调通俗化、口语化，适合农民收听。

《北京人物》节目方针

一、指导思想：

坚持以社会主义、爱国主义、国际主义教育和革命传统教育为核心，满腔热情地宣传首都各条战线涌现出来的先进人物，对社会有影响的知名人物，平凡而又不平凡的“小人物”，各个时期在北京生活、战斗过的革命英雄人物以及重要历史人物。以他们高尚的思想品格、崇高的精神境界激励、鼓舞首都人民增强民族自信心和建设“四化”的斗志。

二、节目内容：

人物事迹、谈话、故事以及轶闻、趣事。采用通讯、特写、专访、录音报道、讲话录音、报告文学、散文等多种形式。

三、编辑要求：

注重研究现实生活，紧密联系人们的思想实际，选材要有较强的针对性。精心编排，做到事实准确、内容充实、生动活泼、有广播特点。

《话说北京》节目方针

一、指导思想：

立足今天，面向未来，兼顾历史，说古道今。反映北京的历史文明和现代文明，既讲述北京的历史，更描绘今天的巨大变化，也批评一些不好的现象。目的是使首都人民、特别是青年一代了解北京，热爱北京，为建设好首都北京贡献聪明才智。

二、节目内容：

涉及政治、经济、文化、科技、体育、教育、卫生以及风土人情、名胜古迹、风味特产、历史掌故等各个方面。

三、编辑要求：

坚持思想性、知识性、趣味性的统一。内容丰富多彩，形式多种多样。文字力求简洁、优美，有“北京味儿”，充分发挥地方特点和广播特点。

《听众之声》节目方针

一、指导思想：

《听众之声》节目，应成为电台与听众保持密切联系的桥梁，及时反映人民群众的呼声，报道有关党风、民风、社会治安和秩序、民主与法制以及日常生活等方面的情况和问题，进行咨询服务，抓住社会上带有普遍意义的问题做重点反映或组织讨论，以促进党风和社会风气的根本好转，促进首都的精神文明和物质文明建设。

二、节目形式：

采取主持人形式播出。主持人代表电台，与听众建立充分的信任，保持固定的联系。主持人的形象应是旗帜鲜明、平易近人、知识丰富、落落大方。

三、编辑要求：

批评与表扬并举，报道与评论并重。服务听众要热情，针砭弊端要尖锐，涉及政策要稳妥，批评与表扬要准确。一定要贯彻党的实事求是的思想路线，重视调查研究，避免主观片面。

《体育爱好者》节目方针

一、指导思想：

贯彻党中央“关于进一步加强体育工作的通知”精神，加强对全社会体育意识的宣传，满足广大听众对体育运动的爱好和对体育知识的渴求，推动首都群众性的体育活动，宣传体育健儿的拼搏精神和高尚风格，促进社会主义精神文明建设。

二、节目内容：

新闻综述、赛事预测预告、赛场通讯、体育人物、体坛动态、体育史话、群体风貌、运动知识、其他。

三、编辑原则：

新闻性和知识性相结合，以知识性为主。

立足听众，广泛选材，力求内容丰富、形式多样、短小精悍、雅俗共赏。

《报刊文摘》节目方针

一、指导思想：

发挥广播优势，荟萃报刊精华。从众家报纸和刊物中摘选符合马克思主义的新思想、新观点，以及新信息、新技术、新知识，帮助广大听众开阔视野，增长知识。

二、节目内容：

领导谈政策、改革新动向、科技新成果、学术动态、文体信息、名人轶事、言论摘播、学海点滴、社会新闻、世界趣闻、新知识、其他。

三、编辑原则：

坚持思想性、知识性的统一。

取材广而不滥，精选精编，不断章取义。

严格掌握宣传口径，面向广大听众，注重社会效果。

以正面宣传为主，反面观点一般不选播。

编辑态度要严肃认真，不猎奇志怪，不迎合低级趣味。

力争做到取材广泛，内容新颖，短小精炼，编排活泼。

稿源必须取材于经正式批准、国内公开出版的报刊。

《信息与广告》节目方针

一、指导思想：

发挥电台传播信息快的优势，及时沟通产、供、销渠道，更好地为首都的生产和生活服务。

《信息与广告》节目，是新闻节目的补充，要保证每条信息内容真实、用语准确，起到预测市场、分析市场、指导消费和生产的作用。

二、节目内容：

新闻节目无法安排的有偿经济消息。

应时广告（如开业、展销等）。

技术咨询、信息反馈、技术成果转让等。

设不定期的小栏目："市场分析""听众问答""文化生活""供求之间"等。

《老年之友》节目方针

一、指导思想：

围绕"老有所养、老有所医、老有所学、老有所为、老有所乐"这一中心思想，宣传党和国家对老年事业的关怀、重视以及有关的方针政策；宣传中华民族素有的敬老、爱老、养老的传统美德；介绍老年人如何为"四化"建设发挥余热，欢度晚年；讲解有关健身、保健知识以及适合老年人生活情趣的各种知识，使老人健康长寿、幸福愉快。

二、节目内容：

介绍老年人幸福的晚年生活；

报道离休、退休的老人为"四化"建设贡献余热的事迹；

讲解健身保健和饮食营养等方面的知识；

结合老年人的情趣爱好，介绍有关知识；

传递老年人的活动信息；

发表老年人的诗、词和其他作品；

反映老年人的要求和老年人生活中的问题，就老年人关心的问题展开讨论；

介绍国外有关老龄问题的情况。

三、编辑要求：

采用“节目主持人”形式播讲。力求做到内容丰富，适合老年人的需要；文字通俗生动，易懂易记；播讲清晰亲切，自然动听；使之真正成为老年人的知音。

《对中学生时事广播》节目方针

一、指导思想：

对首都50多万中学生进行时事广播，通过广播，使学生及时了解当前形势，增长知识，开阔视野，养成关心国内外大事的良好习惯和兴趣。这个节目，力求寓教育于时事中，对学生进行热爱祖国、热爱社会主义、热爱党的思想教育，把他们培养成有理想、有道德、有文化、有纪律的一代新人。

二、节目内容和形式：

报告国内外大事，有重点地讲解一些重要时事。

力求通俗易懂，活泼多样，使学生喜闻乐听，可采用“时事问答”“时事对话”“时事信箱”“时事测验”“时事半月谈”等适合中学生特点的形式。

《伟大祖国》节目方针

一、指导思想：

通过对祖国历史的、地理的、事件的介绍，对广大听众、特别是青年听众进行爱国主义教育，帮助听众更好地了解祖国的过去，更加热爱祖国的今天。

二、节目内容：

共设有“美丽的国土”“名城介绍”“山川风物志”“祖国新貌”“旅游胜地”“革命圣地”“在今天的日历上”“历代文物”“重点工程介绍”等12个栏目。

三、编辑要求：

新闻性和系统性相结合。广播同教科书有区别有联系，广播要把眼睛盯在现实上，以今天为出发点，从长远看具有系统性，同学校的史、地、政、文教学相补充。

寓教育于知识之中。知识要准确、新鲜。

不要厚古薄今。在了解历史的同时，使人看到今天的发展和未来的光明前景。

书籍、报刊上的好材料都可以拿来精编，充分发挥广播特点，采用活泼多样的形式。

《世界知识》节目方针

这个节目是帮助听众了解世界、认识世界的一个窗口。从首都“四化”建设的实际需要出发，借鉴世界上一切有益的经验。向首都听众介绍国外城市规划、园林绿化、市政建设、环境卫生等方面的情况，以及各方面的知识。

《大众科学》节目方针

一、指导思想：

紧紧围绕“四化”这个中心，从生产建设的需要出发，从群众的需要出发，通俗生动地普及科学技术知识，提高广大群众的科学文化水平，推进“两个文明”的建设。

面向具有初中文化程度的工、农、兵、干部、学生，以及初级科技人员。

二、节目内容：

科学基础知识；科技新信息、新成就；科技人物；科技发展的历史和展望。

三、节目形式：

力求短小精悍、丰富多彩，大致包括“科学知识”“科学家谈话”“科学家建议”“科学漫谈”“科学小品”“科技史话”“科学家的故事”“科学家的格言”“成语里的科学”“科技书评”“科技简讯”“科技珍闻”“科技信箱”“科学俱乐部”以及科教电影录音剪辑、广播剧、童话故事等科学文艺作品。

四、编辑要求：

以普及为主，努力做到大众化、多样化、浅显有趣、新颖活泼，有广播特点，为群众所喜闻乐听，给人们以知识、启示和力量。

《卫生与健康》节目方针

一、指导思想：

向城乡人民和初级医务人员普及医学卫生保健知识，帮助人们认识自己的身体，增长防病治病的知识，为增进人民身体健康，保护社会劳动力服务。

二、节目内容：

医药卫生基础知识（其中祖国医学应占一定比重）；医疗保健知识；体育卫生知识；计划生育知识；国内外医药学新成就和新进展；医学发展史和古今中外医学科技人物介绍。

三、节目形式：

力求丰富多样，包括“医（药）学知识”“医学家谈话”“医（药）师的话”“医学漫谈”“咨询门诊”“健康顾问”“医学家的故事”“医（药）学史话”“医（药）学新进展”“医学书刊介绍”“小常识”等。

四、编辑要求：

1. 坚持科学性、思想性、通俗性，尤其要重视科学性；

2. 内容可靠实用，注重社会效果；

3. 形式活泼多样，深入浅出，注意发挥广播特点；

4. 依靠广大有实践经验的专业人员撰稿，精选精编报刊和兄弟电台的医学科普文章。

《生活顾问》节目方针

一、指导思想：

从群众生活的实际需要出发，普及包括衣食住行在内的各方面的生活小常识，寓知识于服务之中，指导和帮助人们更加科学地生活。

面向社会各阶层的广大人民群众，争取做到没有文化或文化很低的人也能听懂。

采用编、采、播合一的节目主持人形式。

二、节目内容：

1. 衣着的剪裁、缝纫、洗染、穿用及保藏；

2. 食品的鉴别、储藏、吃法及卫生，家庭食谱与日常烹饪技法；

3. 各种生活用品的选购、使用、维修和保养；

4. 居室环境的美化，室内设备的使用与维修方法；

5. 家庭教育的实施，家庭成员关系的处理，家庭生活的安排；

6. 日常卫生保健知识；

7. 旅行指导和各类安全常识；

8. 有关文化生活方面的知识。

三、编辑要求：

1. 选题要强调服务型与知识性，力求做到雅俗共赏，老少咸宜，为尽可能多的听众所需要；

2. 内容要准确、实用、真实、及时，选材要考虑大多数人的实际生活水平；

3. 播讲要口语化，亲切、自然、清晰、活泼，注意发挥广播特点和地方特色。

4. 精编精选报刊、书籍中的有关资料外，及时采访与人民生活直接相关的社会活动和专业人员，并且要重视听众来信、来稿，采取多种渠道加强同听众的联系。

附录三

《关于北京人民广播电台建立系列台的请示》及批复

北京市广播电视局《关于北京人民广播电台建立系列台的请示》

（京广字［1992］248号）

关于北京人民广播电台建立系列台的请示

市委宣传部、市政府文教办：

为了进一步贯彻落实党的十四大精神，使广播更好地宣传党的方针政策，适应社会主义市场经济体制，发挥多方面的功能和作用，为经济建设服务、为改革开放服务、为人民服务；同时，也是为了逐步减轻国家财政负担，深化电台改革，在市场经济中增强电台活力和自我发展能力，尽早改变北京电台事业经费极度紧张和设备陈旧落后的状况，我局经反复研究，拟在今明两年中建立北京人民广播电台系列台。

一、关于建立系列台

目前上海、天津、广东都已建起了系列台，其中上海就有8个系列台，作为首都北京建立系列台更有必要。根据中央分配给我市的广播频率即4套调幅、3套调频及今后开发副信道广播的进展情况，今明两年将建立七个系列台。

1. 北京人民广播电台新闻台

呼号：北京人民广播电台

频率：828 千赫

播出形式：直播与录播相结合

新闻台是以新闻和新闻性专题节目为主，兼有教育、知识、服务、娱乐内容的新闻综合台。主要任务是及时、准确、深入地宣传党的路线、方针、政策，为听众提供政治、经济、文化等各方面的最新消息，同时提供服务和娱乐，满足听众多方面的需要。

现在新闻台正在筹办中。

2. 北京人民广播电台经济台

呼号：北京经济台

频率：1026 千赫

播出形式：主持人直播

经济台已于 1990 年 8 月 6 日开播。经过两年多的努力，经济台在听众中已经有了相当的影响。1993 年经济台的节目将根据新形势进行适当的调整。进一步增大经济宣传的深度、广度和力度，以更好地为经济建设服务。

3. 北京人民广播电台音乐台

呼号：北京音乐台

频率：调频（待定）

播出形式：直播、录播、自动化播出相结合，计划实现北京第一家全天 24 小时播音。

音乐台将以娱乐、服务为宗旨，其间渗透引导和教育的作用。音乐台本着轻松、活泼、幽默的个性办好各个节目，力求做到雅俗共赏。

现在音乐台正在筹办中。

4. 北京人民广播电台交通台

呼号：北京交通台

频率：927 千赫

播出形式：主持人直播

播出时间：每天 15 小时

交通台以北京电台为主，与北京市公安交通管理局合办。交通台将以疏导、服务、宣传、娱乐为方针，以权威性、时效性为特色，初期围绕交通新闻、路况信息、交通工作动态及各类服务为内容设计节目。待条件成熟后，将民航、铁路等交通情况纳入交通台宣传范围。

现在交通台正在筹办中。

5. 北京人民广播电台文艺台

呼号：北京文艺台

频率：调频（待定）

播出形式：录播、板块节目直播

文艺台以加强社会主义精神文明建设，弘扬民族文化，繁荣首都文艺事业，提高人民群众的文化素质为宗旨。节目以文艺欣赏、文化信息服务为主，融欣赏性、知识性、娱乐性、服务型于一体。

文艺台因没有启动资金，计划 1993 年筹办。

6. 北京人民广播电台教育台

呼号：北京教育台

频率：1476 千赫（先干扰太大，急需改频）

播出形式：初期主要是录播，条件具备后可部分直播。

教育台以开办各类外语教学、广播电视大学和广播电视中专教学节目为主，根据形势发展，将开拓新的教育领域。

教育台的频率现正在和广电部科技司联系调换，如解决频率和启动资金即可筹办。

7. 北京人民广播电台儿童台

呼号：北京儿童台

频率：开发调频立体声副信道 SCA（67KHz）

播出形式：录播与直播相结合

儿童台以学龄前儿童、小学生和初中低年级学生为对象。根据儿童特点，内容以教育为主，其中包括科学文化知识、心理、生理卫生教育、德育、美育、语言、行为规范、普法教育等。把儿童台办成学校教育的延伸，家庭教育的辅助，社会教育的深入。

因为 SCA 广播技术在我国尚属开发阶段，需要全新的接收机，所以儿童台起步就采取融办节目和经营销售于一体的企业化管理，一改靠国家花钱办电台的模式，启动资金自筹，以后通过卖接收机和广告收入、社会赞助发展儿童教育。

此台目前也正在筹备中。

二、关于总台与系列台的关系

北京人民广播电台即总台，是唯一的法人单位。北京人民广播电台台长即总台台长，全面负责全台的各项工作；总编辑负责全台的宣传工作；总工程师负责全台的技术工作。总台各职能部门负责对全台的各项业务进行统一规划和管理。各系列台对外呼号虽然不同，但对内仍是北京人民广播电台的一个部门，在总台的统一领导下开展工作，采取集中管理与分散管理相结合的方式，即集中指导下的分散管理。

三、关于人员编制

北京电台现有编制 524 人，其中编播人员只占一半左右。开办系列台，由于直播和播出节目量、播出时间增加，必然要求增加相应的编采播人员和技术人员，特别是节目主持人将大大增加。为此，电台正在千方百计挖掘内部潜力，挤出一部分人员充实到系列台，即便这样仍要增加编制，望得到上级的支持。

1. 交通台拟每天播出 15 个小时节目，条件成熟时还将大幅度增加播音时间。因为是新建台，故需增设一个正处级机构，编制 50 人，内部调剂 30 人，需增编 20 人。

2. 音乐台是在立体声编辑部基础上扩建的，现有编辑 12 人，因为每天要 24 小时播音，计划编制 45 人，内部调剂 29 人左右，需增编 4 人。

3. 文艺台、教育台、儿童台每台需增编 5 人，共 15 人。

以上总共需增大人员编制 39 人。

四、关于机构设置和干部任免

1. 各系列台（儿童台除外）均为正处级编制。对外公章是北京人民广播电台 ×× 台。为了便于对外开展工作，各系列台设台长一人，副台长若干人。

各系列台下设的机构由各台根据工作需要和精兵简政的原则设立，按有关程序报批。

2. 各系列台副台长（即副处级）以上干部，由总台按干部管理权限任免报批；科组级干部可由各系列台与总台协商后自行聘任，报总台备案。

五、关于启动经费问题

为了把系列台建立和运转起来，为今后减少国家财政负担，逐步过渡到自收自支，必须先投入一笔资金，以购买机器设备安装直播机房等。

1. 今年国家已经为交通台拨款 200 万元，加上本台自筹资金 50 万元，公安交通管理局出部分资金，交通台的启动资金已基本落实。

2. 音乐台启动资金需 150 万左右，今年市政府文教办已答应先拨款 30 万元，望尽早落实，希望明年市政府再予拨款 70 万元。

3. 新闻台启动资金需 50 万元，现已自筹 20 万元，希望市政府明年再拨款 30 万元。

4. 文艺台和教育台的启动资金每台需 80 万元左右，请市政府拨款 160 万元予以支持。

5. 儿童台因为带有经营接收机性质，我们计划贷款或借款，解决启动资金问题，不向国家伸手。

以上各台，明年总共需要启动资金 260 万元。

目前，经济台和新闻台新的节目方案已经敲定，拟于1993年元旦实施。

妥否，请批示。

北京市广播电视局

1992年12月8日

中共北京市委宣传部《关于北京人民广播电台建立系列台的批复》

（京宣发［1993］12号）

关于北京人民广播电台建立系列台的批复

市广播电视局：

你局1992年12月8日京广字〔1992〕248号《关于北京人民广播电台建立系列台的请示》悉。

根据1993年1月4日市委、市政府宣传文化系统联席办公会议精神，原则同意北京人民广播电台建立系列台。建台工作要逐步到位、逐步完善。今年应在继续办好经济台的同时，重点做好交通台、音乐台等2至3个台的筹建工作。

关于人员编制，首先要挖掘现有人员潜力，包括动员市委宣传部、广播局的干部职工转调电台，需要技术、业务培训的可进行培训，然后再向社会招聘、吸收。对确需增加的人员编制，请你局向市机构编制委员会办公室申报。

关于启动经费，考虑到电台的重要地位，特别是经济上的困难，李志坚同志提议市财政支持200万元，可以不一次拨给，同时，广播局、电台要多方筹集。财政拨款或无息借款的具体数额，你局应全面向市财政局报告情况，请市财政局研究支持。

鉴于电台系列台的建立是本市新闻舆论整体布局中的一项重要设想，请你局抓紧进行，三个月后把主要进展情况写一报告给我们。

此复。

中共北京市委宣传部

北京市人民政府文教办公室

一九九三年二月十一日

附录四

北京电台部分节目时间表

北平新华广播电台节目时间表

（1949年2月2日起实行）

（中波850千赫　770千赫）

中午节目

11:40 开始曲　报告中午节目　唱片

12:00 报时　北平军事管制委员会和北平市人民政府的布告和法令（一）

12:30 唱片

12:40 本市新闻（一）

13:00 唱片

13:10 国内外要闻

13:30 预告晚间节目　休息

晚间节目

17:20 开始曲　报告晚间节目　唱片

17:45 本市新闻（二）

18:05 唱片

18:15 评论、通讯和综合报道

18:45 唱片

19:00 北平市军事管制委员会和北平市人民政府的布告和法令（二）

19:30—21:15 转播陕北新华广播电台节目

19:30 新闻

20:00 对国民党统治区同胞讲话

20:15 解放区城市通讯

20:30 前线通讯和其他

20:45 评论

21:00 简明新闻

21:15 预告明天全天节目　西乐

21:40 转播陕北新华广播电台英语新闻

22:00 休息

北京电台节目时间表

（1952年1月2日起实行）

（中波850千赫　1080千赫）

第一次播音（中波1080千赫6:20—8:20　850千赫6:30—8:20）

中波1080千赫

6:20—6:30 开始曲，报告本台第一次播音节目

6:30—7:30 俄语讲座重播时间

中波850千赫

6:30—6:40 开始曲，报告本台第一次节目

6:40—7:15 转播中央人民广播电台广播体操和第一次新闻

7:15—7:30 音乐

中波850千赫　1080千赫

7:30—7:45 第一次本市新闻
7:45—7:55 音乐
7:55—8:15 国内外大事
8:15—8:20 预告本台第二次、第三次、第四次的播音节目，终了曲

第二次播音（11:50—14:40）

11:50—12:00 开始曲，报告第二次播音节目
12:00—12:30 重播中央人民广播电台文艺节目
12:30—13:10 工人节目
13:10—13:35 工商广播讲座重播时间（星期二、四、六）
13:35—14:00 曲艺节目
14:00—14:30 妇女节目
14:30—14:40 预告本台第三、四次播音节目，终了曲

第三次播音（15:50—17:00）

15:50—16:00 开始曲，报告本台第三次播音节目

中波 850 千赫

16:00—17:00 学生节目

中波 1080 千赫

16:00—16:30 音乐
16:30—17:00 少年儿童节目

第四次播音（18:00—21:45）

18:00—18:30 开始曲，报告本台第四次播音节目
18:30—19:30 俄语讲座
19:30—20:00 教唱歌
20:00—20:30 转播中央人民广播电台联播节目
20:30—20:45 转播中央人民广播电台国际新闻和评论
20:45—21:00 第二次本市新闻
21:00—21:15 唱片
21:15—21:40 工商广播讲座（星期一、三、五）（中波 1320 千赫联播）
21:40—21:45 预报本台第二天全天播音节目，终了曲

北京电台第二、三台
1953 年 1 月节目时间表

第二台：中波 1320 千赫

9:25—9:30 开始曲　报告全天节目
9:30—10:00 京剧
10:00—10:30 歌曲　音乐
10:30—11:45 剧场实况录音
11:45—12:45 评书：三国演义（连阔如）
12:45—13:45 播音剧（北京广播剧团）
13:45—14:15 单弦（曹宝禄）
14:15—15:00 歌曲　音乐
15:00—15:30 曲艺（首都盲艺人曲艺工作队）
15:30—16:00 评戏
16:00—16:30 曲艺（中国戏曲研究院曲艺团）
16:30—18:00 京剧（首都广播京剧团）
18:00—18:30 琴书（关学曾）
18:30—19:00 西河大鼓（马增芬）
19:00—20:00 歌曲　音乐
20:00—20:30 联播中央人民广播电台节目

20:30—23:00 转播剧场实况

23:00—23:05 预告第二天节目　终了曲

第三台：中波 750 千赫

8:55—9:00 开始曲　报告全天节目

9:00—9:30 歌曲　音乐

9:30—10:00 评戏

10:00—10:30 曲艺（北京市曲艺二团）

10:30—11:45 转播北京人民广播电台第二台剧场实况录音节目

11:45—12:15 口琴（秦镇亚等）

12:15—12:45 曲艺（联纺茹，姚俊英）

12:45—14:15 京剧（首都广播京剧团）

14:15—14:45 西河大鼓（刘田利）

14:45—15:15 相声

15:15—15:30 音乐

15:30—15:45 综合新闻

15:45—16:30 歌曲　音乐

16:30—17:00 单弦（谭凤元）

17:00—17:30 评戏　地方戏

17:30—18:00 曲艺（魏喜奎）

18:00—19:00 播音剧（北京广播剧团）

19:00—20:00 转播北京人民广播电台工人店员讲座节目

20:00—20:30 联播中央人民广播电台节目

20:30—21:10 歌曲　音乐

21:10—22:20 故事讲述：太阳照在桑干河上（连阔如）

20:20—22:25 预告第二天节目　终了曲

北京电台 1961 年夏、秋季节目时间表

（1961 年 5 月 15 日起实行）

中波 820 千赫

第一次播音（5:50—13:45）

5:50 开始曲　节目预告　北京地区天气预报

6:00 音乐节目

6:15 转播中央人民广播电台新闻和首都报纸摘要

6:45 音乐节目

7:00 北京地区天气预报　新闻

7:15 音乐节目

7:30 北京地区天气预报　首都生活

8:00 对儿童广播

8:20 对少年广播

8:50 戏曲节目

9:50 少年儿童广播体操

10:00 广播体操

10:10 外国音乐节目

10:30 对学龄前儿童广播

10:50 文学节目

11:30 戏曲节目

12:15 简明新闻

12:20 天气预报和天气形势预报

12:30 对郊区农村广播

13:00 文学节目（一、三、五、日）戏曲节目（二、六）音乐节目（四）

13:45 预告第二次播音节目内容　休息

第二次播音（14:50—24:00）

14:50 开始曲　节目预告

15:00 音乐节目

15:30 北京地区天气预报　首都生活

16:00 文艺节目

16:30 广播体操

16:40 简明新闻（星期日 16:40—17:30 曲艺节目）

16:45 曲艺节目

17:30 音乐节目

18:00 天气预报和天气形势预报

18:20 外国音乐节目（星期日 18:20—19:00）

18:45 北京地区天气预报　新闻

19:00 小说连续广播

19:30 对郊区农村广播

20:00 对厂矿职工广播（二、五）
发扬革命传统节目（四、日）
外国音乐节目（一、三、六）

20:30 转播各地电台联播节目

21:00 北京地区天气预报　首都生活

21:30 文艺节目

22:00 北京地区天气预报　新闻（星期日 22:00—23:00 音乐节目）

22:15 音乐节目（一、三、五）戏曲节目（二、四、六）

23:00 转播中央人民广播电台国际新闻

23:15 戏曲节目（一、三、五、日）外国音乐节目（二、四、六）

24:00 预告明天播音节目内容　终止

中波 1210 千赫（11:50—22:00）

11:50 开始曲　节目预告

12:00 对厂矿职工广播（一、四）
对青年学生广播（二、五）
发扬革命传统节目（三、六）
音乐节目（星期日）

12:30 小说连续广播

13:00 简明新闻（星期日 13:00—13:30 曲艺节目）

13:05 曲艺节目

13:30 音乐节目

14:00 戏曲节目

16:00 文学节目

16:45 外国音乐节目

17:30 对青年学生广播（三、六）音乐节目（一、二、四、五、日 17:30—18:15）

18:00 音乐节目

18:15 北京地区天气预报　新闻（星期日 18:15—19:00 戏曲节目）

18:30 戏曲节目

19:00 外国音乐节目

19:30 剧场实况录音或转播

22:00 终止

北京电台 1963 年节目时间表

（1963 年 1 月 2 日起实行）

中波 820 千赫

第一次播音（6:35—10:45）

6:35 开始曲　预告全天节目　天气预报

6:45 音乐节目

7:00 转播中央人民广播电台新闻和首都报纸摘要

7:30 天气预报　本市新闻

7:40 小常识

7:45 文学节目

8:00 发扬革命传统节目（星期一、二）
在北京（星期三、六）

祖国巡礼（星期四）
世界知识（星期五）
听众信箱（星期日）
8:15 音乐节目（星期一、三、五、日）
曲艺（星期二、四、六）
9:00 天气预报　对少年儿童广播
9:30 对学龄前儿童广播
9:50 少年儿童广播体操
10:00 广播体操
10:10 小常识
10:15 外国音乐（星期一至六）
曲艺（星期日到 10:45）
10:30 天气预报　新闻
10:45 预告第二次播音节目内容　休息

第二次播音（12:00—13:30）

12:00 开始曲　预告节目
12:05 天气预报和天气形势预报
12:15 天气预报　新闻
12:30 对郊区农村广播（星期日文艺）
13:00 小说连续广播
13:30 预告第三次播音节目内容　休息

第三次播音（15:55—23:15）

15:55 开始曲　预告节目
16:00 对中学生时事广播（星期日京剧到 17:00）
16:15 文学节目（星期一、四）
外国音乐（星期二、五）
音乐节目（星期三、六）
16:30 评　剧（星期一）
地方戏曲（星期二）
京　剧（星期三、五）
戏　曲（星期四）
曲　艺（星期六）
17:00 天气预报　本市新闻
17:15 文　学（星期一、四、日）
曲　艺（星期二、五）
戏　曲（星期三、六）
17:45 天气预报和天气形势预报
18:00 对郊区农村广播（星期日文艺）
18:30 文艺节目
19:00 小说连续广播
19:30 发扬革命传统节目（星期一、二）
在北京（星期三、六）
祖国巡礼（星期四）
世界知识（星期五）
听众信箱（星期日）
19:45 每天一首外国名曲（星期日到 20:15）
20:00 天气预报　本市新闻
20:15 音　乐（星期一、五）
文　学（星期二、四）
曲　艺（星期三、六）
戏　曲（星期日）
20:30 转播各地电台联播节目
21:00 每周一首革命歌曲
21:10 小常识
21:15 听众点播的文艺节目
外国音乐（星期一）
音　乐（星期二）
地方戏曲（星期三）
评　剧（星期四）
曲　艺（星期五）
京　剧（星期六）

综合文艺（星期日）
22:00 音　　乐（星期一、三、五）
戏　　曲（星期二、四、日）
文　　学（星期六）
23:00 转播中央人民广播电台国际新闻
23:15 预告明天播音节目内容　终止

中波 1210 千赫（13:55—22:00）

13:55 开始曲　预告节目　天气预报
14:00 文　　学（星期一、四）
音　　乐（星期二、五）
戏　　曲（星期三、六）
地方戏曲（星期日）
14:30 曲　　艺（星期一、四）
文　　学（星期二、五）
外国音乐（星期三、六）
音　　乐（星期日到 15:30）
15:00 地方戏曲（星期一、五到 17:30）
京　　剧（星期二、六到 17:30）
戏　　曲（星期三到 17:30）
评　　剧（星期四到 17:30）
15:30 外国音乐（星期日）
16:30 文　　学（星期日）
17:30 外国音乐（星期一至六）
戏　　曲（星期日到 18:30）
17:45 音　　乐（星期一至六）
18:30 相声和轻音乐
19:00 京　　剧（星期一至五）
转播剧场演出实况（星期六、日到 22:00）
19:30 曲　　艺（星期一至五）
20:00 京剧晚会（星期一）
影剧文学晚会（星期二）
戏曲晚会（星期三）
音乐晚会（星期四）
外国音乐晚会（星期五）
22:00 终止

北京电台 1963 年夏、秋季节目时间表

（1963 年 5 月 10 日起实行）

中波 820 千赫

第一次播音（5:55—10:45）

5:55 开始曲　预告全天节目
6:05 天气预报　每周一首革命歌曲
6:15 文学节目
6:45 音乐节目
6:59 天气预报
7:00 转播中央人民广播电台新闻和首都报纸摘要
7:30 天气预报　本市新闻
7:40 小常识
7:45 发扬革命传统节目（星期一、三）
祖国巡礼节目（星期二）
在北京节目（星期四、日）
世界知识（星期五）
听众信箱节目（星期六）
8:00 音乐节目（星期一、四）
曲艺节目（星期二、五、日）
戏曲节目（星期三、六）
9:00 天气预报　对少年儿童广播
9:30 对学龄前儿童广播
9:50 少年儿童广播体操

10:00 广播体操

10:10 小常识

10:15 文学节目（星期一、三、五）

外国音乐节目（星期二、四、六、日）

10:30 天气预报　新闻（星期日外国音乐节目）

10:45 预告第二次播音节目内容　休息

第二次播音（12:00—13:30）

12:00 开始曲　预告节目

12:05 天气预报和天气形势预报

12:15 新闻

12:30 对郊区农村广播（星期日“农村俱乐部”到 13:30）

13:00 小说连续广播（星期一至六）

13:30 预告第三次播音节目内容　休息

第三次播音（16:25—23:15）

16:25 开始曲　预告节目

16:30 对中学生时事广播（星期一至五）

革命歌曲（星期六、日）

16:45 音乐节目

17:00 天气预报　本市新闻

17:15 文学节目

17:45 天气预报和天气形势预报

18:00 外国音乐节目（星期一、五）

曲艺节目（星期二、四、日）

地方戏曲节目（星期三、六）

18:30 音乐节目（星期一至六）

文艺节目（星期日）

19:00 对郊区农村广播（星期日“农村俱乐部”到 20:00）

19:30 文学节目（星期一）

音乐节目（星期二）

戏曲节目（星期三、四、五）

曲艺节目（星期六）

20:00 天气预报　本市新闻（星期日音乐节目）

20:15 发扬革命传统节目（星期一、三）

祖国巡礼节目（星期二）

在北京节目（星期四、日）

世界知识（星期五）

听众信箱节目（星期六）

20:30 转播各地电台联播节目

21:00 天气预报　每周一首革命歌曲

21:10 小常识

21:15 听众点播的文艺节目：

音乐节目（星期一）

京剧节目（星期二）

地方戏曲节目（星期三）

评剧节目（星期四）

外国音乐节目（星期五）

曲艺节目（星期六）

综合文艺节目（星期日）

22:00 小说连续广播（星期一至六）

（星期日外国音乐节目）

22:30 外国音乐节目（星期一、四、日）

音乐节目（星期二）

曲艺节目（星期三、六）

文学节目（星期五）

23:00 转播中央人民广播电台国际新闻

23:15 预告明天播音节目内容　终止

中波 1210 千赫（13:55—22:00）

13:55 开始曲　预告节目　天气预报

14:00 文学节目（星期日到 15:00）

14:45 音乐节目（星期一至六）

15:00 戏曲节目（星期一至六）

17:30 音乐节目（星期一至六）

星期日：15:00 音乐节目

16:00 戏曲节目

17:00 外国音乐节目

18:00 京剧节目

19:00 音乐节目

19:15 外国音乐节目（星期一至五）

转播剧场演出实况（星期六、日到 22:00）

19:30 曲艺节目（星期一至五）

20:00 文艺晚会：

影剧文学晚会（星期一）

地方戏曲晚会（星期二）

京剧晚会（星期三）

音乐晚会（星期四）

戏曲、曲艺晚会（星期五）

22:00 终止

北京电台 1965 年冬季至 1966 年春季节目时间表

（1965 年 11 月 11 日起实行）

中波 820 千赫

第一次播音（5:50—13:30）

5:50 开始曲　预告全天节目

6:00 天气预报　学习与讨论节目（星期二、四、六）

文学节目（星期一、三、五、日）

6:30 转播中央人民广播电台新闻和首都报纸摘要

7:00 天气预报　新闻

7:20 每周一首革命歌曲

7:30 小常识

7:35 戏曲节目

8:00 天气预报　新闻

学习与讨论节目（星期日 8:00—9:00）

8:20 曲艺节目（星期一、三、五）

音乐节目（星期二、四、六）

9:00 对少年儿童广播

9:30 对学龄前儿童广播

9:50 少年儿童广播体操

10:00 广播体操

10:10 小常识

10:15 外国音乐节目

10:30 简明新闻

10:35 文学节目

11:00 音乐节目

11:15 戏曲节目

12:00 曲艺节目

12:15 新闻

12:30 天气预报　对郊区农村广播（星期日农村俱乐部）

13:00 小说连续广播

13:30 预告第二次播音节目内容　休息

第二次播音（15:55—23:15）

15:55 开始曲　预告节目

16:00 对中学生时事广播（星期一至六）

音乐节目（星期日）

16:15 文学节目

17:00 天气预报　新闻

17:15 曲艺节目（星期日相声）
17:45 天气预报和天气形势预报
18:00 音乐节目
18:15 文学节目
18:30 天气预报　对郊区农村广播
（星期日农村俱乐部到 19:30）
19:00 戏曲节目（星期一、四、六）
音乐节目（星期二）
文学节目（星期三）
曲艺节目（星期五）
19:30 音乐节目
20:00 天气预报　新闻（星期日戏曲节目）
20:20 每周一段现代戏曲
20:30 转播各地电台联播节目
21:00 天气预报　每周一首革命歌曲
21:10 小常识
21:15 小说连续广播
21:45 时事谈话（星期一至六）
音乐节目（星期日）
22:00 戏曲节目
22:30 音乐节目（星期一、二、四、六、日）
外国音乐节目（星期三、五）
23:00 转播中央人民广播电台国际新闻
23:15 预报明天播音节目内容　终止

中波 1210 千赫

12:20 开始曲　预告节目　天气预报
12:25 简明新闻
12:30 时事谈话（星期一至六）
音乐节目（星期日）
12:45 音乐节目
13:00 天气预报和天气形势预报
13:20 每周一段现代戏曲
13:30 新闻
13:45 戏曲节目（星期一至六）
文学节目（星期日）
14:30 天气预报　对郊区农村广播
（星期日农村俱乐部到 15:30）
15:00 戏曲节目（星期一、四、六）
音乐节目（星期二）
文学节目（星期三）
曲艺节目（星期五）
15:30 小常识
15:35 戏曲节目（星期一、二、三、五、六）
文学节目（星期四）
星期日：15:35 外国音乐节目
16:00 音乐节目
17:00 听众点播的文艺节目
17:45 天气预报　新闻
18:00 戏曲节目（星期一至六）
学习与讨论节目
（星期日 18:00—19:00）
18:30 音乐节目（星期一至六）
18:45 时事谈话（星期一至六）
19:00 学习与讨论节目（星期一、三、五）
文艺节目（星期二、四）
文艺节目（星期六、日到 22:30）
19:30 听众点播的京剧节目（星期一）
听众点播的曲艺节目（星期二）
听众点播的文学节目（星期三）
听众点播的评剧节目（星期四）
听众点播的音乐节目（星期五）
20:15 文学节目（星期一）

音乐节目（星期二、三、四）
曲艺节目（星期五）
20:30 音乐晚会（星期一）
评剧晚会（星期二）
京剧晚会（星期三）
曲艺、地方戏曲晚会（星期四）
影剧文学晚会（星期五）
22:30 终止

北京电台 1968 年夏秋季节目时间表

（1968 年 5 月 20 日起实行）

中波 840 千赫

第一次播音

5:00 开始曲　预告节目
5:10 毛主席语录
5:15 对郊区农村广播（星期一至六）
工农兵文艺（星期日）
5:45“老三篇”天天读
6:00 人民子弟兵节目（星期一至六，星期日革命文艺）
6:20 革命文艺
6:29 北京地区天气预报
6:30 转播中央人民广播电台新闻和报纸摘要
7.00 革命歌曲
7:15 革命大批判专题节目
7:45 革命文艺
8:00“老三篇”天天读
8:15 革命文艺
8:45 毛主席著作选读
9:15 北京地区天气预报、革命文艺
9:30 报刊社论和重要文章节目
9:45 革命文艺
10:00 对儿童广播
10:20 毛主席语录歌曲
10:30 毛泽东思想胜利万岁节目
11:00 报刊社论和重要文章节目
11:15 革命文艺
11:30 对郊区农村广播（星期一至六）
工农兵文艺（星期日）
11:59 北京地区天气预报
12:00 新闻
12:00 革命大批判专题节目
13:00 革命样板戏选段
13:30 结束

第二次播音

16:25 开始曲　预告节目
16:35 毛主席语录
16:40 新闻
17:00 毛主席语录歌曲
17:10“老三篇”天天读
17:25 革命文艺
17:35 天气预报和天气形势预报
17:40 毛泽东思想胜利万岁节目
18:10 革命大批判专题节目
18:40 革命文艺
18:55 毛主席语录
19:00 新闻
19:30 北京地区天气预报、对郊区农村广播（星期一至六）
工农兵文艺（星期日）
20:00 人民子弟兵节目（星期一至六，星

期日革命文艺）

20:20 革命文艺

20:30 转播各地电台联播节目

21:00 北京地区天气预报、革命歌曲

21:15 毛泽东思想胜利万岁节目

21:45 毛主席诗词演唱

22:00 转播中央人民广播电台国际新闻（星期日至五，星期六革命文艺）

22:15 革命样板戏选段（星期日至五，星期六革命文艺）

22:30 毛主席著作选读

23:00 报刊社论和重要文章节目

23:15 革命文艺

0:00 转播中央人民广播电台新闻

0:15 结束

中波 1350 千赫

第一次播音

13:00 开始曲　预告节目

13:10 毛主席语录

13:15 毛主席诗词演唱

13:30 “老三篇”天天读

13:45 革命样板戏选段

14:00 报刊社论和重要文章节目

14:15 革命文艺

14:30 红少年节目

15:00 对儿童广播

15:20 毛主席语录歌曲

15:30 毛主席著作选读

16:00 革命文艺

16:10 人民子弟兵节目（星期一至六，星期日革命文艺）

16:30 结束

第二次播音

18:10 开始曲　预告节目

18:20 新闻

18:40 革命文艺

18:50 毛主席著作选读

19:20 毛主席语录歌曲

19:30 红少年节目

20:00 革命文艺和革命样板戏

22:30 结束

北京电台节目时间表

（1979 年 6 月 4 日起实行）

第一套节目（中波 828 千赫）

5:20 合唱《东方红》 预告节目

5:30 歌曲

6:00 对郊区农村广播

6:29 北京地区天气预报

6:30 转播中央人民广播电台新闻和报纸摘要

7:00 本市新闻

7:15 文学（星期一、四、日），戏曲（星期三、五），曲艺（星期二、六）

8:00 首都生活

8:20 歌曲

8:30 大众科学

8:50 歌曲

9:00 小说连续广播

9:30 简明新闻

9:35 戏曲（星期一、四），音乐（星期二、日），曲艺（星期三），文学（星期五、六）

10:00 本市新闻

10:15 歌曲

10:30 音乐（星期一、四），曲艺（星期二、五），戏曲（星期三、六），听众点播的戏曲节目（星期日）

11:30 首都生活

11:50 歌曲

12:00 本市新闻

12:15 歌曲

12:25 简明新闻

12:30 每周一歌

12:50 天气预报和天气形势预报

13:00 语文广播讲座（星期一、三、五），历史知识广播讲座（星期二、四、六），听众点播的音乐节目（星期日）

13:30 休息

15:55 合唱《东方红》 预告节目

16:05 广播体操

16:15 简明新闻

16:20 大众科学

16:40 曲艺（星期一、三、五、日），文学（星期二、四、六）

17:00 文章选播

17:30 歌曲、音乐

18:00 小说连续广播

18:30 戏曲选段介绍

19:00 相声和音乐节目（星期二、四、六、日），听众点播的音乐节目（星期三），音乐（星期一、五）

19:30 对郊区农村广播

19:59 北京地区天气预报

20:00 转播中央人民广播电台各地人民广播电台联播节目

20:30 大众科学

20:50 歌曲

20:59 北京地区天气预报

21:00 本市新闻

21:15 文学

21:30 首都生活

21:50 歌曲

22:00 戏曲、曲艺

23:00 播音结束

第二套节目（中波 927 千赫）

6:50 合唱《东方红》 预告节目

6:59 北京地区天气预报

7:00 广播体操

7:10 文学

7:30 本市新闻

7:45 歌曲

8:00 文章选播

8:30 戏曲（星期一、四），音乐（星期二、五），文学（星期三、六、日）

10:00 广播体操

10:10 音乐（星期一、四、日），文学（星期二、五），戏曲（星期三、六）

10:55 文学

11:25 简明新闻

11:30 对郊区农村广播

11:59 北京地区天气预报

12:00 大众科学

12:20 戏曲、曲艺

13:20 休息

16:20 合唱《东方红》 预告节目

16:30 音乐（星期一、三、六、日），戏曲（星期二、五），文学（星期四）

18:00 天气预报和天气形势预报

18:10 每周一歌

18:30 本市新闻

18:45 歌曲

19:00 首都生活

19:20 歌曲

19:30 戏曲（星期一），音乐（星期三、五、日），文学（星期二、六），听众点播的戏曲节目（星期四）

20:30 小说连续广播

21:00 语文广播讲座（星期一、三、五），历史知识广播讲座（星期二、四、六）

21:30 戏曲、曲艺（星期一、六、日），音乐（星期二、五），文学（星期三、四）（星期日从 21:00 开始）

23:59 北京地区天气预报

24:00 播音结束

第三套节目（中波 1026 千赫）

（一）星期一到六广播时间

英语（中）6:30　8:30

英语（初）6:00　8:00

日语　7:30

法语（二）7:00

（二）星期日广播时间

英语（中）6:00

法语（二）7:30

11:55 合唱《东方红》 预告节目

12:00 小说连续广播

12:30 歌曲

13:00 文学（星期一、三），音乐（星期二、四、五、日），戏曲（星期六）

14:30 戏曲（星期一、三、六），音乐（星期五、日），文学（星期二）（星期四休息）

15:15 北京教育学院举办的广播讲座节目（星期四除外）

16:00 休息

18:55 合唱《东方红》 预告节目

19:00 音乐（星期一、三），戏曲（星期二、四），文学（星期五、日），新录制的剧场实况或实况转播（星期六）

21:30 歌曲

22:00 文学（星期一），音乐（星期二、四、日），戏曲、曲艺（星期三、五），文艺（星期六）

24:00 播音结束

第四套节目（中波 1476 千赫）

业余外语广播讲座

（一）星期一到六广播时间

英语（中）7:30　9:30　11:30　13:30　18:00　20:00

英语（初）7:00　11:00　13:00　17:30　19:30　21:30

日语 6:30　8:30　12:30　17:00　19:00　21:00

法语（一）6:00　8:00　10:00　12:00　16:30　20:30

法语（二）9:00　10:30　18:30　22:00

（二）星期日广播时间

英语（中）10:30　16:00

英语（初）6:00　17:30

日语　7:30　20:30

法语（一）9:00　19:00

法语（二）12:00

北京电台节目时间表

（1983年8月29日起实行）

第一套节目（中波828千赫）

第一次播音

5:20 乐曲《北京颂》 预告节目

5:30 音乐

6:00 对郊区农村广播

6:28 北京地区天气预报

6:30 转播中央人民广播电台新闻和报纸摘要节目

7:00 北京新闻

7:15 生活顾问

7:20 首都生活

7:35 文艺点滴（星期二、四、六）
音乐（星期一、三、五、日）

7:40 音乐

7:45 对中学生时事广播（星期三、六）
伟大祖国（星期二、五、日）
世界知识（星期一、四）

8:00 学习园地

8:20 音乐

8:30 大众科学（星期一、三、五、日）
卫生与健康（星期二、四、六）

8:45 简明新闻

8:50 报告人民币对外币的外汇牌价

8:55 广告

9:00 北京新闻

9:15 音乐

9:30 广告

9:45 曲艺

9:58 北京地区天气预报

10:00 北京新闻

10:15 外国音乐节目（星期一、四）
曲艺（星期五）
戏曲（星期六、日）
请您录音节目（星期二、三至10:45，隔周一次，与音乐轮换，10:45至11:00音乐）

11:00 文学（星期一、二、三、四）
曲艺（星期日）
戏曲（星期五、六）

11:45 广告

11:50 天气预报和天气形势预报

12:00 北京新闻

12:10 文学

12:30 每周一歌

12:45 一周节目介绍（星期六、日至12:55），音乐（星期一至五至13:00，星期六、日12:55至13:00）

13:00 北京新闻

13:10 文学

13:40 休息

第二次播音

15:50 乐曲《北京颂》 预告节目

16:00 广播体操

16:10 广告

16:15 对中学生时事广播（星期三、六）

伟大祖国（星期二、五、日）
世界知识（星期一、四）
16:30 曲艺（星期三、五、日）
戏曲（星期一、二、四、六）
17:00 北京新闻
17:10 戏曲（星期一、二、四、五）
广播剧欣赏（星期三至 18:00）
请您录音节目（星期六、日至 17:40，隔周一次，与音乐轮换，17:40 至 18:00 音乐）
17:30 音乐（星期一、二、四），听众点播的音乐节目（星期五）
18:00 北京新闻
18:15 音乐（星期一至五至 18:30，星期六、日至 18:20）
18:20 一周节目介绍（星期六、日）
18:30 戏曲选段介绍
19:00 音乐（星期一、五）
相声和轻音乐节目（星期二、四、六、日）
听众点播的音乐节目（星期三）
19:30 对郊区农村广播
19:58 北京地区天气预报
20:00 转播中央人民广播电台各地人民广播电台联播节目
20:30 大众科学（星期一、三、五、日）
卫生与健康（星期二、四、六）
20:45 生活顾问
20:50 广告
20:58 北京地区天气预报
21:00 北京新闻
21:15 文学
21:30 首都生活
21:45 广告
22:00 学习园地
22:20 音乐
22:30 北京新闻
22:45 音乐
22:58 北京地区天气预报
23:00 播音结束

第二套节目（中波 927 千赫）

第一次播音

6:50 乐曲《北京颂》 预告节目
6:58 北京地区天气预报
7:00 广播体操
7:10 文学
7:30 北京新闻
7:45 广告
7:50 音乐
8:00 戏曲选段节目
8:20 音乐
8:30 小说连续广播
9:00 文学（星期一、三），音乐（星期二、五），戏曲（星期四），广播剧欣赏（星期六），听众点播的戏曲节目（星期日）
10:00 广播体操
10:10 简明新闻
10:15 音乐
10:30 曲艺
11:00 简明新闻
11:05 文学（星期一、三、五），戏曲（星期二、四、六、日）

11:30 对郊区农村广播
11:58 北京地区天气预报
12:00 大众科学（星期一、三、五、日），卫生与健康（星期二、四、六）
12:15 生活顾问
12:20 音乐（星期一、二、四、六），文艺点滴（星期三、五、日）
12:25 简明新闻
12:30 首都生活
12:45 广告
13:00 学习园地
13:20 播音结束

第二次播音

15:20 乐曲《北京颂》 预告节目
15:30 曲艺
16:00 北京新闻
16:10 音乐
16:20 幼儿教育讲座（星期一、三） 中师教育讲座（星期二、四） 北京广播电视大学中文专业（星期五、六、日）
17:00 音乐
17:05 北京广播电视大学中文专业
17:45 广告
17:58 北京地区天气预报
18:00 每周一歌
18:15 大众科学（星期一、三、五、日）
卫生与健康（星期二、四、六）
18:30 北京新闻
18:45 对中学生时事广播（星期三、六）
伟大祖国（星期二、五、日）
世界知识（星期一、四）
19:00 首都生活
19:15 生活顾问
19:20 广告
19:30 戏曲（星期一）
文学（星期二、六）
外国音乐节目（星期三）
听众点播的戏曲节目（星期四）
音乐（星期五、日）
20:30 小说连续广播
21:00 北京广播电视大学中文专业
21:40 戏曲（星期一、六、日）
音乐（星期二、五）
文学（星期三、四）
0:10 播音结束

第三套节目（中波 1026 千赫）

6:00 英语（科普）
6:30 英语（自学辅导）（星期一至六）
7:00 英语（科普）
7:30 北京广播电视大学中文专业
8:10 幼儿教育讲座（星期一、三） 中师教育讲座（星期二、四） 北京广播电视大学中文专业（星期五、六、日）

第一次播音

8:55 乐曲《北京颂》 预告节目
9:00 文学（星期一、四）
外国音乐节目（星期二、五）
戏曲（星期三、六）
广播剧欣赏（星期日）
10:00 音乐（星期一、三、日），文学（星期二、六），戏曲（星期四、五）
12:00 小说连续广播

12:30 广告

12:45 音乐（星期一、三、五、日），百灵鸟节目（星期二、四、六）

13:00 戏曲选段节目

13:20 音乐（星期一、二、四、五），文学（星期三），戏曲（星期六），首都舞台（星期日至 15:50）

14:20 文学（星期一），戏曲（星期二、三），音乐（星期五），曲艺（星期六）

15:50 休息（星期四 14:00 休息）

第二次播音

18:45 乐曲《北京颂》 预告节目

18:50 广告

19:00 音乐（星期一、三），戏曲（星期二、四），文学（星期五、日），戏曲（星期六至 22:00）

21:30 音乐（星期一至五），听众点播的音乐节目（星期日）

22:00 文学（星期一、六），戏曲（星期二、三），请您录音节目（星期四、五至 22:30，隔周一次，与音乐轮换，22:30 至 24:00 音乐），音乐（星期日）

24:00 播音结束

第四套节目（中波 1476 千赫）

星期一至星期六

英语（科普）9:30　11:30　18:00　20:00

英语（自学辅导）7:00　11:00　13:00　17:30　19:30　21:30

日语　6:30　8:30　10:30　12:30　17:00　19:00　21:00

法语　6:00　8:00　9:00　12:00　20:30　22:00

幼儿英语　10:00　16:30　18:30

英语会话　7:30　13:30

星期日

英语（科普）10:30　16:30

英语（自学辅导）6:00　18:00

日语　7:30　21:00

法语　9:00　19:30

幼儿英语　12:00

英语会话　13:00

第五套节目（调频 94.5 兆赫，立体声试播）

第一次播音

音乐（12:30—13:00）

外国音乐（13:00—13:30 星期一至六）

请您录音节目（13:00—14:00 星期日）

第二次播音

音乐（18:00—18:30）

外国音乐（18:30—19:00 星期二至日）

请您录音节目（18:30—19:30 星期一）

分类节目时间表

北京新闻

（15 分）① 7:00 ② 7:30 ① 9:00 ① 10:00

（10 分）① 12:00 ① 13:00 ② 16:00 ① 17:00

（15 分）① 18:00 ② 18:30 ① 21:00 ① 22:30

简明新闻（5 分）

① 8:45 ② 10:10 ② 11:00 ② 12:25

首都生活（15 分）

① 7:20 ② 12:30 ② 19:00 ① 21:30

对郊区农村广播（28 分）

① 6:00 ② 11:30 ① 19:30

大众科学（15 分）（星期一、三、五、日）

① 8:30 ② 12:00 ② 18:15 ① 20:30

卫生与健康（15分）（星期二、四、六）

①8:30 ②12:00 ②18:15 ①20:30

生活顾问（5分）

①7:15 ②12:15 ②19:15 ①20:45

对中学生时事广播（15分）（星期三、六）

①7:45 ①16:15 ②18:45

伟大祖国（15分）（星期二、五、日）

①7:45 ①16:15 ②18:45

世界知识（15分）（星期一、四）

①7:45 ①16:15 ②18:45

学习园地（20分）

①8:00 ②13:00 ①22:00

一周节目介绍（10分）（星期六、日）

①12:45 ①18:20

北京广播电视大学中文专业（40分）

③8:10 ②16:20（星期五、六、日）

③7:30 ②17:05 ②21:00

幼儿教育讲座（40分）（星期一、三）

③8:10 ②16:20

中师教育讲座（40分）（星期二、四）

③8:10 ②16:20

业余外语广播讲座（30分）

英语（科普）

（星期一至六③）6:00　7:00

（星期日③）6:00

（星期一至六④）9:30　11:30　18:00　20:00

（星期日④）10:30　16:30

英语（自学辅导）

（星期一至六③）6:30

（星期一至六④）7:00　11:00　13:00　17:30　19:30　21:30

（星期日④）6:00　18:00

英语（会话）

（星期一至六④）7:30　13:30

（星期日④）13:00

幼儿英语

（星期一至六④）10:00　16:30　18:30

（星期日）12:00

日语

（星期一至六④）6:30　8:30　10:30　12:30　17:00　19:00　21:00

（星期日）7:30　21:00

法语

（星期一至六④）6:00　8:00　9:00　12:00　20:30　22:00

（星期日）9:00　19:30

广告

②7:45（5分）①8:55（5分）

①9:30（15分）①11:45（5分）

③12:30（15分）②12:45（15分）

①16:10（5分）②17:45（13分）

③18:50（10分）②19:20（10分）

①20:50（8分）①21:45（15分）

报告人民币对外币的外汇牌价（5分）

①8:50

广播体操（10分）

②7:00 ②10:00 ①16:00

北京地区天气预报（2分）

①6:28 ②6:58 ①9:58 ②11:58

②17:58 ①19:58 ①20:58 ①22:58

天气预报和天气形势预报（10分）

① 11:50

部分文艺节目：

小说连续广播（30 分）

② 8:30 ③ 12:00 ② 20:30

广播剧欣赏

② 9:00（星期六 60 分）③ 9:00（星期日 60 分）① 17:10（星期三 50 分）

戏曲选段介绍（30 分）

① 18:30

戏曲选段节目（20 分）

② 8:00 ③ 13:00

听众点播的戏曲节目（60 分）

② 9:00（星期日）② 19:30（星期四）

相声和轻音乐节目（30 分）

① 19:00（星期二、四、六、日）

每周一歌（15 分）

① 12:30 ② 18:00

请您录音节目

① 10:15（星期二、三 30 分，隔周一次）

① 17:10（星期六、日 30 分，隔周一次）

③ 22:00（星期四、五 30 分，隔周一次）

⑤ 13:00（星期日 60 分）

⑤ 18:00（星期一 60 分）

听众点播的音乐节目（30 分）

① 17:30（星期五）① 19:00（星期三）

③ 21:30（星期日）

百灵鸟（15 分）

③ 12:45（星期二、四、六）

外国音乐节目

③ 9:00（星期二、五 60 分）① 10:15（星期一、四 45 分）② 19:30（星期三 60 分）

文艺点滴（5 分）

① 7:35（星期二、四、六）② 12:20（星期三、五、日）

首都舞台（150 分）

③ 13:20（星期日）

说明：本表中①②③④⑤，即第一套节目、第二套节目、第三套节目、第四套节目、第五套节目。

北京电台节目时间表

（1990 年 8 月 6 日起实行）

第一套节目（中波 828 千赫）

第一次播音

5:15 乐曲《北京颂》 预告节目

5:20 北京广播电视大学课程

6:00 对郊区农村广播

6:20 广告与北京地区天气预报

6:30 转播中央人民广播电台《新闻和报纸摘要》节目

7:00 北京新闻

7:20 首都纵横

7:30 体育爱好者（星期一、二、三、五、六）
家庭教育（星期四、日）

7:40 信息服务

7:45 报刊文摘（星期一、四）
法制天地（星期二、五、日）
国防教育（星期三）
对中学生时事广播（星期六）

8:00 北京新闻

8:20 学习园地（星期二、四、日）
党的建设（星期六）

老年之友（星期一、三、五）
8:30 世界知识（星期二、五）
残疾人天地（星期三、日）
名曲欣赏（星期一、四、六至 9:00）
8:40 京剧选段（星期二、三、五、日）
9:00 北京新闻
9:20 广告与北京地区天气预报
9:30 小说连续广播
10:00 国际简讯
10:05 音乐与广告（星期一至六）
空中茶馆（星期日）
10:15 戏曲（星期一、五）
小说园地（星期二、四）
百花园（星期三、六）
曲艺名段欣赏（星期日）
11:00 国际简讯
11:05 首都市场
11:10 首都纵横
11:20 体育爱好者（星期一、二、三、五、六）
家庭教育（星期四、日）
11:30 对郊区农村广播
11:50 世界知识（星期二、五）
残疾人天地（星期三、日）
音乐（星期一、四、六）
12:00 北京新闻
12:10 报刊文摘（星期一、四）
法制天地（星期二、五、日）
国防教育（星期三）
对中学生时事广播（星期六）
12:25 信息服务
12:30 学习园地（星期二、四、日）
党的建设（星期六）
老年之友（星期一、三、五）
12:40 每周一歌
12:55 广告与北京地区天气预报
13:00 北京新闻
13:10 中外乐坛（星期四除外）
13:30 企业之声（星期四除外）
13:40 休息（星期四 13:10 休息）

第二次播音

15:40 乐曲《北京颂》预告节目
15:45 外语歌曲
16:00 各地简讯
16:05 学习园地（星期二、四、日）
党的建设（星期六）
老年之友（星期一、三、五）
16:15 曲艺（星期一）
中圆现代短篇小说赏析（星期二、四、六）
戏曲天地（星期三）
百种戏曲欣赏（星期五、日）
16:45 报刊文摘（星期一、四）
法制天地（星期二、五、日）
国防教育（星期三）
对中学生时事广播（星期六）
17:00 各地简讯
17:05 戏曲（星期一、二、四、五）
文学（星期三）
儿童音乐（星期六、日）
17:30 每日相声
18:00 北京新闻

18:10 首都纵横

18:20 体育爱好者（星期一、二、三、五、六）

家庭教育（星期四、日）

18:30 转播中央人民广播电台《各地人民广播电台联播》节目

19:00 听众点播的音乐节目（星期一、三）

新盒带欣赏（星期五、日）

轻松音乐半小时（星期二、四、六）

19:30 对郊区农村广播

19:50 广告与北京地区天气预报

20:00 北京新闻

20:10 每周一歌

20:25 音乐

20:30 小说连续广播

21:00 北京新闻

21:10 评剧选段

21:30 世界知识（星期二、五）

残疾人天地（星期三、日）

流行金曲（星期一、四、六）

21:40 信息服务

21:45 外语歌曲

22:00 北京新闻

22:10 地方戏选段

22:30 歌送世界

22:50 音乐

22:58 北京地区天气预报

23:00 晚间音乐

23:30 播音结束

第二套节目（中波 927 千赫）

第一次播音

6:05 乐曲《北京颂》 预告节目

6:10 北京广播电视大学课程

6:50 信息服务

6:55 广告与北京地区天气预报

7:00 首都市场

7:05 广告

7:10 企业之声

7:20 广告

7:30 北京新闻

7:50 音乐与广告

8:00 广播剧欣赏

9:00 京剧欣赏

9:30 中国现代短篇小说赏析（星期一、三、五）

曲艺（星期二、四、六）

戏曲天地（星期日）

10:00 文学（星期一、四）

音乐（星期二、五）

戏曲（星期三、六）

电影、话剧（星期日）

12:00 企业之声

12:10 广告

12:15 外语歌曲

12:30 广播剧欣赏

13:00 每日相声

13:30 文学（星期一、日）

新盒带欣赏（星期二）

听众点播的音乐节目（星期五）

戏曲（星期六）

曲艺名段欣赏（星期三至 14:15）

14:00 休息（星期四 13:30 休息）

第二次播音

15:55 乐曲《北京颂》 预告节目

16:00 北京广播电视大学课程

16:40 音乐与广告

16:50 北京广播电视大学课程

17:30 每周一歌

17:45 首都市场

17:50 空中茶馆（星期三）

音乐与广告（星期一、二、四、五、六、日）

18:00 小说连续广播

18:30 广播剧欣赏

19:00 音乐（星期一、三）

文学（星期二、五）

戏曲（星期四、六，星期日至 22:00）

21:30 百种戏曲欣赏（星期一、三）

戏曲名段欣赏（星期二、五）

新盒带欣赏（星期四）

听众点播的音乐节目（星期日）

22:00 戏曲（星期一、三、五）

文学（星期二、六）

音乐（星期四、日）

24:00 播音结束

第三套节目　北京经济台（中波 1026 千赫）

星期一至星期六				星期日
5:55	开始曲			星期天特别节目
6:00	文体信息		空中日历	
6:30	转播中央台报摘		说长道短	晨间快语
7:00	经济新闻	北京早晨	消费与经营	一周经济新闻集锦
7:30	科技与新产品信息		特约专栏节目	一周经济信息集锦
8:00	经济新闻		红绿灯	特约专栏节目
8:30	百业信息			星期话题
11:00	经济新闻			
11:30	综合信息		正义路口　科技之窗	今天我休息
12:30	百业信息		小说连播　音乐之旅	——周日综艺
13:00	经济新闻	午间时光	欢乐午间　给你九分钟	万家谜乐　燕语莺声
13:30	金融信息		往日的歌　今天的歌	吃在北京　何处逍遥
14:00	科技与新产品信息		轻松一刻　音乐冲浪	星期金曲　成功之路
14:05	休息			
17:55	开始曲		七彩生活	紫禁晚风
			知心雅玉	家事锦囊
18:00	经济新闻	金色夕阳	生活百科	健康是宝
			空中美食城	1026 服务台
18:30	气象信息		八小时以外	
			视听指南	

续表

星期一至星期六					星期日
19:00	经济新闻			华夏音符	又是万家灯火时
19:30	文体信息			乐海听潮	话筒前后
20:00	科技与新产品信息		艺海泛舟	南腔北调	热线点播
20:30	金融信息			热线点播	笑谈天下事
21:00	综合信息	共度今宵		宝葫芦	名人行踪
21:30	百业信息			1026 歌厅	听众文摘
22:00	经济新闻		艺海沙龙	大明星	隔岸观花
22:30	气象信息			音乐理疗室	浪漫今夜
23:00	播音结束			温馨夜曲	晚安　北京城

说明：9:00—10:20　北京市广播电视中等专业学校课程（星期一至四）

休　　息（星期五至日）

10:20—11:00　北京市广播电视中等专业学校课程（星期一至四）

北京广播电视大学课程（星期五至日）

第四套节目（中波 1476 千赫）

每日英语：7:00、8:30、13:00、19:30（星期一至六）；11:30（星期日）

英语听力：10:00、11:30、13:30（星期四除外）、22:00（星期一至六）；8:30（星期日）

百句英语：5:30、9:00、11:00、18:30、21:30（星期一至六）；5:30、18:30（星期日）

日　　语：6:30、10:30、17:30、19:00（星期一至六）；7:00(星期日）

日语听力：7:30、12:30、17:00、21:00（星期一至六）；21:00(星期日）

法　　语：8:00、12:00、20:30(星期一至六）；19:30（星期日）

俄语口语：6:00、16:30、20:00(星期一至六）；16:30（星期日）

北京广播电视大学课程：22:30

第五套节目（立体声广播调频 94.5 兆赫）

10:25 开始曲《北京颂》预告节目（星期日）

10:30 现代音乐之窗（星期日至 11:30）

11:25 开始曲《北京颂》预告节目（星期二至六）

11:30 音乐（星期二、三、五、六）名曲欣赏（星期四）轻松音乐半小时（星期日）

12:00 音乐（星期三、五、日至 12:30）激光唱片欣赏（星期二、四、六至 14:00）

12:25 开始曲《北京颂》预告节目（星期一）

12:30 轻松音乐半小时（星期一）音乐（星期三、五、日）

13:00 音乐（星期一、三）歌剧院（星期五至 15:30）戏迷乐（星期日）

14:00 音乐（星期一、二、三、六）交

响音乐厅（星期四至16:00） 激光唱片欣赏（星期日至17:00）

15:30 音乐（星期一、二、三、五、六）

16:00 音乐（星期二、四、六） 戏迷乐（星期一、三、五）

17:00 音乐（星期一、三、五、六至18:30） 儿童音乐节目（星期二、四） 交响音乐厅（星期日至19:00）

18:00 音乐（星期二、四）

18:30 音乐（星期六） 中外乐坛（星期一、三、五） 名曲欣赏（星期二至19:00） 轻松音乐半小时（星期四至19:00）

18:50 音乐（星期一、三、五、六）

19:00 音乐（星期一、三、五） 戏迷乐（星期二、四、六） 听众要求安排的节目（星期日至21:30）

20:00 激光唱片欣赏（星期一、三、五至22:00） 交响音乐厅（星期二、六至22:00） 现代音乐之窗（星期四）

21:00 音乐（星期四）

21:30 音乐（星期四） 名曲欣赏（星期日）

22:00 音乐

23:00 晚间音乐

23:30 播音结束

分类节目时间表

北京新闻（早20分，午10分，晚10分）

① 7:00 ② 7:30 ① 8:00 ① 9:00； ① 12:00 ① 13:00； ① 18:00 ② 20:00 ① 21:00 ① 22:00

国际简讯（5分）

① 10:00 ① 11:00

各地简讯（5分）

① 16:00 ① 17:00

首都纵横（10分）

① 7:20 ① 11:10 ① 18:10

对郊区农村广播（20分）

① 6:00 ① 11:30 ① 19:30

学习园地（10分）（星期二、四、日）

① 8:20 ① 12:30 ① 16:05

党的建设（10分）（星期六）

① 8:20 ① 12:30 ① 16:05

体育爱好者（10分）（一、二、三、五、六）

① 7:30 ① 11:20 ① 18:20

家庭教育（10分）（星期四、日）

① 7:30 ① 11:20 ① 18:20

法制天地（15分）（星期二、五、日）

① 7:45 ① 12:10 ① 16:45

国防教育（15分）（星期三）

① 7:45 ① 12:10 ① 16:45

对中学生时事广播（15分）（星期六）

① 7:45 ① 12:10 ① 16:45

报刊文摘（15分）（星期一、四）

① 7:45 ① 12:10 ① 16:45

世界知识（10分）（星期二、五）

① 8:30 ① 11:50 ① 21:30

残疾人天地（10分）（星期三、日）

① 8:30 ① 11:50 ① 21:30

老年之友（10分）（星期一、三、五）

① 8:20 ① 12:30 ① 16:05

信息服务（5分）

② 6:50 ① 7:40 ① 12:25 ① 21:40

首都市场（5分）

② 7:00 ① 11:05 ② 17:45
企业之声（10 分）
② 7:10 ② 12:10 ① 13:30（星期四除外）
北京地区天气预报（2 分）
① 6:28 ② 6:58 ① 9:28 ① 12:58 ① 19:58 ① 22:58
部分文艺节目：
小说连续广播（30 分）
① 9:30 ③ 12:00 ② 18:00 ① 20:30
中国现代短篇小说赏析（30 分）
（星期一、三、五）② 9:30
（星期二、四、六）① 16:15
小说园地（45 分）（星期二、四）
① 10:15
百花园（45 分）（星期三、六）
① 10:15
广播剧欣赏
② 8:00（60 分）② 12:30（30 分）② 18:30
（30 分）
百种戏曲欣赏（30 分）
（星期五、日）① 16:15
（星期一、三）② 21:30
戏曲名段欣赏（30 分）（星期二、五）
② 21:30
戏曲天地（30 分）
（星期日）② 9:30 （星期三）① 16:15
每日相声（30 分）
② 13:00 ① 17:30
空中茶馆（10 分）
（星期日）① 10:05 （星期三）② 17:50
曲艺名段欣赏（45 分）
（星期日）① 10:15 （星期三）② 13:30
中外乐坛（20 分）
（星期一、二、三、五、六、日）① 13:10
（星期一、三、五）⑤ 18:30
轻松音乐半小时（30 分）
（星期二、四、六）① 19:00
（星期日）⑤ 11:30 （星期一）⑤ 12:30
（星期四）⑤ 18:30
每周一歌（15 分）
① 12:40 ① 20:10 ② 17:10
外语歌曲（15 分）
① 15:45 ① 21:45 ② 12:15
听众点播的音乐节目（30 分）
（星期一、三）① 19:00
（星期五）② 13:30 （星期日）② 21:30
激光唱片欣赏（120 分）
（星期二、四、六）⑤ 12:00
（星期日）⑤ 14:00
（星期一、三、五）⑤ 20:00
戏迷乐（60 分）
（星期日）⑤ 13:00
（星期一、三、五）⑤ 16:00
（星期二、四、六）⑤ 19:00
交响音乐厅（120 分）
（星期四）⑤ 14:00 （星期日）⑤ 17:00
（星期二、六）⑤ 20:00
名曲欣赏（30 分）
（星期一、四、六）① 8:30
（星期四）⑤ 11:30 （星期二）⑤ 18:30
（星期日）⑤ 21:30
现代音乐之窗（60 分）
（星期日）⑤ 10:30 （星期四）⑤ 20:00

歌剧院（150分）（星期五）

⑤ 13:00

听众要求安排的节目（150分）（星期日）

⑤ 19:00

儿童音乐节目（60分）（星期二、四）

⑤ 17:00

晚间音乐（30分）（星期一至日）

①⑤ 23:00

广告

① 6:20（8分）② 6:55（3分）② 7:05（5分）② 7:20（10分）② 7:50（10分）① 9:20（8分）① 10:05（星期一至六，10分）② 12:10（5分）① 12:55（3分）② 16:40（10分）② 17:50（10分，星期三除外）① 19:50（10分）

说明：本表中①②③④⑤，即第一套节目、第二套节目、第三套节目、第四套节目、第五套节目。

北京经济台节目时间表
（中波1026千赫）

（1993年1月1日起实行）

星期一至星期六		星期天	
北京早晨 5:55—9: 00 太平洋晨曲 空中导购　京华大地 经济漫谈　听众热线 邮政指南　消费大观 街谈巷议大市场 漫话119　红绿灯 **经济大世界** 11:00—12:30 金歌银曲　喜庆点播 热点透视　记者沙龙 市场见闻　海外瞭望 企业采风　科技大观 今日菜篮子　穿针引线 保险事业在中国 **午间时光** 12:30—14:00 茶余饭后　音乐之旅 正义路口　给你九分钟	周末午间 **都市生活** 17:30—19:00 人人健康　黄金书店 天南地北　都市广角 生活服务窗　文化风景线 天磁康乐园　青春伴歌行 热线你我他 **共度今宵** 19:00—24:00 宝葫芦　今晚大排档 热点话题　礼品金曲 摇滚旋风　神州广角 麦氏咖啡点歌 都市不夜城 今夜星座　月光漫步 大明星　艺术长廊 伴君如意　悄悄话 迷你歌厅　凌晨寄语	**朝日新语** 8:00—10:20 新闻综述　信息总汇 听友信箱　市场经纬 星期话题　今日世界 热线传真 **国安综艺** 11:00—13:00 名人访谈　热线参与 国安金曲　歌声伴你 企业擂台　今朝风流 消费新潮　热点透视 心海罗盘　万家同乐 **南来金丝燕** 13:00—14:00	**1026服务台** 17:30—20:00 空中鹊桥　家事锦囊 音波动态　听友信箱 **昼夜航班** 20:00—22:00 哈哈王国神秘岛 石头城堡智慧林 天外星河回声湖 梦幻金山月亮湾 记忆海岸乡音谷 一夜神游九重天 **重播空中鹊桥** 22:00—23:00

说明：每个板块逢整点播出经济新闻，半点播出经济信息，各5分钟。每天6:30—7:00转播中央人民广播电台《新闻和报纸摘要》。

北京电台（中波 828 千赫）节目时间表
（1993 年 3 月 1 日起实行）

5:30 开始曲　预告节目

5:35 京华晨曲

6:00 简明新闻

6:05 京郊大地

6:20 广告与北京地区天气预报

6:30 转播中央人民广播电台《新闻和报纸摘要》节目

7:00 北京新闻

7:20 时事追踪：潮头掠影、新闻背景、热点与难点、星期特写、都市采风、国内传真、环球瞭望、一周言论集萃、市民心态实录

7:45 体育大世界

8:00 北京新闻

8:20 828 信箱（星期一、三、五）
法制天地（星期二、四、六）

8:40 科技之窗

8:50 党的建设（星期三，六，星期一、二、四、五文艺节目）

9:00 综合新闻

9:10 生活 828：你好，我的家；出谋划策；健康罗盘；一路平安；专家咨询日；东南西北乐在其中

10:00 国际新闻

10:10 京华人物访谈（星期一、三、四、六）
议政论坛（星期二、五）

11:00 国际新闻

11:10 文艺节目

11:30 京郊大地：希望田野、灿烂星光、城乡通道、科技兴农、信息天桥、走向市场

11:58 天气预报

12:00 北京新闻

12:10 经济大观：经济广角、世界经济掠影、九州新潮、经济沙龙、商家论坛、市场面面观

12:40 文艺节目

13:00 北京新闻

13:10 体育大世界

13:25 音乐

13:30 初学英语入门

14:00 第一次播音结束

15:55 开始曲　预告节目（星期四 16:55 开始）

16:00 新闻（星期四除外）

16:05 音乐节目（星期四除外）

16:10 京华人物访谈（星期一、三、六）、议政论坛（星期二、五）

17:00 新闻

17:05 文艺节目

17:30 时事追踪

17:55 音乐节目

18:00 北京新闻

18:10 生活 828

19:00 北京新闻

19:10 广告与北京地区天气预报

19:20 文艺节目

19:40 828 信箱（星期一、三、五）
法制天地（星期二、四、六）

20:00 转播中央人民广播电台《各地人民

广播电台联播》节目

20:30 经济大观

21:00 新闻

21:05 音乐节目

21:10 科技之窗

21:20 音乐与广告

21:30 空中百花园：艺苑春秋、月色丛林、烛光草堂、航海日记、边走边聊，星星点点、文体快讯

23:00 最新信息

23:05 音乐节目

23:10 人生热线：今夜星辰、有问必答、静夜细语、自报家门、梦幻世界、祝你晚安

24:00 天气预报　播音结束

星期天节目时间表

5:30 开始曲　预告节目

5:35 京华晨曲

6:00 简明新闻

6:05 京郊大地

6:20 广告与北京地区天气预报

6:30 转播中央人民广播电台《新闻和报纸摘要》节目

7:00 北京新闻

7:20 时事追踪

7:45 体育大世界

8:00 英语新闻与专题

8:30 七彩假日：温馨音乐厅、往日情怀、青春旋律、星期漫谈、耳听八方、衣食住行事事通

12:00 北京新闻

12:10 残疾人天地

12:30 广播之友

13:00 北京新闻

13:20 音乐节目

13:30 第一次播音结束

15:25 开始曲　预告节目

15:30 星期文苑

17:00 友好城市之旅

17:20 外国音乐

17:30 时事追踪

17:55 音乐节目

18:00 北京新闻

18:10 文艺节目

18:30 转播中央人民广播电台《各地人民广播电台联播》节目

19:00 相声选段

19:30 赛特中心文化宫：文化大视野、艺术长廊、名人传记、双叶集

21:00 周日综艺

22:00 残疾人天地

22:20 广播之友

22:50 广告与天气预报

23:00 播音结束

北京音乐台节目时间表（调频 94.5 兆赫）

（1993 年 5 月 3 日起实行）

<table>
<tr><th colspan="2">播出时间</th><th>星期一</th><th>星期二</th><th>星期三</th><th>星期四</th><th>星期五</th><th>星期六</th><th colspan="2">星期日</th></tr>
<tr><td>0:00</td><td rowspan="3">不夜城</td><td rowspan="3">歌舞剧院</td><td>往事如歌</td><td>午夜蓝调</td><td>零点乐话</td><td>影视娱乐欣赏</td><td>金唱片指南</td><td colspan="2">闲聊波尔卡</td></tr>
<tr><td>1:00</td><td>名曲欣赏</td><td>流行金曲</td><td>音乐与梦想</td><td>音乐博览</td><td>佳人有约</td><td colspan="2" rowspan="2">POPS 风情音乐会</td></tr>
<tr><td>2:00</td><td colspan="5">通宵浪漫曲</td></tr>
<tr><td>6:30</td><td colspan="9">转播中央人民广播电台《新闻和报纸摘要》</td></tr>
<tr><td>7:00</td><td colspan="7">转播北京人民广播电台《北京新闻》</td><td rowspan="5">假日清晨</td><td rowspan="4">星期音乐会（7:00—8:30）
假日指南（至 9:00）</td></tr>
<tr><td>7:20</td><td rowspan="5">文化大世界</td><td rowspan="3">上班族音乐</td><td colspan="5">文化信息</td></tr>
<tr><td>7:30</td><td colspan="5">文化热点</td></tr>
<tr><td>8:20</td><td>伯乐台</td><td rowspan="2">HELLOWALKMAN</td><td>伯乐台</td><td rowspan="2">HELLOWALKMAN</td><td>伯乐台</td></tr>
<tr><td>8:30</td><td rowspan="8">停机检修</td><td>HELLOWALKMAN</td><td>HELLOWALKMAN</td><td>HELLOWALKMAN</td><td>香港风景线（9:00 开始）</td></tr>
<tr><td>10:00</td><td>天碟 60 分</td><td>摇滚杂志</td><td>BBC 特快专递</td><td>金歌台</td><td>天碟 60 分</td><td>HELLO 北京</td></tr>
<tr><td>11:00</td><td rowspan="5">音乐子午线</td><td colspan="7">《幸运之声》有奖竞猜</td></tr>
<tr><td>12:00</td><td colspan="4">音乐礼品卡</td><td colspan="3">雀巢咖啡音乐时间</td></tr>
<tr><td>13:00</td><td>名歌金曲</td><td>经典 CD</td><td>美声园地</td><td>老式汽车</td><td>音乐礼品卡</td><td rowspan="4">假日彩虹</td><td>喜庆点歌台</td></tr>
<tr><td>14:00</td><td rowspan="2">轻松音乐</td><td>金歌台</td><td rowspan="2">交响音乐厅</td><td rowspan="2">轻松音乐</td><td>音乐专题</td><td rowspan="2">音乐教室</td></tr>
<tr><td>15:00</td><td>老余谈民乐</td><td>戏迷乐</td></tr>
<tr><td>16:00</td><td rowspan="3">流行网</td><td>金属王国</td><td>环球音响</td><td>摇滚杂志</td><td>流行金曲</td><td>男孩子女孩子</td><td>体坛评话</td></tr>
<tr><td>17:00</td><td colspan="8">佳人有约</td></tr>
<tr><td>18:00</td><td colspan="2">雀巢咖啡音乐时间</td><td>HELLO 北京</td><td>开心加油站</td><td>名歌金曲</td><td>香港风景线</td><td colspan="2">歌迷世界（北京歌曲排行榜）</td></tr>
<tr><td>19:00</td><td colspan="7">小小乐园</td><td colspan="2">英语新闻</td></tr>
<tr><td>19:30</td><td colspan="6">哆来咪点歌台</td><td rowspan="3">都市俱乐部
都市音乐会
都市星与迷
都市音乐桥
都市沙龙
都市情谊</td><td rowspan="4">周日综艺</td><td rowspan="3">（与新闻台联播）
热门人物　热点话题</td></tr>
<tr><td>20:30</td><td colspan="2" rowspan="2">POPS 风情音乐会</td><td>影视娱乐欣赏</td><td>音乐收藏家</td><td>老式汽车</td><td rowspan="2">星期音乐会</td></tr>
<tr><td>21:30</td><td>燕莎之夜</td><td>93 金榜磁带</td><td>美声园地</td></tr>
<tr><td>22:00</td><td colspan="2">经典 CD</td><td>音乐艺术天地</td><td>名曲欣赏</td><td>空中乐坛</td><td>老余谈民乐</td><td>周末舞会</td><td>发烧门诊部</td></tr>
<tr><td>23:00</td><td colspan="5">晚间音乐</td><td>龙声文化衫</td><td>闲聊波尔卡</td><td></td><td>环球音响</td></tr>
</table>

北京儿童台节目时间表
（调频 97.4 兆赫副信道）
（1993 年 9 月 30 日起试行）

星期一至星期六

第一次播音

6:30 音乐

6:35 台标乐、天气预报

6:40 袖珍日历

6:45 儿童韵律操

6:50 每日一句英语

7:00 小黄帽

7:15 好伙伴：①新闻与时事②今天我主持③小记者报道

7:45 音乐

8:00 播音结束

第二次播音

11:50 音乐

11:55 台标乐、天气预报

12:00 环环扣

12:30 好伙伴：①新闻与时事②今天我主持③小记者报道

13:00 蓝风铃

13:30 播音结束（星期二 13:00 结束）

第三次播音

16:50 音乐（星期二除外）

16:55 台标乐、天气预报（星期二除外）

17:00 空中课堂（星期二 17:00 台标乐、天气预报；17:05 空中课堂开始）

17:45 未来与希望：①家长俱乐部②心灵中继线③专家咨询④绿橄榄

18:30 环环扣（重播）

19:00 在星光下：①向日葵②天天不一样③星星河④青苹果热线⑤迷你信箱⑥小小影迷⑦故事大王⑧唐诗三百首⑨群思知识宫⑩新书架

20:00 播音结束

快乐星期天

9:50 音乐

9:55 台标乐、天气预报

10:00 万花筒、碰碰车

11:00 每日一句英语（一周综合）

12:00 冒险岛

13:30 游艺船

15:00 播音结束

北京交通台节目时间表（中波 927 千赫）

（1993 年 12 月 18 日起实行）

	星期一至星期六	星期日
大路经纬 新闻板块	7:00 第一次播音 交通新闻、天气 7:05 交通日日报 8:00 交通新闻、天气 8:05 交通热线 焦点万象 曝光台 9:00 综合新闻、天气 9:10 都市咏叹 交警日记 交通大家谈 10:00 交通新闻、天气 10:05 欢乐正前方 （随时插播路况信息）	8:00 第一次播音 一周综述 9:00 社会广角 10:00 927 龙虎榜
四通八达 服务板块	11:00 交通新闻、天气 11:05 路路通 大转盘 经纪人 12:00 综合新闻、天气 12:10 交通茶座 13:00 交通新闻、天气 13:05 幸福杯 14:00 第一次播音结束 （随时插播路况信息）	12:00 第一次播音结束

续表

	星期一至星期六	星期日
东南西北 知识板块	17:00 第二次播音 交通新闻、天气 17:05 安全岛 交通与火 子弟兵方向盘 举案说法 老少平安 17:30 快行线 车迷世界 北京之路 读书看报 交通商城 人在旅途 陆海空大视野 18:00 交通新闻、天气 18:05 万国歌坛 19:00 转播 CCTV 新闻联播 （随时插播路况信息）	18:00 第二次播音 万国歌坛 19:00 转播 CCTV 新闻联播
开元之夜 娱乐板块	19:30 红绿灯娱乐厅 20:00 交通新闻、天气 20:05 红绿灯娱乐厅（续） 21:00 交通新闻、天气 21:05 工程师时间（星期三、五） 名人与交通（星期六） 汽车音乐（星期一、二、四） 22:00 全天播音结束 （随时插播路况信息）	19:30 多彩舞台 20:00 一周综述 21:00 多彩舞台（续） 22:00 全天播音结束

北京电台外语讲座时间表

（1993 年 6 月 7 日起实行）

课程	播出情况	频率	广播时间	
			星期一至星期六	星期日
高级英语听力	正在播出	中波 1476 千赫	5:30、8:00、12:30、22:00	11:30
大家说英语	正在播出	中波 1476 千赫	8:30、11:30、18:00、21:00	16:30
英语听说	正在播出	中波 1476 千赫	7:00、13:00、18:30、23:30	18:00
初学英语入门	正在播出 6 月 7 日重播	中波 1476 千赫	9:30、16:30、22:30	22:30
		中波 828 千赫	13:30	
每日英语续集	正在播出	中波 1476 千赫	11:00、23:00	5:30
		中波 927 千赫	9:00、19:00	19:00
广播日语	正在播出 8 月 16 日重播	中波 1476 千赫	6:30、10:30、21:30	7:00
新编俄语	正在播出	中波 1476 千赫	10:00、13:30、19:30	8:30
中级美国英语	6 月 14 日开播	中波 1476 千赫	9:00、12:00、17:30、20:30	19:30
中学生英语口语入门第一册	6 月 7 日开播	中波 1476 千赫	6:00、20:00	10:00
中学生英语口语入门第二册	8 月 9 日开播	中波 1476 千赫	7:30、17:00、19:00	21:00
中国人使用英语常见错误分析	8 月 2 日开播	中波 1476 千赫	5:30、8:00、12:30、22:00	11:30

后记

盛世修志。《北京志》的修纂工作，于1988年启动。北京市广播电视局于1989年7月成立《北京志·广播电视志》编委会。为给《北京志·广播电视志》提供北京市地方广播事业素材，北京电台于1993年7月成立台志编写小组，着手收集整理1949年建台以来的历史资料。在档案积累严重不足的情况下，编写组通过座谈、访问，分头邀请相关人士撰写回忆文章，提供有关材料。面对庞杂的史料，编写组分门别类，条分缕析，去粗取精，进行梳理；以实事求是的态度，忠实于历史，秉笔直书，力求以充实的材料、客观的陈述，提供北京电台40多年来走过的历程和它兴衰得失的史料。台志上自1949年2月始，下限写到1993年专业化系列台的建立。按志书体例要求，横排竖写，详今略古，述而不论。按专业志的要求，只记述广播专业史料，避免写成部门志模式。最终完成的《北京人民广播电台志（1949—1993）》，提交给北京市广播电视局史志办公室，部分内容汇总于《北京志·广播电视志》。编写组的使命，至此告一段落。

台志是在时任台长刘敏及电台领导班子的关怀和参与下完成的。主管台志工作的副总编辑马仕存，参与编写组几十次研讨活动，并亲自动手撰写宣传管理有关章节。台总编室亢亚志、朱晓明、李晓晖、李清华、史博华等做了大量稿件校印工作，并为编写工作提供周到的服务。前任台长吕浩材参与了台志初稿的讨论。历届台领导汪小为、赵正晶、于云先、李克威、周溥雄、田月华等分别参与二稿、三稿的讨论。编写组根据各方面意见，作了必要的修订、补充。局史志办前负责人、《北京志·广播电视志》主编许禹嵩始终参与编写组的活动，对编写工作给予指导。

编写组成立之初，成员尚包括宋鹤琴、赵晓玲。赵因健康原因退出，宋提供了建台之初的不少历史资料，后也因病退出。

《北京人民广播电台志（1949—1993）》于1999年年底内部印刷几百册，发放给电台部分干部职工。这部志书在历次使用过程中发挥出重要的史料价值，经受了时间的检验。当然，也发现有个别疏漏和错误之处。

2018年，北京电台决定公开出版《北京人民广播电台志（1949—1993）》。媒体资料和版权部台史资料科根据志书体例要求，对《北京人民广播电台志（1949—1993）》进行少量内容补充和修订，精简大事记并将其从附录调整到概述之后，其余篇章顺序基本保持不变。

欢迎社会各界对《北京人民广播电台志》提出意见和建议！

2019年3月